LA PROTECTION DE LA VIE PRIVÉE AU BÉNIN

Logiques Juridiques

Collection dirigée par Gérard Marcou

Le droit n'est pas seulement un savoir, il est d'abord un ensemble de rapports et pratiques que l'on rencontre dans presque toutes les formes de sociétés. C'est pourquoi il a toujours donné lieu à la fois à une littérature de juristes professionnels, produisant le savoir juridique, et à une littérature sur le droit, produite par des philosophes, des sociologues ou des économistes notamment.

Parce que le domaine du droit s'étend sans cesse et rend de plus en plus souvent nécessaire le recours au savoir juridique spécialisé, même dans des matières où il n'avait jadis qu'une importance secondaire, les ouvrages juridiques à caractère professionnel ou pédagogique dominent l'édition, et ils tendent à réduire la recherche en droit à sa seule dimension positive. A l'inverse de cette tendance, la collection *Logiques juridiques* des Éditions L'Harmattan est ouverte à toutes les approches du droit. Tout en publiant aussi des ouvrages à vocation professionnelle ou pédagogique, elle se fixe avant tout pour but de contribuer à la publication et à la diffusion des recherches en droit, ainsi qu'au dialogue scientifique sur le droit. Comme son nom l'indique, elle se veut plurielle.

Dernières parutions

COMBEAU Pascal (sous la dir.), *Les contrôles de l'État sur les collectivités territoriales aujourd'hui*, 2007.

BOYER Vincent, *La gauche et la seconde chambre de 1945 à nos jours*, 2007.

DIALLO Ibrahima, *Le droit des collectivités locales au Sénégal*, 2007.

HANICOTTE, *Devoirs de l'homme et constitutions,* 2007.

KAMARA Moustapha, *Les opérations de transfert des footballeurs professionnels*, 2007.

ROCA David, *Le démantèlement des entraves aux commerces mondial et intracommunautaire* (tomes I & II), 2007.

CHARVIN Robert, *Droit à la protection sociale*, 2007.

LABRECQUE Georges, *Les différends internationaux en Asie*, 2007.

PAÏVA de ALMEIDA Domingos (sous la dir.), *Introduction au droit brésilien,* 2006.

MOQUET-ANGER Marie-Laure (sous la dir.), *Les institutions napoléoniennes,* 2006.

CHARBONNEAU Simon, *Droit communautaire de l'environnement, Édition revue et augmentée*, 2006.

Eric DEWEDI

LA PROTECTION DE LA VIE PRIVÉE AU BÉNIN

L'Harmattan

5-7, rue de l'Ecole polytechnique ; 75005 Paris

http://www.librairieharmattan.com
diffusion.harmattan@wanadoo.fr
harmattan1@wanadoo.fr

ISBN : 978-2-296-04860-7
EAN : 9782296048607

Remerciements

Immense est la gratitude que j'exprime conjointement au Pr. Dorothé SOSSA et au Pr. Olivier. de SCHUTTER pour m'avoir aidé à mûrir ma réflexion et à mener à terme toutes mes recherches en vue de la réalisation et de la soutenance de la présente thèse. Dans ce mouvement de profonde gratitude, j'associe le Pr. FOLI, le Pr. BOCALI, le Pr. CISSE.

Mes sincères remerciements vont également au Pr. Théodore HOLO et à ses collaborateurs : M. Victor TOPANOU, Mlle Sabine CAPPART et Mme Joséphine AFAGNON. Je n'oublie pas le soutien des autorités ministérielles, rectorales et décanales, qui m'ont offert la possibilité de faire ces études doctorales dont voici l'aboutissement.

Toute ma reconnaissance s'exprime de même envers l'Ecole Nationale d'Administration et de Magistrature dont le directeur, le Pr. Noël A. GBAGUIDI, a mis à ma disposition sa bibliothèque, si précieuse pour mes lectures. Non seulement la responsable, Mme Solange AÏSSE, que l'on appelle si affectueusement « Tanti Soli », mais pareillement ses collaborateurs m'ont accueilli et soutenu, tant et plus, pour mes recherches documentaires au Bénin.

Mes remerciements les plus chaleureux vont aussi au Commissariat Général aux Relations Internationales de la Communauté Française de Belgique. Grâce aux bourses d'études dont j'ai bénéficié par trois fois, j'ai pu me rendre en Belgique pour effectuer des séjours de recherche dans les universités belges et, notamment, à l'Université Catholique de Louvain.

Des personnes aimables, telles que Mlle Olga LOSSKY, Mme Jacqueline ANDRE, Mr Clotaire KOUKPAKI, Mr Robert DADAGLO, Mr. Victor HOUNSOSSOU et bien d'autres dont je ne saurais citer les noms par manque d'espace, ont bien voulu m'apporter leur concours pour le toilettage du document. Je leur exprime ici toute ma gratitude.

A Evelyne DOSSOU, mon épouse, et à nos enfants, je dois une reconnaissance toute particulière ! Tant de fois, préoccupé par mes recherches, je n'ai pas su répondre adéquatement à leurs attentes…

alors qu'ils me comblaient de leurs rires, de leur patience. Eux aussi sont soulagés que cette entreprise touche à sa fin.

Cette thèse doit beaucoup à ma famille, notamment ma mère, Mme Micheline Akabassi METOGLE, ainsi que Mrs Marcelin ALLOGNINOUWA, Marcelin ADOUNCLA et tous mes oncles, Mme Florence DEWEDI et toutes mes tantes, Mr Lambert ADOUKONOU et tous mes frères et sœurs, mes cousins, cousines, neveux et nièces, tellement attentifs à l'investissement qu'a représenté cette longue période de travail dans ma vie.

A tous, un grand merci !

Dédicaces

Je dédie particulièrement ce travail à la mémoire de feu
Azanmandjèsogbè DEWEDI et feu P. Marc O. BEHANZIN,
Qui m'ont engendré dans la vie et dans la foi chrétienne orthodoxe.

Leurs vies et leurs enseignements m'ont ouvert à mon chemin
personnel de
respect de la vie et des personnes, du désir d'offrir le
meilleur de moi-même dans toute quête de vérité et
tout engagement de justice.

Aussi, cette contribution s'élargit elle au G5 et
à tous ceux qui oeuvrent pour la
valorisation de la personne.

Sigles et abréviations

A.D.D. : Jugement avant dire droit.
Art. : Article.
B.C.E.A.O. : Banque Centrale des Etats de l'Afrique de l'Ouest
Bull.civ. : Bulletin des arrêts de la Cour de cassation en matière civile.
C. ou v. : contre.
C.A. : Arrêt de la cour d'Appel.
C.C.P.R.ou P.I.D.C.P. : Pacte international relatif aux droits civils et politiques.
C.D.H. : Comité des droits de l'homme.
C.E.D.H. : Cour ou convention européenne de droits de l'homme.
Ch. mixte. : Arrêt d'une chambre mixte de la Cour de cassation.
Ch. réun. : Arrêt des chambres réunies de la Cour de cassation.
Chr. : Chronique.
Civ. : Arrêt de la chambre civile de la Cour de cassation.
Civ. sect. civ. : Arrêt de la chambre civile, section civile, de la Cour de cassation.
Civ. sect. com. : Arrêt de la chambre civile, section commerciale, de la Cour de cassation.
Civ. sect. soc. : Arrêt de la chambre civile, section sociale, de la Cour de cassation.
C. civ. : Code civil.
C.N.I.L : Commission nationale de l'Informatique et des Libertés
C. pén. : Code pénal.
C. proc. civ. : Code de procédure civile.
C. proc. pén. : Code de procédure pénale.
Com. : Arrêt de la chambre commerciale de la Cour de cassation.
Crim. : Arrêt de la chambre criminelle de la Cour de cassation.
D.C.C. : Décision de la Cour constitutionnelle.
D. : Dalloz.
D.H. : Dalloz, recueil hebdomadaire de jurisprudence.
D.P. : Dalloz, recueil périodique et critique mensuel.
Ed. : Edition.
FAS.J.E.P. : faculté des sciences juridiques économiques et politiques.
Gas. Pal. : Gazette du palais.
J.C.P. : Jurisclasseur périodique.
J.O. : Journal officiel.
J.O.R.D. : Journal officiel de la république du Dahomey.(actuel Bénin)

L.G.D.J. : Librairie générale de droit et de jurisprudence.
N. : Numéro.
P. : Page.
Préc. : Précité.
P.U.F. : Presse universitaire de France.
Rep. civ. : Répertoire de droit civil.
Rep. com. : Répertoire de droit commercial.
Rep. pén. : Répertoire de droit pénal
Req. : Arrêt de la chambre des requêtes de la Cour de cassation.
R.G.D.I.P. : Revue générale de droit international public.
R.T.D.H. : Revue trimestrielle des droits de l'homme.
R.U.D.H. : Revue universelle des droits de l'homme.
Svt. : Suivant.
Soc. : Arrêt de la chambre sociale de la Cour de cassation.
T. : Tome.
T.I.C. : Technologies de l'Information et de la Communication
Trib. civ. : Jugement d'un Tribunal, chambre civile.
Trib. com. : Jugement d'un Tribunal de commerce.
Trib. corr. : Jugement d'un Tribunal, chambre correctionnelle.
Trib. gr. Inst. : Jugement d'un Tribunal, de grande instance.
Trib. inst. : Jugement d'un Tribunal d'instance.
T.P.I. : Jugement d'un Tribunal de première instance.
U.A.C. : Université d'Abomey calavi.
U.E.M.O.A. : Union Economique et Monétaire Ouest Africaine
U.N.B. : Université nationale du Bénin.
UN. Doc. : Document nations unies.
Vol. : volume.

Sommaire

INTRODUCTION GENERALE

PREMIERE PARTIE : L'ETAT ACTUEL DE LA PROTECTION DE LA VIE PRIVEE EN DROIT INTERNATIONAL ET EN DROIT INTERNE

TITRE 1 : L'APPROCHE DIRECTE DE LA VIE PRIVEE AU PLAN INTERNATIONAL

CHAPITRE 1 : LA VIE PRIVEE COMME CONDITION D'EXERCICE DES LIBERTES INDIVIDUELLES

Section 1 : L'interprétation de la vie privée à la lumière des conditions de vie actuelles

Section 2 : La recherche du contenu universel de la notion de vie privée

CHAPITRE 2 : LA VIE PRIVEE DANS L'ENVIRONNEMENT COMMUNAUTAIRE AFRICAIN

Section 1 : La vie privée et l'héritage colonial

Section 2: La vie privée dans la Charte Africaine des Droits de l'Homme et des Peuples

TITRE 2 : L'APPROCHE INDIRECTE DE LA VIE PRIVEE AU PLAN INTERNE

CHAPITRE 1 : LA PROTECTION DE LA VIE PRIVEE PAR DES INFRACTIONS PENALES

Section 1 : La protection pénale de la vie privée contre les divulgations

Section 2 : La protection pénale de la vie privée contre les investigations

CHAPITRE 2 : LA PROTECTION DE LA VIE PRIVEE PAR LA JURISPRUDENCE CIVILE

Section 1 : La recherche d'une définition civile de la vie privée

Section 2 : L'élaboration des techniques de protection

DEUXIEME PARTIE : LES PERSPECTIVES D'AMELIORATION DE LA PROTECTION EN DROIT BENINOIS

TITRE 1 : LA PROTECTION SPECIFIQUE DE LA VIE PRIVEE CONTRE L'ESPIONNAGE AUDIO-VISUEL

CHAPITRE 1 : LES ATTEINTES A L'INTIMITE DE LA VIE PRIVEE PAR LA CAPTATION DE LA PAROLE ET DE L'IMAGE

Section 1 : Les éléments objectifs

Section 2 : Les éléments subjectifs

CHAPITRE 2 : LES ATTEINTES A L'INTIMITE DE LA VIE PRIVEE PAR L'EXPLOITATION DU PRODUIT DE L'ESPIONNAGE AUDIO-VISUEL

Section 1 : L'utilisation du produit d'espionnage audio-visuel

Section 2 : La dénaturalisation du document par la publication d'un montage

TITRE 2 : LA PROTECTION SPECIFIQUE DE LA VIE PRIVEE CONTRE LES ATTEINTES LIEES A L'INFORMATIQUE

CHAPITRE 1 : LES ASPECTS NON JURIDICTIONNELS DE LA PROTECTION DES DONNEES A CARACTERE PERSONNEL

Section 1 : Le champ d'application de la protection des données nominatives

Section 2 : Les principes directeurs régissant le traitement des données

CHAPITRE 2 : LES ASPECTS JURIDICTIONNELS DE LA PROTECTION DES DONNEES A CARACTERE PERSONNEL

Section 1 : La répression de l'intention frauduleuse

Section 2: La répression de la faute

CONCLUSION GENERALE

"La vie privée du citoyen s'arrête là où commence pour l'Etat la nécessité de savoir". † MONKOTAN Jean Baptiste, ancien conseiller juridique de l'Ex Président Mathhieu Kérékou du Bénin

Introduction générale

A partir de la première moitié du XIXe siècle, le droit s'est enrichi d'une nouvelle terminologie[1]. Il s'agit de la notion de «Vie privée» dans les milieux francophones ou de «Privacy» dans les milieux anglo-saxons. Au Bénin, une réflexion sur une telle notion peut trouver sa raison d'être dans le fait que depuis le renouveau démocratique dans ce pays, la protection de la personne humaine se trouve au cœur des attributions de toutes les institutions de la République. En effet, pendant le régime marxiste, le système juridique béninois s'est appuyé sur la pensée collectiviste contemporaine selon laquelle la seule finalité du droit est le service de la communauté. M. Hegel après avoir écrit à ce propos que « le droit a pour seule finalité, le service de la communauté[2] » en a déduit que le droit de l'Etat l'emporte sur les droits subjectifs des particuliers.

A l'opposé de cette tendance, se trouve la pensée individualiste qui considère que la personne humaine est la fin suprême du droit. M. Roubier a écrit dans ce sens que « c'est la société qui est faite pour l'homme et non pas l'homme pour la société[3] ». Le Bénin du renouveau démocratique se nourrit de cette pensée individualiste en consacrant tout un titre de la constitution du 11 décembre 1990 aux droits fondamentaux de la personne. Aussi, de nouveaux textes législatifs et réglementaires font-ils de plus en plus référence à la vie privée.

Face à cette évolution, une réflexion sur la protection de la vie privée dans un pays sous développé d'Afrique comme le Bénin devient digne d'intérêt tant du point de vue scientifique que du point de vue pratique. Du point de vue de l'intérêt scientifique, cette

---

[1] RIGAUX F., La Vie Privée, une liberté parmi tant d'autres ? Travaux de la Faculté de Droit de Namur, N° 17, Larcier, Bruxelles, 1992, p. 12.

[2] HEGEL G.W.F. : Traits fondamentaux de la philosophie du droit, cité par BERGEL J.L., Théorie générale du droit, Dalloz, Paris, 1999, p.35.

[3] ROUBIER P. : Théorie générale du droit, cité par BERGEL J.L., Théorie générale du droit, Dalloz, Paris, 1999, p.34.

reflexion constitue une contribution en matière de recherche sur la protection de la vie privée et peut être une référence pour d'autres chercheurs. Du point de vue de l'intérêt pratique, elle représente une contribution au renforcement de la protection de la vie privée au Bénin car elle met à la disposition des particuliers le dispositif juridique qui y garanti la protection de la vie privée. Au monde des médias, elle peut apporter des éclairages sur les risques à éviter pour ne pas porter atteinte à la vie privée des personnes. Au législateur enfin elle peut ouvrir des brèches pour une réforme législative.

Telle que l'on pourrait le remarquer à travers l'étude de son évolution, la notion de vie privée, apparue dans un contexte national, s'est progressivement internationalisée et figure en bonne place dans nombres d'instruments internationaux. Ainsi, le sommet mondial sur la société de l'information mentionne dans sa déclaration de principes que l'utilisation des TIC et la création de contenus devrait respecter les droits de l'homme et les libertés fondamentales, notamment la vie privée[4]. Il est dès lors important de se pencher sur la génèse de la vie privée, son internationalisation ainsi que la consécration de son existence constitutionnelle que vient de réaliser la cour constitutionnelle béninoise.

I- L'émergence du droit au respect de la vie privée

Dans les sociétés traditionnelles du Bénin, la sphère de la vie privée est surtout régulée par les normes et les pratiques culturelles. Dans ses travaux sur cette question, M. Westin conclut que dans les sociétés traditionnelles, la considération des tabous, des normes et des pratiques propres à chaque société est essentielle à l'appréciation et à la caractérisation de la sphère de la vie privée[5]. Il s'agit surtout des règles ayant trait à l'intimité des relations sexuelles, à la dissimulation des organes génitaux des individus de sexe féminin, à l'exercice des fonctions naturelles, aux rites de passage (la naissance, la maladie, la mort), à la divulgation d'informations personnelles (se cacher la face) et à la protection des lieux d'habitation[6]. Sur la base de ce constat, M. Nadeau va distinguer, dans les sociétés modernes, divers modèles de protection de la vie privée en relation avec les variations culturelles

[4] Document WASIS-03/GENEVA/DOC/4-F/paragraphe 58.
[5] WESTIN A.F., Privacy and Freedoms. Atheneum, New York, 1967, p. 13-18.
[6] Ibidem.

dans chaque société[7]. Mais quel que soit le modèle, la protection de la vie privée par le droit a plutôt été une création prétorienne. La première jurisprudence en la matière se rapporte à une affaire anglaise qui eut lieu dans le courant de l'année 1825 et qui concerne la reproduction, par un périodique médical spécialisé, du texte de la conférence prononcée en public par un praticien mais sans l'autorisation de ce dernier[8]. Une vingtaine d'années plus tard, en 1845, la Cour d'Appel de Lyon en France confirme la décision du Tribunal Correctionnel ayant condamné du chef de contrefaçon un éditeur qui publie les sermons du prédicateur Lacordière sans son autorisation[9]. En 1849, intervient une autre jurisprudence anglaise relative à un album d'esquisses de la reine Victoria et du prince Consort, que le couple royal avait confié à un graveur pour le reproduire en un nombre limité d'exemplaires mais dont l'artisan avait tiré des épreuves supplémentaires en vue de les exposer et de les mettre en vente[10] . En 1850 à Paris, la Cour d'Appel reconnaît à la sœur de Benjamin Constant le droit de s'opposer à la publication de lettres intimes adressées à Madame Récamier[11]. En 1854, le Tribunal Civil de la Seine déclare illicite le lancement d'une souscription pour l'érection du monument funéraire de Balzac, les proches du défunt, en l'occurrence sa veuve, ayant un droit exclusif sur la sépulture[12]. En 1858, à la requête de la sœur de la défunte, le président du même tribunal fait défense à une personne s'étant procurée une image de la tragédienne Rachel sur son lit de mort, de reproduire cette image et de la diffuser. Pour les juges, le droit de s'opposer à cette reproduction est absolu et a son principe dans le respect que commande la douleur des familles[13]. Soucieuse de ne pas ajouter une nouvelle catégorie aux catégories juridiques existantes, la jurisprudence va, pendant longtemps, s'efforcer de rattacher ce droit naissant au droit de propriété. Ainsi, il a été jugé que le fait de publier, sans l'autorisation de la personne concernée, une photographie ayant trait à sa vie privée, constitue une atteinte au droit de propriété que chacun possède sur son image[14]. Comme le note M. Colin, c'était vers le milieu du 19e siècle

[7] NADEAU A.R., Vie Privée et Droits Fondamentaux. Carswell, Québec, 2000, p. 21.
[8] AUBERNETHY V., Hutchison 1H and Tw. 28(1825), 47 E.R. 1313 (chanc.).
[9] Lyon, 17 juillet 1845, Marle c. Lacordière, S. 1845, 470.
[10] Prince Albert v. Strange 1Mac. And G. 24(1849), 41 E.R., 1171 (chanc); 1H. And Tw. 3,47 E.R. 1302 (chanc).
[11] Paris, 10 décembre 1850, Collet c. Lenormand et d'Estourelle, S. 1850, 2, 625.
[12] Civ. Seine, 3 mai 1854, Veuve de Balzac c. Alexandre Dumas, D.P., 1854, 2, 121 .
[13] Civ. Seine, 16 juin 1848, Félix c. O'Connell, D.P., 1858, 3, 62.
[14] Trib. Gr. Inst. Seine, 3è Ch., 13 mars 1968, Gaz. Pal. 1968., I.379.

une tendance presque universelle de la part des juristes d'élargir à l'excès le concept de propriété et de l'étendre à tous les droits non définis dont l'analyse révélait le caractère absolu[15]. Pour justifier cette tendance, M. Edelman écrit que la personne humaine est propriétaire d'elle-même et donc propriétaire de ses attributs et que, par conséquent, l'on peut vendre sa vie privée[16]. M. Appleton critique cette tendance et soutient qu'il est hasardeux d'étendre la notion de propriété au droit que possèderait chacun sur son image[17]. De même, M. Nerson écrit, dans sa thèse consacrée aux droits extrapatrimoniaux, que le corps de l'homme vivant ne peut être l'objet de droit réel[18]. En faisant la synthèse de cette évolution, M. Ravanas écrit que le droit de la personne sur son image et, d'une manière précise, le droit d'interdire et de faire sanctionner la réalisation, la communication à un tiers, ou la divulgation de son image, ne protège pas un bien matériel mais la personnalité de son titulaire, ce qui revient à dire qu'il est un droit de la personnalité et non un droit de propriété[19]. Il apparaît donc ainsi que le droit à la vie privée se rattache aux droits de la personnalité[20]. Une fois apparue sur la scène juridique, la notion de vie privée fera l'objet de plusieurs tentatives de définition.

Vers la fin du XIXè siècle, commentant les deux décisions anglaises précitées, deux américains : Warren, à l'époque avocat à Boston, et Brandeis, son collaborateur, dans un article intitulé «The right to privacy» et publié à la Harvard Law Review, ont défini la privacy comme «the right to be let alone», le «droit d'être laissé seul[21]». Il s'agit d'une expression empruntée à un ouvrage publié un peu plus tôt par Thomas Cooley, juge à la Cour Suprême des Etats-Unis. Plus tard, cette haute juridiction américaine citera la même expression du juge Cooley dans une affaire dans laquelle une dame, victime d'un accident de chemin de fer, avait refusé de se soumettre à un examen médical auquel prétendait la contraindre la compagnie de

---

[15] COLIN A., Note sous D. 1904, 2, p.1.

[16] EDELMAN B., Esquisse d'une théorie du sujet : l'homme et son image, D. 1970, Chr. XXVI, p. 120.

[17] APPLETON J., Note sous Trib. Civ. Seine, D. 1902, -2-74.

[18] NERSON R., Les Droits extrapatrimoniaux, thèse p. 130.

[19] RAVANAS J., La protection des personnes contre la réalisation et la publication de leur image, L.G.D.J., Paris, 1978.

[20] Voir SOSSA D., Cours d'introduction à l'étude du droit, première année de Sciences Juridiques, FASJEP/UNB, inédit, p. 90 ; voir aussi DELMAS-MARTI M. et de LEYSSAC C.L., Libertés et droits fondamentaux, éditions du Seuil, Paris, 1996 p. 270 .

[21] WARREN and BRANDEIS, The right to Privacy, in Harvard Law Review (1890), 193-220.

transports contre laquelle elle avait exercé une action en responsabilité. La demande d'expertise est rejetée; selon l'arrêt de la Cour, «aucun droit n'est plus sacré ni soigneusement garanti par la Common Law que le droit de tout individu à avoir la possession et le contrôle de sa propre personne exempte de toute restriction ou de toute immixtion d'autrui, sauf en vertu de l'autorité indiscutable de la loi »[22]. Comme l'a bien exprimé le juge Cooley, «le droit d'une personne sur elle-même peut être tenu pour un droit d'absolue immunité : d'être laissé seul»[23]. En ce XIXè siècle, le droit à la vie privée se définit donc comme le droit d'être laissé tranquille[24]. Mais, plus que par le passé, les progrès dans les domaines sociaux et techniques provoquent ce que l'on peut appeler la crise de la vie privée; en effet, les différents procédés optiques, acoustiques, mécaniques, thermiques, la psychologie appliquée, le développement des moyens de communication de masse, de la médecine sociale et de la délinquance, de l'informatique, font peser de graves menaces sur la vie privée. Cette situation oblige les Etats, surtout dans les pays occidentaux, à renforcer leur arsenal juridique pour protéger leurs citoyens contre les menaces à leur vie privée. Dans le même temps, l'atteinte à la vie privée cesse d'être une question nationale et deviendra une préoccupation de la communauté internationale.

II- L'insertion de la vie privée dans les instruments internationaux

Au lendemain de la seconde guerre mondiale, les questions liées à la vie privée sont devenues une préoccupation de la communauté internationale. Pour lui assurer une garantie universelle, l'Assemblée Générale des Nations Unies, à travers la Déclaration Universelle des Droits de l'homme du 10 décembre 1948, reconnaît le droit à la vie privée comme un droit fondamental de l'homme. Selon l'article 12 de cette déclaration, «Nul ne sera l'objet d'immixtions arbitraires dans sa vie privée, sa famille, son domicile, ou sa correspondance, ni d'atteintes à son honneur et à sa réputation. Toute personne a droit à la protection de la loi contre de telles immixtions ou de telles atteintes». A la suite de cette déclaration, elle a adopté d'autres résolutions et recommandations qui invitent les Etats à

[22] Traduction de François RIGAUX, op. cit.

[23] Union Pacific Ry Co. v. Bostford, 141, U.S.250, 251 (1891).

[24] Il existe de nos jours une définition internationale, une définition civile et une définition pénale de la vie privée sur laquelle nous allons revenir ultérieurement.

prendre les mesures législatives et autres qui s'imposent pour protéger les personnes contre les nouvelles menaces à la vie privée qui apparaissent. Mais, comme les résolutions et recommandations de l'Assemblée Générale des Nations Unies, celles-ci n'ont pas une portée juridique contraignante à l'égard des Etats[25]. Elles constituent toutefois des sources d'inspiration et doivent être complétées par des accords ayant force obligatoire. Pour cette raison, les droits de l'homme qui figurent dans la déclaration universelle sont repris dans les pactes jumeaux de 1966 relatifs d'une part aux droits civils et politiques et, d'autre part, aux droits économiques, sociaux et culturels. Ainsi, l'article 17 du Pacte International de 1966 relatif aux droits civils et politiques reprend intégralement l'article 12 de la Déclaration Universelle des Droits de l'homme du 10 décembre 1948. Tout comme la déclaration universelle, cet article protège expressément les atteintes à l'honneur et à la réputation; il est cependant moins favorable pour l'individu, en ce sens qu'il se borne à prohiber les immixtions arbitraires sans énoncer les ingérences admissibles au droit au respect de la vie privée. Dans le cadre du Conseil de l'Europe, cette insuffisance a trouvé solution dans l'article 8 de la Convention Européenne des Droits de l'homme qui dispose que : «1. Toute personne a droit au respect de sa vie privée et familiale, de son domicile et de sa correspondance.

2. Il ne peut y avoir ingérence d'une autorité publique dans l'exercice de ce droit que pour autant que cette ingérence est prévue par la loi et qu'elle constitue une mesure qui, dans une société démocratique, est nécessaire à la sécurité nationale, à la sûreté publique, au bien-être économique du pays, à la défense de l'ordre et à la prévention des infractions pénales, à la protection de la santé ou de la morale, ou à la protection des droits et libertés d'autrui». Il y a bien une énumération exhaustive des ingérences admissibles aux droits protégés. Comme l'a bien souligné M. Mock, ces ingérences doivent remplir trois conditions c'est-à-dire qu'elles doivent être prévues par la loi, poursuivre un but légitime et être nécessaires dans une société démocratique[26]. Notons que la Convention européenne des droits de l'homme et le Pacte International Relatif aux Droits Civils et

---

[25] NGUYEN QUOC DINH, Droit International Public, L.G.D.J., Paris, 1999, p. 370.

[26] MOCK H., Le Droit au respect de la vie privée et familiale, du domicile et de la correspondance à l'aube du XXI è siècle, in Revue Universelle des Droits de l'Homme, 15 Décembre 1998, Vol 10, N° 7-10, pp. 237 et svts.

Politiques ne sont pas distincts quant au fond. Ils s'inspirent tous d'une philosophie identique à celle qui anime la déclaration universelle des droits de l'homme. En fait, la déclaration a été votée sous la forme d'une résolution des Nations Unies[27]. Elle est, à ce titre, dépourvue de la force obligatoire car l'Assemblée Générale des Nations Unies n'a pas compétence pour édicter des normes positives s'imposant aux Etats[28]. Il a fallu que la déclaration soit suivie des pactes jumeaux de 1966 pour conférer la force obligatoire aux principes et valeurs qu'elle véhicule. La Convention européenne s'inscrit dans la même démarche. M. Robert observe, à ce titre, que «les droits et libertés énumérés dans la convention correspondent exactement à la plupart de ceux qui sont reconnus dans la déclaration universelle[29]». Sur le fondement de ces instruments, on peut admettre qu'il existe un droit de l'homme au respect de la vie privée. M. Kayser va essayer de déterminer les composantes de ce droit; selon lui, le droit de l'homme au respect de la vie privée comporte la protection du secret de la vie privée mais aussi la protection de la liberté de celle-ci[30]. La Cour européenne ajoutera, à partir des années 1990, que le droit de l'homme au respect de la vie privée comporte aussi le droit pour l'individu de nouer et de développer des relations avec ses semblables[31]. On peut noter qu'avec ces composantes, le droit de l'homme au respect de la vie privée possède un certain lien avec le régime politique. M. Nadeau dira qu'il est la quintessence de la liberté individuelle garantie par les droits et libertés fondamentaux[32]. M. Westin écrira, quant à lui, qu'il est l'une des assises sur lesquelles reposent les démocraties libérales. La tradition libérale classique, en effet, considère l'homme comme sujet de droit. Mais sous l'influence de Karl Marx, on assistera au renversement de cette tendance. Selon l'analyse marxiste, le principal sujet du droit, ce n'est plus l'homme, mais le travailleur dont la préoccupation éminemment matérielle est primordiale. La liberté classique n'est pas oubliée, mais elle n'est plus considérée comme inhérente à l'homme; elle doit être conquise. Elle est une liberté formelle. La liberté réelle, dont chacun pourra effectivement jouir, passe par la reconnaissance des droits

---

[27] Résolution du 10 décembre 1948.

[28] Voir ROBERT J., Droits de l'homme et libertés fondamentales. Montchrestien, 6e édition, Paris, 1996, p. 82.

[29] ROBERT J., op. cit., p. 84.

[30] KAYSER P., La protection de la vie privée par le droit. Economica et Presse Universitaire d'Aix-Marseille, 1995, p. 29 et suivantes.

[31] C.E.D.H, Arrêt Niemietz contre Allemagne, 19 décembre 1992, paragraphe 29.

[32] NADEAU A.R., Vie privée et droits fondamentaux. Craswell, Québec, 2000, p. 2.

économiques, sociaux et culturels. Ces droits dépendent exclusivement de l'Etat qui, seul, peut en assurer la réalisation par une action positive. Il s'agit des libertés par le pouvoir. La Constitution de l'Union Soviétique de 1977 mentionne, à cet effet, en son article 39, chapitre 7 que : «des citoyens de l'URSS jouissent dans toute leur plénitude des libertés et droits sociaux, économiques, politiques et personnels proclamés et garantis par la constitution et les lois soviétiques. Le régime socialiste assure l'extension des droits et des libertés, l'amélioration constante des conditions de vie des citoyens au fur et à mesure de l'exécution des programmes de développement social, économique et culturel. L'exercice, par les citoyens, des droits et libertés ne doit pas porter préjudice aux intérêts de la société et de l'Etat, aux droits des autres citoyens.» En d'autres termes, on ne peut se prévaloir de la jouissance des droits civils et politiques et donc du droit au respect de la vie privée que lorsqu'ils ne portent pas préjudice aux intérêts de l'Etat. Dans un tel système, c'est donc l'intérêt de l'Etat qui prime sur l'intérêt des individus.

En face de cette approche, le statut du droit au respect de la vie privée varie selon que l'on se trouve dans une démocratie libérale ou dans un régime totalitaire. Dans son analyse de cette question, M. Nadeau écrit que : « dans les régimes politiques totalitaires, les autorités étatiques se fondent sur le secret de l'information gouvernementale, la surveillance des individus et l'anéantissement de la sphère d'autonomie des groupes sociaux. Dans ce type de société, le droit au respect de la vie privée est perçu comme immoral ou antisocial et la régulation des normes étatiques s'effectue par l'isolement des individus qui, maintenus dans un climat de crainte et d'incertitude, se voient interdits d'adresser toute critique à l'égard de l'Etat[33] ». C'est un tel régime politique que la Charte Africaine des Droits et des Peuples institue pour les Etats africains. Le préambule de cette charte mentionne en son paragraphe 8 « qu'il est essentiel d'accorder désormais une attention particulière au droit au développement; que les droits civils et politiques sont indissociables des droits économiques, sociaux et culturels, tant dans leur conception que dans leur universalité, et que la satisfaction des droits économiques, sociaux et culturels garantit la jouissance des droits civils et politiques ». Sur le fondement de ce principe, les Etats africains avaient tiré la conclusion que, pour la satisfaction des droits

[33] NADEAU A. R., op. cit. p. 3.

économiques et sociaux culturels, les droits civils et politiques et, par voie de conséquence, le droit au respect de la vie privée, doivent être mis entre parenthèses[34].

Sur la base de cette politique dite développementaliste[35], la charte africaine des droits de l'homme et des peuples n'a pas reconnu expressément le droit au respect de la vie privée. Mais on assistera à une contestation de ces régimes de terreur aussi bien dans les pays socialistes que dans les Etats africains et au Bénin. On peut mentionner les différentes crises qui ont conduit en 1990 à l'organisation, au Bénin, de la conférence nationale des forces vives de la nation. A travers toutes ces remises en cause, le peuple béninois réclame un meilleur respect des libertés fondamentales. Il ne s'agit pas, en effet, de conférer une nature nouvelle aux libertés classiques. Celles-ci demeurent, telles qu'elles étaient définies dans les démocraties libérales; elles sont seulement complétées et enrichies par la prise en compte des préoccupations nouvelles, celles de l'homme qui demande à l'Etat de lui procurer les moyens nécessaires pour pouvoir jouir effectivement de son autonomie, de sa liberté de choisir seul une certaine sphère d'activité. Pour concrétiser cette exigence, le Bénin a adopté en 1990 une nouvelle constitution qui institue au Bénin un Etat de droit fondé sur le respect des droits de l'homme et des libertés publiques fondamentales. Au-delà de ce renouveau, l'avancée décisive a été la reconnaissance, par la Cour constitutionnelle, de l'existence constitutionnelle du droit au respect de la vie privée.

III- La consécration de l'existence constitutionnelle du droit au respect de la vie privée

Au Bénin, la législation interne évoque la notion de vie privée dans quelques cas rares, mais pas toujours de manière directe. C'est ainsi que la nouvelle Constitution du 11 décembre 1990 ne reconnaît pas aux personnes un droit général au respect de la vie privée. Mais le

---

[34] Voir AHADZI K., Droits de l'homme et développement : théories et réalités, in la voix de l'intégration juridique et judiciaire africaine, N° 3 et 4, année 2003, pp 9-58.

[35] Voir M'BAYE K., Les droits de l'homme en Afrique. Pédone, 2e éd., Paris, 2002 ; OUGUERGOUZ F., La charte africaine de droits de l'homme et des peuples. P.U.F., Paris, 1993.

préambule de cette constitution fait état de l'attachement du peuple béninois aux principes de la démocratie et des droits de l'homme tels qu'ils ont été définis par la Charte des Nations Unies de 1945 et la Déclaration Universelle des Droits de l'homme de 1948[36]. Etant donné que le préambule de la constitution fait partie du bloc de constitutionnalité[37], on peut en déduire que la constitution reconnaît à travers son préambule le droit au respect de la vie privée tel qu'il est énoncé dans l'article 12 de la Déclaration Universelle. Aussi garantit-elle des droits que l'on peut considérer soit comme inclus dans la notion de droit au respect de la vie privée au sens large, soit comme connexe à cette notion au sens restreint : l'inviolabilité du domicile et celle de la correspondance, le respect de l'intégrité de la personne. On peut regretter que cette constitution, qui a été élaborée tout récemment, en 1990, et qui fait référence à l'Etat de droit dans lequel les droits de l'homme sont reconnus et garantis, ait omis de mentionner expressément dans l'une de ses dispositions le droit au respect de la vie privée, alors qu'elle a consacré tout un titre aux droits de l'homme. La législation ordinaire en la matière présente aussi de très nombreuses lacunes. Aucun texte légal de droit interne ne reconnaît comme tel et d'une manière générale le droit au respect de la vie privée ; seuls, quelques aspects fragmentaires de ce droit sont explicitement protégés par les dispositions légales. Les textes existants ne permettent que très exceptionnellement de fixer une délimitation de ce droit. C'est le cas, notamment, de la loi 60-12 du 30 juin 1960 sur la liberté de la presse[38] qui fait référence à la vie privée dans les termes suivants :« la vérité des faits diffamatoires peut toujours être prouvée sauf ...lorsque l'imputation concerne la vie privée de la personne[39]... ». Ces références à la vie privée, si infimes soient elles, ont permis à la Cour constitutionnelle de consacrer l'existence constitutionnelle du droit au respect de la vie privée. En effet, cette juridiction avait été saisie d'une affaire relative à la publication dans le Journal le Canard du Golfe, N° 12 du 03 au 16 mars 1999, d'un article intitulé : « SONACOP contre ODIFIC, GBEDO est-elle mouillée en des sous ? ». Selon Mme Marie Elise GBEDO, à l'époque des

---

[36] Voir la Constitution de la République du Bénin. Presse de l'Imprimerie Notre-Dame, Cotonou, 1991, p. 4.
[37] Voir PRELOT M. et BOULOUIS J., Institutions politiques et droit constitutionnel. Précis Dalloz, Paris, 1987, p. 629 ; HAMON F., TROPER M., BURDEAU G., Manuel de Droit Constitutionnel. L.G.D.J., Paris, 2001, p. 391.
[38] In J.O.R.D. N° 18 du 15 juillet 1960 p. 454 à 460.
[39] Voir article 32-a.

faits ministre du commerce, « dans cet article, il y a incontestablement atteinte à l'ordre public, à l'intégrité morale et corporelle d'une part, et atteinte à son intimité ainsi qu'aux bonnes mœurs d'autre part » ; la Cour lui donne raison en répondant que « les faits allégués portent sur la violation des droits de l'homme ...». Elle motive sa décision en se fondant sur l'article 15 de la constitution du 11 décembre 1990 et l'article 4 de la charte africaine des droits de l'homme et des peuples sur l'intégrité de la personne ainsi que l'article 12 de la déclaration universelle des droits de l'homme pour conclure que « le droit à l'intégrité morale s'entend du droit à la protection de l'honneur et de la réputation ». Or, selon le code pénal, l'atteinte à l'honneur et à la réputation est passible de poursuites pénales et civiles. L'atteinte à la vie privée peut ainsi donc donner lieu à une poursuite aussi bien sur le plan pénal que sur le plan civil.

Cette décision de la Cour constitutionnelle montre qu'il existe au Bénin un effort d'adaptation des acquis du droit international en ce qui concerne la protection du secret de la vie privée au Bénin. Face à cette évolution, il est alors indispensable d'examiner les bases juridiques de cette adaptation et de vérifier si le concept de vie privée est compatible avec les exigences de la société béninoise où l'influence du communautarisme est encore très marquée.

La réponse à cette problématique aura pour trame un bon nombre de questionnements. La vie privée est elle identique pour tout le monde, et sous tous les cieux ? En d'autres termes, la vie privée est elle un luxe pour les africains ? Quels droits l'individu possède-t-il sur son image ? Jusqu'à quel point peut-on s'assurer que la correspondance téléphonique n'est pas violée ? Que signifie l'inviolabilité du domicile ? Quel est le contenu de l'obligation des pouvoirs publics et des particuliers vis-à-vis des informations qu'ils détiennent sur autrui ? Le destinataire d'une lettre peut-il à son gré porter son contenu à la connaissance d'autres personnes ? L'employeur a-t-il un pouvoir illimité dans la gestion des personnes qui sont sous son contrôle dans le cadre d'un contrat de travail conclu ou à conclure ?

En fait, le souci de la loi de protéger, au Bénin, la vie privée des particuliers, ne date pas des années 1990. Les mesures de protection de la vie privée existaient déjà au moment des indépendances, mais elles ont simplement été occultées pendant la période révolutionnaire allant de 1972 à 1989 et connaissent actuellement un renouveau. Déjà en 1958, le Code civil français, rendu applicable au Bénin, comporte des dispositions qui tendent à protéger la vie privée de l'individu à l'intérieur de sa maison. D'autres dispositions de ce code tendent à éviter que les personnes ne soient lésées par la communication à autrui de certains renseignements relatifs à l'intimité lors des débats de l'instance en divorce, ou pendant la consultation des renseignements relatifs à l'état civil. La loi 60-12 sur la liberté de la presse punit comme diffamation le fait de publier des faits de la vie privée même si les informations publiées sont vraies. Le code pénal comporte également d'autres règles qui permettent de sanctionner certaines atteintes à la vie privée. Il en est ainsi du délit de violation du domicile, du délit de violation de la correspondance et du délit de violation du secret professionnel. Aussi ces dispositions civiles et pénales, du reste très éparses, ont-elles été largement renforcées par la jurisprudence et la doctrine. Néanmoins, les principes dégagés sont d'une portée très limitée.

Si en ces époques, en effet, on peut simplement se servir de ses yeux et de ses oreilles pour surprendre l'intimité d'autrui, il n'en est plus de même aujourd'hui où des appareils, plus performants et très nombreux, rendent possibles des investigations plus malicieuses mais également des divulgations à grande échelle. Aussi l'utilisation de l'informatique permet-elle de constituer des banques de données sur les individus, lesquelles données pourraient être utilisées abusivement ; il se pose alors le problème de l'amélioration de la protection existante.

Pour examiner toutes ces questions, plusieurs démarches sont possibles. L'on peut étudier dans une première partie la vie privée au plan international et dans une deuxième partie la vie privée au plan interne ; mais cette démarche a l'inconvénient de présenter un travail déséquilibré dans sa structure. L'on peut aussi étudier dans une première partie la protection civile de la vie privée et dans une deuxième partie la protection pénale de la vie privée. Là encore on ne pourra pas évoquer convenablement l'apect international ni la question des données nominatives alors qu'il serait important de faire le diagnostic et dégager les perspectives d'amélioration de la protection de la vie privée au Bénin. Il apparaît alors plus convenable de faire une présentation holistique qui rende compte du passé, du présent et du futur de la vie privée au Bénin. Pour cela, notre étude va aborder successivement, dans une première partie, l'état actuel de la protection de la vie privée en droit international et en droit interne et, dans une deuxième partie, les perspectives d'amélioration de la protection en droit béninois.

Première partie : L'état actuel de la protection de la vie privée en droit international et en droit interne

La notion de vie privée se trouve sous l'influence de plusieurs facteurs. Ces facteurs peuvent relever de l'époque, du lieu, du niveau de développement, de la culture. Leur conjonction détermine le type de protection adéquate pour chaque société de sorte que, pour une même époque, la protection de la vie privée dans les sociétés africaines de type communautaire peut prendre en compte des spécificités qu'ignorent les sociétés occidentales de type individualiste, et réciproquement. Il devient dès lors indispensable de rechercher un équilibre permettant d'assurer au mieux la protection de la personne, de plus en plus exposée à toutes sortes de risques d'atteinte à la vie privée liés au développement technologique et scientifique. La communauté internationale prend, à cet effet, la mesure des nouveaux risques qui apparaissent en adoptant une conception très large de la vie privée. Dans les pays africains et au Bénin en particulier, où l'influence du développement technologique n'est pas aussi prononcée, l'approche de la vie privée est plutôt restrictive.

Titre 1 : L'approche directe de la vie privée au plan international

Au regard des instruments internationaux, la vie privée au Bénin est régie par un instrument à vocation universelle et un instrument à vocation sous-régionale : il s'agit, d'une part, du pacte international relatif aux droits civils et politiques et, d'autre part, de la charte africaine des droits de l'homme et des peuples.

Selon les articles 28 à 45 du pacte, il est institué un organe non juridictionnel dénommé le Comité des Droits de l'Homme, chargé de veiller au respect des droits de l'homme, notamment le droit au respect de la vie privée énoncé dans le pacte. A ce titre, il a fourni une interprétation de l'article 17 du pacte qui considère la vie privée comme la condition d'exercice des libertés individuelles (Chapitre 1). Par contre, dans le cadre sous-régional de la charte africaine des droits de l'homme et des peuples, la commission africaine chargée de veiller au respect des droits reconnus dans la charte apparaît comme un organe qui vise à promouvoir le respect de droits collectifs. Une place peu importante est accordée à la vie privée qui se trouve néanmoins indirectement garantie par la charte. On note toutefois que l'influence du droit colonial, qui est rendu applicable dans les Etats au moment des indépendances, s'avère la plus déterminante pour le droit au respect de la vie privée au Bénin. L'environnement communautaire africain conserve une certaine influence sur la vie privée (Chapitre 2).

Chapitre 1 : La vie privée comme condition d'exercice des libertés individuelles

Le Bénin a ratifié le Pacte International de même que le protocole facultatif se rapportant aux droits civils et politiques[40]. Aux termes des articles 1 et 2 du protocole, tout citoyen ressortissant d'un Etat partie, après épuisement des voies de recours interne, peut saisir le comité lorsqu'il est victime de la violation de l'un des quelconques droits énoncés dans le pacte. En ce qui concerne l'article 17 du pacte, le comité a été la source d'une jurisprudence internationale interprétant la vie privée à la lumière des conditions de vie actuelle, ce qui permet de dégager un contenu universel de la vie privée.

Section 1 : L'interprétation de la vie privée à la lumière des conditions de vie actuelles

L'article 17 du Pacte International relatif aux Droits Civils et Politiques fait l'objet d'une observation générale du Comité des Droits de l'Homme[41]. Dans cette observation, le comité affirma que : « l'article 17 prévoit le droit de toute personne à être protégée contre les immixtions arbitraires ou illégales dans sa vie privée, sa famille, son domicile et sa correspondance, ainsi que contre les atteintes illégales à son honneur et à sa réputation.» De l'avis du comité, « la protection de ce droit doit être garantie contre toutes ces immixtions et atteintes, qu'elles émanent des pouvoirs publics ou de personnes physiques ou morales. Les obligations imposées par cet article exigent de l'Etat l'adoption de mesures, d'ordre législatif ou autres, destinées à rendre effective l'interdiction de telles immixtions et atteintes à la protection de ce droit ». On peut retenir de cette interprétation que deux types d'obligations sont inhérentes au respect effectif du droit à la vie privée : les obligations négatives des pouvoirs publics ou de personnes physiques ou morales, et les obligations positives des Etats.

---

[40] Le pacte, ainsi que le protocole s'y rapportant, adoptés en 1966, sont entrés en vigueur en 1976. Le Bénin les a ratifiés en mars 1992.

[41] CCPR, Observation générale 16, trente-deuxième session, 1988, voir annexe.

Paragraphe 1er : Prémunir l'individu contre les ingérences illégales et arbitraires par des obligations négatives

La protection mise en place concerne non seulement les ingérences illégales mais aussi les ingérences arbitraires.

A- Les ingérences illégales

La prohibition des ingérences illégales signifie qu'aucune immixtion ne peut avoir lieu, sauf dans les cas envisagés par la loi. Les immixtions autorisées par les Etats ne peuvent avoir lieu qu'en vertu d'une loi qui doit elle-même être conforme aux dispositions, aux buts et aux objectifs du pacte. La loi a un sens formel mais aussi un sens générique. Dans son sens formel, la loi désigne tant les règles que les dispositions spéciales émanant des autorités ayant un pouvoir législatif[42]. Au sens générique, elle désigne toutes les règles de droit formulées par un organe étatique[43]. Dans la jurisprudence de la Cour européenne, la loi est entendue dans son sens matériel et peut désigner un acte pris par un ordre professionnel sur délégation du législateur[44] ; la jurisprudence qui constitue une interprétation judiciaire de la loi est considérée comme loi[45]. La norme juridique qui autorise une immixtion dans la vie privée doit être accessible et énoncée avec assez de précisions pour permettre au citoyen de régler sa conduite[46]. Pour le comité, « même pour ce qui est des immixtions qui sont conformes au pacte, une loi pertinente doit préciser dans le détail les cas précis dans lesquels elles peuvent être autorisées. La décision de procéder à ces immixtions autorisées doit être prise par l'autorité désignée par la loi et au cas par cas »[47]. A ce propos, le comité relève à l'égard de la Fédération de Russie qu'il est « préoccupant que puissent persister des actes qui constituent des violations du droit à la protection de la loi contre les immixtions illégales ou arbitraires dans la vie privée, la famille, le domicile ou la correspondance. Il s'inquiète du maintien des mécanismes permettant d'intercepter les communications téléphoniques privées, sans qu'il existe de législation énonçant clairement les cas dans lesquels l'immixtion dans la vie privée est

[42] WEIL A., Droit Civil, Introduction Générale. Précis Dalloz, Paris, 1973, p. 81.
[43] CARBONNIER J., Droit Civil, Introduction, les Personnes. PUF, Paris, 1977, p. 111.
[44] CEDH, Arrêt Barthold de 1995, série A, N° 90.
[45] CEDH, Arrêt Kruslin et Huvig de 1990, série A, N° 176.
[46] CEDH, Arrêt Sunday Time de 1979, série A, N° 30.
[47] CDH, Observation générale N° 16 du 8 avril 1988 sur l'article 17 du P.I.D.C.P., § 8.

légitime et prévoyant des garanties contre les immixtions illégales »[48]. De même, à propos de la Jamaïque, le comité eut à affirmer qu'en l'absence d'une législation claire prévoyant les conditions d'une interférence légitime dans la vie privée et les garanties appropriées, l'immixtion dans la vie privée par des écoutes téléphoniques est illégale[49].

En marge de ces observations, c'est à propos de l'affaire Pinkney contre Canada[50] que le comité a montré comment les ingérences légales dans la vie privée doivent être organisées pour être en conformité avec l'article 17 du pacte. Dans cette affaire, M. Pinkney, un citoyen américain, est emprisonné au Canada. Il se plaint de la censure, par les autorités pénitentiaires canadiennes, de ses lettres et soutient, par conséquent, que de telles immixtions constituent une violation de sa vie privée. Interpellé, le gouvernement canadien soutient devant le comité que M. Pinkney, en tant que prisonnier, est soumis à la « section 1.21 (d) of the Goal Rules and Regulation, 1961, British Columbia Regulation 73/61 » en vigueur au moment de sa détention. Selon cette loi canadienne, toute lettre émanant directement d'un prisonnier doit être lue par le gardien de prison ou toute personne désignée par lui qui peut, de façon discrétionnaire, arrêter ou censurer tout ou partie de la lettre[51]. De l'opinion du comité, une loi, en des termes aussi généraux, ne constitue pas une garantie suffisante contre les immixtions prohibées au titre de l'article 17[52]. Le 6 juillet 1978, est entrée en vigueur une nouvelle loi qui explicite les conditions dans lesquelles une lettre émanant d'un prisonnier pourra être censurée et qui minimise aussi le pouvoir discrétionnaire du gardien de prison de censurer la lettre d'un prisonnier[53]. Le comité observe que cette nouvelle loi remédie considérablement à la situation.

La prohibition des immixtions illégales dans la vie privée n'est pas à elle seule suffisante parce qu'elle donne aux Etats la possibilité

---

[48]CDH, Observations finales, Russian Federation. 26/07/95, CCPR/C/79/Add.54.

[49]CDH, Observation finale, Jamaïque, (1995) UN doc. CCPR/C/79/Add.54. ; (1997) UN doc. CCPR/C/79/Add. 83 paragraphe 20.

[50] CDH, Pinkney c. Canada, Communication N. 27/1977, CCPR/C/14/D/27/1977 (Jurisprudence).

[51] Idem, paragraphe 31.

[52] Idem, paragraphe 34.

[53] Voir Section 42 of the Correctional Centre Rules and Regulations. British Columbia Regulation 284/78, citée dans la jurisprudence Pinkney, paragraphe 31.

d'organiser à leur guise des ingérences intolérables dans la vie privée des citoyens. Les immixtions légales ne doivent pas être arbitraires.

B- Les ingérences arbitraires

Quels sont les motifs sur la base desquels un Etat peut se livrer à des immixtions dans la vie privée par voie légale ? Dans le pacte, certains articles, tels que le 12 et le 19, exigent que les limitations légales aux droits garantis soient fondées sur des motifs ayant trait à la sécurité publique, à l'ordre public, à la santé, aux moeurs, aux droits et libertés fondamentaux d'autrui.

De tels motifs ne sont pas indiqués dans l'article 17 ; on pourrait en déduire que tout État partie a, dès lors, la faculté de s'immiscer par voie légale dans la vie privée des individus sur la base de tout motif d'intérêt public. Cependant, le comité ne fait pas une telle conclusion et observe que « l'expression "immixtions arbitraires" se rapporte également à la protection du droit prévu à l'article 17. De l'avis du comité, cette expression peut s'étendre aux immixtions prévues par la loi. L'introduction de la notion d'arbitraire a pour objet de garantir que même une immixtion prévue par la loi soit conforme aux dispositions, aux buts et aux objectifs du pacte et soit, dans tous les cas, raisonnable eu égard aux circonstances particulières.[54] ». Le comité utilise ici l'expression « raisonnable » pour signifier ceci : « Même pour ce qui est des immixtions qui sont conformes au Pacte, une loi pertinente doit préciser dans le détail les cas précis dans lesquels elles peuvent être autorisées. La décision de procéder à ces immixtions autorisées doit être prise par l'autorité désignée par la loi, et cas par cas[55]».

Deux décisions du Comité[56] permettent d'illustrer cette interprétation. Dans l'affaire Nicholas Toonen contre Australie, Nicholas Toonen, citoyen australien, milite pour la cause des droits des homosexuels en Tasmanie, l'un des six États composant l'Australie. Il incrimine deux articles du Code pénal de Tasmanie, notamment les articles 122 a) et c) et 123, selon lesquels diverses

---

[54] Observation générale N° 16 du 8 avril 1988 sur l'article 17 du P.I.D.C.P., paragraphe 4.
[55] Idem, paragraphe 8.
[56] CDH, Nicholas Toonen c. Australie, Communication No. 488/1992 (Cinquantième session) ; voir aussi CDH A.R. Coeriel et M.A.R. Aurik c. Pays-Bas, Communication n° 453/1991 (CCPR/C/52/D/453/1991) (Cinquante-deuxième session).

formes de relations sexuelles entre hommes, y compris toutes les formes de relations sexuelles en privé entre hommes homosexuels adultes consentants, sont qualifiées de délits. (...) Il affirme que les articles 122 et 123 du Code pénal de Tasmanie sont contraires aux dispositions du paragraphe 1 de l'article 2 et des articles 17 et 26 du Pacte et qu'il convient de les abroger. Le gouvernement fédéral australien reconnaît que les dispositions contestées constituent une immixtion arbitraire dans la vie privée de M. Toonen, mais les autorités de Tasmanie font valoir qu'elles sont justifiées par des raisons de santé publique et de morale car elles visent en partie à empêcher la prolifération du virus du VIH (sida) en Tasmanie et parce que, en l'absence de clauses limitatives expresses dans l'article 17, les questions de morale doivent être considérées comme relevant des affaires intérieures des Etats. Dans son examen quant au fond, le comité refuse d'accepter l'idée que, aux fins de l'article 17 du pacte, les questions de morale sont exclusivement du ressort interne car ce serait retirer au comité son droit de regard sur un grand nombre de textes qui peuvent représenter une immixtion dans la vie privée. Il note de plus qu'à l'exception de la Tasmanie, tous les États d'Australie ont abrogé toutes les lois faisant de l'homosexualité une infraction pénale et que, même en Tasmanie, il n'y a pas l'unanimité sur la question de savoir si les articles 122 et 123 ne devraient pas également être abrogés. Étant donné qu'en outre, ces dispositions ne sont pas appliquées actuellement - ce qui donne à penser qu'elles ne sont pas réputées essentielles à la protection de la morale en Tasmanie - le comité conclut qu'elles ne satisfont pas au critère du "motif raisonnable" dans les conditions particulières de l'affaire et qu'elles représentent une immixtion arbitraire dans la vie privée de M. Toonen, en violation du droit consacré au paragraphe 1 de l'article 17[57]. Il apparaît donc que l'immixtion dans la vie privée, pour être admise, doit satisfaire à des critères raisonnables en vue de garantir une jouissance effective du droit à la vie privée. Cette garantie est complétée par l'obligation positive qui s'impose aux Etats.

[57] CDH, Nicholas Toonen c. Australie, précité, paragraphe 8.6.

Paragraphe 2e : Garantir une jouissance effective par des obligations positives

La notion d'obligation positive a été une création prétorienne[58] qui est apparue dans la jurisprudence de la Cour européenne des droits de l'homme en 1968[59]. Elle a été adoptée par le Comité des droits de l'homme de l'ONU[60] ainsi que par la Cour interaméricaine des droits de l'homme[61]. Les obligations positives inhérentes au respect de la vie privée imposent à l'Etat de prendre les mesures pouvant rendre effective la jouissance du droit au respect de la vie privée. On assiste à un dépassement de la conception classique de séparation entre « droits abstention » et « droits créance » permettant de donner aux droits individuels les moyens de s'exercer réellement. Il convient d'en cerner le fondement et la portée.

A- Le fondement des obligations positives

L'obligation de faire qui incombe à l'Etat procède du souci de rendre effective la jouissance des droits garantis - en l'occurrence le droit à la vie privée ; elle résulte d'une interprétation dynamique des textes, plus particulièrement de l'article 17 précité. A cet effet, les Etats devraient, dans leurs dispositions législatives et réglementaires, prendre les mesures concrètes qui assurent à leurs citoyens la jouissance effective de ce droit. L'absence de telles mesures constitue un manquement que les Etats en cause sont tenus de corriger. Dans une affaire de disparition de personnes, le comité réaffirme que l'Etat en cause doit prendre des mesures spécifiques et efficaces pour les empêcher[62]. La Cour européenne des droits de l'homme est allée plus loin en affirmant, dans sa décision Airey du 9 octobre 1979, qu'il s'agit de protéger des droits non pas théoriques et illusoires mais concrets et effectifs. C'est pourquoi l'on offre à l'individu des conditions matérielles à l'exercice de ses droits. L'interprétation dynamique de l'article 17 procède donc de deux voies, la première étant la transformation d'une formulation négative d'un droit en une

---

[58] SUDRE F., Les obligations positives dans la jurisprudence de la Cour européenne des droits de l'homme. In Revue trimestrielle des droits de l'homme, 1995, p. 364.

[59] CEDH, Arrêt du 23 juillet 1968 relatif à l'affaire linguistique belge, cité par SUDRE F. : op. cit., p. 363.

[60] CDH, Observation générale N° 16 du 8 avril 1988 sur l'article 17 du P.I.D.C.P.

[61] CEDH, Arrêt Velasquez Rodriguez c. Le Honduras, 29 juillet 1988, § 167, obs. G. Cohen-Jonathan, R.G.D.I.P., 1990, p. 455.

[62] CDH, A. Et H. Sanjaun Arevalo c. la Colombie, Décision N° 181/1984, § 10.

obligation positive. Le comité a suivi cette démarche dans son observation générale 16 sur l'article 17 du pacte.

« Nul ne sera l'objet d'immixtions arbitraires ou illégales dans sa vie privée et sa famille, son domicile, ou sa correspondance, ni d'atteintes illégales à son honneur et à sa réputation » Cette disposition consacre un véritable droit à la vie privée, ce qui impose à l'Etat de prendre des mesures positives pour en assurer le respect. Une telle démarche s'inscrit dans la droite ligne des débats préparatoires qui ont abouti à la formulation de l'article 12 de la Déclaration Universelle. En fait, l'expression « nul... » montre clairement que le droit à la vie privée est un droit dont aucun être humain ne peut être dépourvu. Il protège les valeurs inhérentes à la dignité humaine. Le langage négatif retenu par le texte final de la DUDH en est caractéristique. Son adoption fait suite à la proposition suivante de la délégation américaine, lors de la première session préparatoire du comité des experts chargés d'élaborer le texte de la déclaration : « Nul ne doit faire l'objet d'immixtions arbitraires ou illégales dans sa personne, sa maison, ses papiers et effets ou d'interférences irraisonnables dans sa personne, maison, sa famille, sa relation avec d'autres, sa réputation, sa vie privée, ses activités ou sa propriété. Le secret de la correspondance doit être respecté »[63]. Cette proposition américaine fut écourtée et reformulée comme suit : « Nul ne doit faire l'objet d'immixtions arbitraires ou d'interférence irraisonnable dans sa personne, sa maison, sa famille, sa relation avec d'autres, sa réputation, sa vie privée, ses activités ou sa propriété personnelle. Le secret de la correspondance doit être respecté ». Cette proposition, bien que reformulée, regroupe un certain nombre de droits à caractère disparate. Cela n'est pas sans poser des difficultés de formulation. René Cassin essaie de surmonter la difficulté en proposant une autre forme d'expression: « l'inviolabilité de la vie privée, du domicile, de la correspondance et de la réputation sont inviolables et protégés par la loi[64] ». Cette proposition de Cassin met en présence deux façons de reconnaître un droit : le mode négatif d'expression « nul... » et le mode positif d'expression « ...sont inviolables... ». Le mode positif d'expression est utilisé par la plupart des constitutions pour reconnaître le droit à la vie privée en ce qui concerne notamment

[63] Voir MORSINK J., op. cit., p. 135.
[64] Idem.

l'inviolabilité du domicile et le secret de la correspondance[65]. C'est la manière la plus forte d'exprimer la reconnaissance d'un droit ; elle met en garde tout potentiel violateur contre le fait que toute violation dudit droit sera sanctionnée. Comme le fit observer M. Geoffrey Wilson de la délégation britannique, si le langage de l'inviolabilité est adéquat pour le domicile et la correspondance, il est impropre pour les autres aspects de la vie privée. Pour faire la balance entre toutes ces propositions, le groupe de travail adopta à sa première session la formulation suivante : « la vie privée du domicile et de la correspondance et le respect de la réputation doivent être protégés par la loi »[66]. Le débat reprit à la seconde session qui adopta une nouvelle formulation : « toute personne a droit à la protection de la loi contre des interférences irraisonnables dans sa réputation, sa vie privée et sa famille. Son domicile et sa correspondance sont inviolables[67] ». Un questionnaire fut envoyé aux Etats pour recueillir leurs observations sur cette formulation. Dans leurs réponses au groupe de travail, les Etats font observer que les droits en question ne sauraient être considérés comme inviolables de façon absolue. Le gouvernement des Pays-Bas proposait à cet effet un texte alternatif : « nul ne doit faire l'objet d'interférence irraisonnable dans sa vie privée, sa famille, son domicile, sa correspondance ou sa réputation[68]». Le gouvernement allemand considère que la proposition américaine permet de faire exception au principe de l'inviolabilité du domicile et du secret de la correspondance et que, pour cela, elle est préférable au texte de la Commission. D'autres gouvernements, comme ceux de la Chine, du Brésil, de l'Afrique du Sud et de la Norvège émettent la même opinion. En faisant la synthèse de cette évolution, le texte final retiendra le mode négatif mais aussi le mode positif. On a eu comme formulation : «Nul ne sera l'objet d'immixtions arbitraires dans sa vie privée, sa famille, son domicile, ou sa correspondance, ni d'atteintes à son honneur et à sa réputation. Toute personne a droit à la protection de la loi contre de telles immixtions ou de telles atteintes ». L'article 17 du PIDCP la reprend tel quelle. La transformation de cette formulation permet de mettre à la charge des Etats l'obligation de prendre les mesures pouvant rendre effective la jouissance du droit au respect de la vie privée, à laquelle ces mesures sont aussi inhérentes. Dans le cadre de l'article 8 de la Convention européenne des droits de

[65] Articles 20 et 21 de la constitution du 11 décembre 1990.
[66] Voir MORSINK J., op. cit., p. 136.
[67] Idem.
[68] Idem.

l'homme, qui garantit le droit au respect de la vie privée, la Cour précise que, si l'article 8 « a essentiellement pour objet de prémunir l'individu contre des ingérences des pouvoirs publics, il ne se contente pourtant pas d'astreindre l'Etat à s'abstenir de pareilles ingérences : à cet engagement plutôt négatif, peuvent s'ajouter des obligations plutôt positives inhérentes à un respect effectif de la vie privée et familiale »[69]. Que peut-on faire lorsque l'Etat ne prend pas de telles mesures ?

B- Portée des obligations positives

Les obligations positives prohibent l'ingérence passive de l'Etat ; sa responsabilité pourra être engagée du fait de l'absence des mesures que requiert la jouissance effective du droit au respect de la vie privée. Dans certains cas, la non adoption des mesures que requiert la jouissance effective du droit au respect de la vie privée constitue une atteinte au droit garanti. La Cour européenne affirme, dans la décision Airey précitée, que « un obstacle de fait peut enfreindre la convention à l'égal d'un obstacle juridique ». L'ingérence passive peut résulter de la carence de l'Etat dans l'adoption de mesures positives d'ordre aussi bien matériel que normatif. La Cour européenne relève, à propos de l'article 8 de la convention, de telles carences dans plusieurs arrêts ; il peut s'agir d'insuffisance de la réglementation des niveaux sonores des avions et des mesures pratiques prises pour réduire l'exposition au bruit[70], de non communication par l'administration d'un dossier concernant l'enfance du requérant[71], d'absence d'une législation protectrice du statut juridique de l'enfant né hors mariage[72], de non adoption de mesures administratives pour éviter l'interruption des visites d'une mère à son enfant (placé à l'assistance sociale) provoquée par une grève des travailleurs sociaux[73], d'absence de mode d'établissement d'un document permettant de prouver la nouvelle identité sexuelle d'un transsexuel[74]. Dans sa jurisprudence antérieure, la Cour affirmait, dans l'affaire Rees contre Royaume-Uni, que le refus du gouvernement britannique de modifier le registre des naissances, ou d'en fournir des

---

[69] CEDH, Arrêt Marckx du 13 juin 1979.
[70] CEDH, Arrêt Powell et Rayner du 21 février 1990.
[71] CEDH, Arrêt Gaskin du 7 juillet 1989.
[72] CEDH, Arrêt Johnston du 18 décembre 1986.
[73] CEDH, Arrêt B. c. le Royaume-Uni du 8 juillet 1987.
[74] CEDH, Arrêt Goodwin du 11 juillet 2002.

extraits qui ont une substance et une nature différentes de celles des mentions originales concernant le sexe déclaré de l'individu, ne pouvait passer pour une ingérence dans l'exercice du droit au respect de la vie privée[75]. Que, par conséquent, l'Etat défendeur n'avait aucune obligation positive de remanier son système d'enregistrement des naissances en créant un nouveau système ou type de documents aptes à fournir la preuve de l'état civil actuel[76]. La Cour s'est plutôt basée sur la notion de juste équilibre inhérente à la convention pour réaliser ce revirement de jurisprudence avec l'affaire Goodwin.

Tel qu'on peut le constater, les obligations positives visent à sanctionner l'inertie des pouvoirs publics tant au niveau législatif, gouvernemental, administratif que juridictionnel. Le professeur Malinverni souligne à cet effet que « la convention crée pour les législateurs nationaux l'obligation d'adopter des normes qui favorisent la pleine réalisation des droits qu'elle consacre. »[77]

Parfois, l'ingérence passive de l'Etat permet aux tiers de s'immiscer dans la vie privée. Dans ce cas, le système de droit interne comporte des défaillances telles qu'elles ont rendu possible ou toléré la violation d'un droit protégé par un particulier ou un groupe de particuliers. La Cour européenne affirme à cet effet que « les obligations positives inhérentes au droit au respect de la vie privée et familiale peuvent impliquer l'adoption de mesures visant au respect de la vie privée jusque dans les relations des individus entre eux[78]. Dans ce sens, elle condamne l'atteinte à la vie privée d'un particulier par un autre particulier, notamment un agent public, pour prouver l'existence d'une infraction[79]. Ainsi un officier qui, informé de l'intention criminelle d'une personne, le met sur écoute en vue d'obtenir la preuve de l'infraction, porte atteinte à la vie privée de cette dernière[80]. En abondant le même sens, M. Delmas-Marty écrit que le souci

[75] CEDH, Arrêt Rees du 17 octobre 1986.
[76] Idem.
[77] MALINVERNI G., Les fonctions des droits fondamentaux dans la jurisprudence de la Commission et de la Cour européenne des Droits de l'homme. Cité par SUDRE F., op. cit. p. 371.
[78] CEDH, Arrêt X. Et Y. c. les Pays-Bas du 26 mars 1985.
[79] Voir Avis du réseau d'experts indépendants de l'U.E sur la preuve illégalement recueillie, opinion 3-2003.
[80] CEDH, Arrêt A. c. France du 23 novembre 1993.

d'aider une famille dont l'un des membres a disparu ne doit pas conduire à porter atteinte au droit à la vie privée[81].

Tout récemment encore, la Cour a jugé que la preuve d'une infraction, obtenue à la suite d'une atteinte à la vie privée commise par un particulier, sur instigation d'un agent public, n'est pas recevable[82]. Il en sera autrement si l'agent public ou même le dénonciateur d'une infraction n'est pas lié à l'irrégularité, c'est-à-dire l'atteinte à la vie privée qui a été commise pour obtenir la preuve de l'infraction.

Ce que l'on reproche en définitive à l'Etat, ce n'est pas la faute de l'individu mais la carence de ses organes qui n'ont pas pris les mesures adéquates pour prévenir les atteintes prohibées. Mais malgré tout, on peut se réjouir du fait que, pour rendre effective la jouissance de la vie privée, des obligations soient mises, un tant soit peu, à la charge des Etats. Le comité des droits de l'homme élabore dans cet esprit une jurisprudence à partir de laquelle se dégage un contenu assez large et extensible de la vie privée.

Section 2 : La recherche du contenu universel de la notion de vie privée

Les droits protégés au titre de l'article 17 sont la vie privée, la famille, le domicile, la correspondance, l'honneur, la réputation. Cette énumération suscite une interrogation : la vie privée exclut-elle les autres droits figurant à l'article 17 ? La réponse est négative. Non seulement la vie privée n'exclut pas ces droits mais elle ne se limite pas à eux[83]. L'examen de ces aspects particuliers de la vie privée permettra d'aborder la question de sa définition universelle

Paragraphe 1er : Les aspects particuliers de la vie privée

La vie privée se comprend comme un droit subjectif individuel. La jurisprudence récente transcende cette approche traditionnelle et admet que la vie privée comprend aussi le droit, pour

[81] DELMAS-MARTY M., Les grands systèmes de politique criminelle, PUF, Thémis, Paris, 1992, p. 259.
[82] CEDH, Arrêt M. M. c. Pays-Bas du 8 avril 2003.
[83] HENKIN L., The International Bill of Rights, the Covenant on Civil and Political Rights. Colombia University Press, New-York, 1981, p. 192.

un groupe minoritaire, de revendiquer le droit au respect de son mode de vie propre.

A- La vie privée comme droit subjectif individuel

Comme droit subjectif individuel, la vie privée regroupe un ensemble de prérogatives reconnues à l'individu. L'expression « vie privée » utilisée dans l'article 17 indique l'intimité de celle-ci qui n'est que l'un de ses aspects, tout comme la famille, le domicile, la correspondance, l'honneur, la réputation. Bien plus que ces droits, la vie privée comporte aussi d'autres aspects comme le droit à l'intégrité physique et morale, le droit au nom.

1- L'intimité de la vie privée

En 1967, la conférence nordique de Stockholm déclarait que : « le droit à l'intimité est le droit de mener sa vie d'une manière indépendante sans aucune interférence extérieure»[84]. L'intimité apparaît comme une espèce de sphère dont l'individu s'entoure et dans laquelle, seul ou en compagnie de gens qu'il préfère, il agit selon ses penchants, ses désirs, sa volonté d'être. C'est une zone de secret que nul ne doit franchir sans son consentement. Le comité des droits de l'homme affirme à ce propos qu'« il est incontestable que la sexualité consentante, en privé, soit couverte par la notion de "vie privée" »[85]. L'intimité de la vie privée se définit comme le contraire de la vie publique ; la vie publique est portée à la connaissance du public sans restriction.

2- Le droit au respect des relations familiales

La famille au sens large désigne l'ensemble des personnes descendant d'un auteur commun et rattachées entre elles par le mariage et la filiation[86]. Au sens restreint, elle est le groupe formé par les parents et leurs descendants, ou même, de façon plus restrictive encore, par les parents et leurs enfants mineurs.[87] Au regard du

---

[84] Cité par HENKIN L., The International Bill of Rights, the Covenant on Civil and Political Rights. Colombia University Press, New-York, 1981, page 193.
[85] Voir affaire Toonen c. Australie, précité, paragraphe 8.2.
[86] BALANDIER G., Sociologie actuelle de l'Afrique noire. PUF, Paris, 1971, p.114-119.
[87] Lexique des termes juridiques. Dalloz, 13e éd., Paris, 2001, p. 257.

comité, « en ce qui concerne le terme "famille", les objectifs du pacte exigent qu'aux fins de l'article 17, ce terme soit interprété au sens large, de manière à comprendre toutes les personnes qui composent la famille telle qu'elle est perçue dans la société de l'Etat partie concerné ».[88]

3- Le droit au respect du domicile

Selon l'article 14 du code des personnes et de la famille du Bénin, la personne est domiciliée au lieu de son principal établissement. En modifiant un peu cette définition, la doctrine considère que le domicile d'une personne est le lieu où elle a son principal établissement[89]. De façon générique, le domicile est le lieu où une personne est censée demeurer en permanence[90]. Au cas où le domicile ne pourrait pas être déterminé, l'article 16 du code des personnes précise que la résidence actuelle ou l'habitation en produira les effets. Le domicile s'entend donc du lieu du principal établissement ou de résidence ou même la simple habitation. Le comité adopte cette extension et préfère une interprétation assez large qui puisse permettre à toutes les sociétés de s'y retrouver mais qui permette aussi d'assurer une plus grande garantie. Ainsi « le terme "home" dans la version anglaise, "manzel" dans la version arabe, "zhùzhái" dans la version chinoise, "domicilio" dans la version espagnole, "domicile" dans la version française et "zhilishche" dans la version russe, doit s'entendre du lieu où une personne réside ou exerce sa profession habituelle »[91]. Le domicile constitue le cadre par excellence où l'individu exerce son intimité, réalise sa personnalité, ses aspirations et ne doit souffrir d'aucune perturbation. C'est cela que le comité réaffirme dans l'affaire Aumeeruddy-Cziffra contre Ile Maurice. En l'espèce, les époux Aumeeruddy-Cziffra se plaignent contre la législation mauricienne qui accorde des statuts différents pour des étrangers qui se marient avec des mauriciens. Selon cette législation, les époux d'origine étrangère des femmes mauriciennes doivent solliciter, des autorités, un permis de résidence pour pouvoir vivre avec leur épouse en Ile Maurice, alors que les épouses d'origine étrangère des mauriciens ne sont pas assujetties à cette règle. Les auteurs estiment, entre autres, que cette législation constitue une

---

[88] CDH, Observation générale 16, paragraphe 5.
[89] CARBONNIER J., Droit civil, Introduction, les Personnes. P.U.F., Paris, 1977, p. 267.
[90] Lexique des termes juridiques. Dalloz, 13e éd., Paris, 2001, p. 211.
[91] CDH, Observation générale 16, paragraphe 5.

violation de leur droit de fonder une famille et d'avoir un domicile. Le comité affirme que les relations des femmes mauriciennes avec leurs maris étrangers constituent des relations familiales au sens de l'article 17 du pacte ; qu'elles sont protégées par cet article contre les immixtions arbitraires ou illégales[92]. Le comité observe, en outre, que la situation résidentielle précaire des époux d'origine étrangère en Ile Maurice représente une immixtion arbitraire des autorités mauriciennes dans leur vie familiale[93]. Le comité ne se contente pas de dire ce qu'est le domicile ; il exige que l'individu y soit tranquille. Il affirme à cet effet que les perquisitions domiciliaires doivent être limitées à la recherche des éléments de preuve nécessaires, et ne doivent pas pouvoir donner lieu à des vexations ; à ce titre, la fouille des personnes et la fouille corporelle doivent être effectuées d'une manière compatible avec la dignité de la personne qui en est l'objet. Les personnes soumises à une fouille corporelle par des agents de l'Etat ou du personnel médical, agissant à la demande de l'Etat, ne devraient être fouillées que par des personnes du même sexe[94]. Cependant le droit au respect du domicile ne garantit pas le droit de propriété[95].

4- La correspondance

Le respect de l'article 17 exige que l'intégrité et le caractère confidentiel de la correspondance soient garantis en droit et en fait. La correspondance doit être remise au destinataire, sans interception, sans être ouverte, et sans qu'il en soit pris autrement connaissance. La surveillance, par des moyens électroniques ou autres, l'interception des communications téléphoniques, télégraphiques ou autres, l'écoute et l'enregistrement des conversations devraient être interdits[96]. Au sens du comité, la correspondance inclut en premier lieu les communications écrites envoyées ou non par la poste. Elle inclut également les communications téléphoniques, télégraphiques ou même orales ; elle doit être étendue à toute communication par tout matériel mécanique ou électronique. On peut toujours entendre par

---

[92] CDH, Aumeeruddy-Cziffra et al. c. Iles Maurice, Communication N° 35/78, paragraphe 9.2b2i1.
[93] CDH, Aumeeruddy-Cziffra et al. c. Iles Maurice, Communication N° 35/78, paragraphe 9.2b2i3.
[94] CDH, Observation générale 16, paragraphe 8.
[95] Blancov c. Nicaragua, Communication N° 328/1988, Doc. N.U. CCPR/C/51/D/328/1988.
[96] Observation générale 16, paragraphe 8.

correspondance de simples documents comme les livres, les magazines, les écrits de toutes sortes, les photographies, les films, les enregistrements, dès lors qu'ils sont envoyés à un destinataire quelconque[97]. La protection de la correspondance couvre la période qui précède son envoi jusqu'à celle qui lui succède. Manifestement, on convient que celui qui surprend, par exemple, une lettre avant qu'elle ne soit envoyée à son destinataire viole le secret qui couvre la lettre au même titre que l'agent des postes qui ouvre une lettre destinée à une tierce personne; de même aussi celui qui lit une lettre qui a été déjà reçue par son destinataire. La protection est assurée à toute personne, même s'il s'agit d'un détenu. A ce titre, le comité note, dans ses observations finales sur la Pologne, que « concernant les écoutes téléphoniques, le comité est touché par le fait que le ministère public, sans aucune autorisation judiciaire, peut autoriser des écoutes téléphoniques ; et il n'y a aucune autorité indépendante de surveillance de l'utilisation de tout le système téléphonique[98] ». Sur le Zimbabwe, le comité constate aussi que le directeur de garnison est autorisé à intercepter tout courrier postal ou télégraphique sur la base de la sécurité publique et recommande que de telles interceptions soient supervisées par une autorité judiciaire dans l'esprit du pacte[99] . Dans l'affaire Pinkey contre Canada (27/78), le comité a fait observer que, même parfois légales, les interceptions de correspondance qui n'offrent pas assez de garanties pour l'individu sont arbitraires. Dans l'affaire Angel Estela contre l'Uruguay (74/80), le comité a mis l'accent sur la nécessité pour les détenus d'être autorisés à communiquer sans interférence avec les membres de leurs familles ou leurs proches. Cependant, la rétention de la correspondance entre un détenu et son conseiller juridique pendant une période de plus de deux mois ne constitue pas une immixtion dans la vie privée[100].

En définitive, dans l'esprit du pacte, la protection des correspondances peut être limitée par les interceptions opérées sous le contrôle des autorités judiciaires.

---

[97] VOLIO F., Legal Personnality, Privacy, and the Family. In HENKIN L., The International Bill of Rights, the Convenant on Civil and Political Rights. Colombia University Press, New-York, 1981, p.197.
[98] CDH, Observations finales, Pologne, (1999), UN doc. CCPR/C/79/Add.110.
[99] CDH, Observations finales, Zimbabwé, (1998) UN doc. CCPR/C/79/Add.89.
[100] CDH, Grafton Tomlin c. Jamaïque, Communication n° 589/1994, Doc. N.U. CCPR/C/57/D/589/1994.

5- L’honneur et la réputation

L'article 17 garantit la protection de l'honneur et de la réputation et les Etats sont tenus d'avoir des lois appropriées à cet effet. Des dispositions doivent également être prises pour permettre à chacun de se protéger contre toute attaque illégale dont il peut être l'objet et d'avoir un moyen de recours contre les responsables. Les Etats parties devraient indiquer, dans leurs rapports, dans quelle mesure l'honneur et la réputation des individus sont protégés par la loi et comment cette protection est assurée dans leur système juridique[101]. Que signifient ces deux expressions que le pacte emploie sans les définir ? Déjà au niveau des discussions préparatoires, certains soutenaient que la réputation inclut l’honneur. D’autres soutenaient, par contre, que l’honneur et la réputation sont deux notions différentes : une atteinte à l’honneur de quelqu’un concerne un jugement sur sa conduite morale alors qu’une atteinte à sa réputation concerne une attitude non conforme aux normes sociales ou professionnelles. La seconde considération a été l’opinion dominante qui soutient que l’intégrité morale de la personne est fondée sur un élément subjectif, à savoir l’honneur, et sur un élément objectif, à savoir la réputation[102]. La plupart des auteurs ont adopté cette position et considèrent que l’honneur se réfère à l’opinion subjective qu’une personne a d’elle-même alors que la réputation se réfère au jugement apparent que les autres ont d’une personne[103]. Dans l’affaire E. Tshisekedi wa Mulumba contre République Démocratique du Congo, le comité des droits de l’homme, dans ses Constatations du 29 novembre 1989, a retenu que le fait, pour les autorités de la RDC, d’avoir soumis E. Tshisekedi wa Mulumba, un leader de l’opposition, à l’internement dans un hôpital psychiatrique au motif qu’il présenterait « quelques signes de dérangement mental », ce que démentent les examens médicaux, constitue une atteinte illégale à son honneur et à sa réputation[104]. Par contre, dans l’affaire I.P. contre Finlande, le comité considère que la révélation d’informations sur la situation fiscale d’une personne par des autorités compétentes ne

---

[101] CDH, Observation générale 16, paragraphe 11.

[102] VOLIO F.op.cit. p.198.

[103] Voir NOWAK, U.N. Covenant on Civil and Political Right : CCPR Commentary, N.P. Engel Verlag, Kehl, Strasbourg, Arlington, 1993, p.287ss.; VOLIO F., op. cit. p.198.

[104] CDH, F. Birindwa ci Birhashwirwa, E. Tshisekedi wa Mulumba c. République Démocratique du Congo, Communications n° 241/1987 et 242/1987 (CCPR/C/37/D/241/1987) (Trente-septième session).

constitue pas une atteinte illégale à l'honneur et à la réputation[105]. De même, les critiques d'un juge sur un avocat pendant une audience ne constituent pas une atteinte illégale à l'honneur et à la réputation de l'avocat[106]. Le comité semble prohiber les seules atteintes illégales à l'honneur et la réputation selon les termes de l'article 17. Cette attitude contredit l'esprit du pacte parce qu'il est admis aujourd'hui qu'il ne suffit pas qu'une atteinte aux droits de l'homme soit légale pour être justifiée. Il faudrait, surtout quand bien même elle est légale, que l'atteinte ne soit pas arbitraire. Si les rédacteurs de l'article 17 n'ont pas ajouté l'expression arbitraire, il s'agirait d'une simple omission due au fait qu'ils n'ont fait que reprendre mot pour mot l'article 12 de la Déclaration Universelle.[107]

6- Les données nominatives

Le rassemblement et la conservation, par des autorités publiques, des particuliers ou des organismes privés, de renseignements concernant la vie privée d'individus sur des ordinateurs, dans des banques de données et selon d'autres procédés, doivent être réglementés par la loi. L'Etat doit prendre des mesures efficaces afin de s'assurer que ces renseignements ne tombent pas entre les mains de personnes non autorisées par la loi à les recevoir, les traiter et les exploiter, et ne soient jamais utilisés à des fins incompatibles avec le pacte. Il serait souhaitable, pour assurer la protection la plus efficace de sa vie privée, que chaque individu ait le droit de déterminer, sous une forme intelligible, si des données personnelles le concernant et, dans l'affirmative, lesquelles, sont stockées dans des fichiers automatiques de données, et à quelles fins. Chaque individu doit également pouvoir déterminer les autorités publiques ou les particuliers ou les organismes privés qui ont ou peuvent avoir le contrôle des fichiers le concernant. Si ces fichiers contiennent des données personnelles incorrectes ou qui ont été recueillies ou traitées en violation des dispositions de la loi, chaque individu doit avoir le droit de réclamer leur rectification ou leur suppression.[108] Se trouvent ainsi dans la vie privée des notions qui n'y étaient pas incluses auparavant mais qui visent l'épanouissement de la

---

[105] CDH, I.P. contre Finlande, Communication n° 450/91, U.N. doc.
[106] CDH, R.L.M. contre TOBAGO, Communication n° 380/89. U.N. doc.
[107] VOLIO F., op. cit. p.198.
[108] CDH, Observation générale 16, paragraphe 10. La question des données sera abordée de manière plus approfondie dans la deuxième partie.

personne. Cette évolution témoigne de la complexité de la notion de vie privée dont peuvent se prévaloir aussi les membres d'une collectivité.

B- La vie privée comme droit, pour un groupe minoritaire, au respect de son mode de vie propre

Durant de nombreuses années, la protection des minorités a été intégrée dans la protection générale des droits de l'homme. Comme telle, une protection générale des minorités reste déficitaire sur plusieurs aspects[109]. Cette situation va connaître une évolution à partir de 1983. Dans un premier temps, la Commission européenne des droits de l'homme, sur le fondement de l'article 8 de la CEDH, admet depuis 1983 que les membres d'une minorité ont le droit au respect de leur mode de vie traditionnel, pour autant que leur vie privée et familiale ainsi que leurs domiciles fussent concernés[110]. Dans l'affaire Buckley c. le Royaume Uni, la Commission est allée très loin en considérant, comme le réclamait la requérante, que la vie en caravane constituait un élément de son mode de vie tsigane et avait en conséquence décidé que le litige portait non seulement sur son domicile, mais aussi sur sa vie privée et familiale[111]. La Commission offre ainsi à la Cour européenne une occasion pour affirmer clairement les exigences qu'impose la CEDH quant au traitement des minorités[112]. La Cour cependant n'aperçoit pas le caractère significatif de la cause portée devant elle ; elle se confine dans une interprétation restrictive de sa fonction de garantie des droits fondamentaux de l'individu et refuse de suivre la Commission[113].

En 1997, le Comité des droits de l'homme s'engagea dans la même voie que la Commission européenne. L'affaire en cause opposait Francis Hopu et Tepoaitu Bessert, deux Polynésiens qui résidaient tous deux à Tahiti (Polynésie française) et la France. Les

---

[109] LEVINET M., L'article 27, in F. SUDRE, La protection des droits de l'homme par le comité des droits de l'homme des Nations Unies - Les communications individuelles, Cahiers de l'IDEDH, 5, 1995, pp. 61-107) ; KOVACS P., La protection des langues des minorités ou la nouvelle approche de la protection des minorités ? In RGDIP 1993, p. 412.

[110] Req. n° 9278/81 et 9415/81, D.R. 35, p. 30 et 42 ; req. n° 14751/89, D.R. 67, p. 264.

[111] Rapport 11 janvier 1995, req. 20348/92.

[112] De SCHUTTER O., Le droit au mode de vie tsigane devant la CEDH : droits culturels, droits des minorités, discrimination positive. In RTDH 29, 1997, p. 64.

[113] Idem, p. 93.

auteurs sont les descendants des propriétaires d'une parcelle (environ 4,5 hectares) appelée Tetaitapu, à Nuuroa, sur l'île de Tahiti. Ils affirment que leurs ancêtres ont été injustement dépossédés de leur bien par un jugement de licitation rendu par le Tribunal civil d'instance de Papeete, le 6 octobre 1961. Selon les termes de ce jugement, la propriété du terrain a été attribuée à la Société Hôtelière du Pacifique Sud (SHPS). Depuis 1988, le territoire de la Polynésie est le seul actionnaire de cette société. En 1990, la SHPS a donné en bail cette terre à la Société d'étude et de promotion hôtelière qui l'a elle-même rétrocédée à la société hôtelière RIVNAC. Cette dernière souhaite commencer le plus tôt possible la construction d'un ensemble hôtelier de luxe sur le site, que borde un lagon. Des travaux préliminaires (abattage d'arbres, débroussaillage, érection d'une clôture) ont déjà été effectués. Les auteurs déclarent que les travaux de construction détruiraient leurs sépultures ancestrales et nuiraient à la pêche. Les auteurs se disent aussi victimes de la violation des articles 17, paragraphe 1, ... car leur expulsion du site en question et la construction d'un ensemble hôtelier entraîneraient la destruction du cimetière dans lequel des membres de leur famille seraient ensevelis, et parce qu'une expulsion porterait atteinte à leur vie privée et familiale. Le comité constate, comme le souligne les auteurs, qu'il y a eu immixtion arbitraire dans leur vie de famille et leur vie privée[114]. Le 18 janvier 2001, à travers l'arrêt Chapman c. le Royaume Uni, la Cour européenne s'engage dans la même voie et consacre au titre de l'article 8 de la CEDH le droit au mode de vie traditionnel des tsiganes[115]. Le droit pour la communauté au respect de son mode de vie et de ses traditions propres fait donc partie de la vie privée. La vie privée protège ainsi non seulement l'individu, mais aussi la collectivité. Il importe alors de cerner les contours de sa définition.

Paragraphe 2e : La recherche d'une définition universelle de la vie privée

La définition de la vie privée est une question difficile que le comité des droits de l'homme a essayé d'éviter. On découvre, dans sa

---

[114] CDH, X. c. France, Communication N° 459/1993 , U.N. doc.

[115] Voir SUDRE F., A propos de l'autorité d'un 'précédent' en matière de protection des droits des minorités. In RTDH, 47, juillet 2001, p. 887 ; BENOIT - ROHMER F. : la Cour de Strasbourg et la protection de l'intérêt minoritaire : une avancée décisive sur le plan des principes ? In RTDH, 48, octobre 2001, p. 999.

jurisprudence, l'extension de la vie privée à de nouveaux aspects qui conduisent à admettre qu'elle évolue.

A- Les nouveaux aspects de la vie privée : le droit au nom

Le Comité des Droits de l'Homme dans l'affaire A.R. Coeriel et M.A.R. Aurik contre Pays-Bas étend la notion de vie privée à de nouveaux aspects.

Selon les faits, A.R. Coeriel et M.A.R. Aurik, tous deux citoyens néérlandais résidant à Roermond (Pays-Bas), ont adopté la religion hindoue et disent vouloir étudier pour se faire prêtres hindous ("pandits") en Inde. Ils ont demandé au Tribunal de district de Roermond (Arrondissements Rechtbank) l'autorisation de prendre des prénoms hindous à la place des leurs comme l'exige leur religion. Le Tribunal a accédé à leur requête le 6 novembre 1986. Par la suite, ils ont demandé au ministre de la justice l'autorisation de changer leurs noms patronymiques en des noms hindous. Pour étudier et pratiquer la religion hindoue et se faire prêtres hindous, il est obligatoire, d'après eux, de prendre un nom hindou. Par des décisions rendues respectivement les 2 août et 14 décembre 1988, le ministre de la justice a rejeté leur requête au motif qu'elle ne répondait pas aux conditions requises d'après les "directives pour les changements de nom"[116]. Il était aussi stipulé dans ces décisions que seules des circonstances exceptionnelles pouvaient justifier une réponse positive, ce qui n'était pas le cas en l'espèce. Le ministre a considéré que les noms que portaient actuellement les auteurs ne les empêchaient pas d'étudier pour se faire prêtres hindous puisque, s'ils le souhaitaient, les intéressés pourraient prendre les noms religieux que leur donnerait leur gourou une fois leurs études terminées. Ils ne sont pas satisfaits de cette décision et ont présenté un recours contre la décision rendue par le ministre devant le Conseil d'Etat (Raad van State), la plus haute juridiction administrative des Pays-Bas, et déclaré entre autres que le refus de les autoriser à changer de nom allait à l'encontre de leur liberté de religion. Le 17 octobre 1990, le Conseil a rejeté leur recours. Il estimait que les auteurs n'avaient pas démontré que leur intérêt était tel qu'il justifiait un changement de nom en dehors des conditions prévues par la loi. De l'avis du Conseil, il n'était pas prouvé

---

[116] Il s'agit d'une traduction de l'expression « Richtlijnen voor geslachtsnaamwijziging » de 1976.

que les auteurs aient à changer officiellement de nom pour pouvoir se faire prêtres hindous ; à cet égard, il a noté que les auteurs étaient libres d'utiliser leur nom hindou dans la vie publique.

Le 6 février 1991, ils ont introduit une requête devant la Commission européenne des droits de l'homme. Le 2 juillet 1992, la Commission européenne a déclaré irrecevable leur requête parce que manifestement mal fondée, car ils n'avaient pas démontré qu'ils seraient empêchés de faire leurs études religieuses si le changement de nom leur était refusé.

Ils introduisent une plainte devant le comité des droits de l'homme dans laquelle ils déclarent que le refus des autorités néerlandaises de les autoriser à changer de nom les empêche de poursuivre leurs études pour se faire prêtres hindous et constitue une immixtion illégale ou arbitraire dans leur vie privée.

Pour justifier sa position devant le comité, le gouvernement des Pays-Bas en cause déclare que le droit néerlandais autorise les adultes à changer de nom dans des circonstances spéciales, à savoir lorsque le nom qu'ils portent est indécent ou ridicule, si courant qu'il a perdu son caractère distinctif ou encore, dans le cas de personnes qui ont acquis la nationalité néerlandaise par naturalisation, lorsqu'il ne sonne pas néerlandais. Il déclare qu'hormis ces cas, le changement de nom n'est autorisé qu'à titre exceptionnel, dans l'hypothèse où le rejet de la requête menacerait la santé mentale ou physique du requérant. En ce qui concerne les citoyens néerlandais qui appartiennent à des groupes minoritaires culturels ou religieux, des principes ont été énoncés aux fins du changement de nom. L'un de ces principes veut que l'on n'autorise pas le changement de nom si le nouveau nom réclamé a des connotations culturelles, religieuses ou sociales. Il fait valoir qu'en l'espèce, les auteurs sont citoyens néerlandais de naissance et ont grandi dans un milieu culturel néerlandais. Attendu que, sous certains aspects, on pouvait assimiler la requête des auteurs à celle de membres de minorités religieuses, le ministre de la justice a demandé officiellement l'avis du ministre de l'intérieur. Cet avis était défavorable aux auteurs, les nouveaux noms qu'ils désiraient porter ayant des connotations religieuses. Il indique que les auteurs sont libres de porter le nom qu'ils souhaitent dans la vie publique, pour autant qu'ils ne prennent pas un nom qui appartienne à quelqu'un d'autre sans son autorisation. Il déclare respecter les convictions religieuses des auteurs et ajoute que ces derniers sont libres de manifester leur religion. Il affirme que le fait que les auteurs seraient empêchés de poursuivre des études religieuses en Inde en raison de leurs noms néerlandais ne saurait être attribué au gouvernement néerlandais mais découle d'exigences imposées aux intéressés par les dirigeants hindous en Inde.

Dans sa délibération, le comité considère que la notion de vie privée renvoie au domaine de la vie de l'individu où il peut exprimer librement son identité, que ce soit dans ses relations avec les autres ou seul. Il estime que le nom d'une personne constitue un élément important de son identité et que la protection contre les immixtions arbitraires ou illégales dans la vie privée comprend la protection contre les immixtions arbitraires ou illégales dans l'exercice du droit de choisir son nom et d'en changer. Ainsi, un Etat qui contraindrait tous les étrangers à changer de nom procéderait à une immixtion au sens de l'article 17 du Pacte. La question se pose de savoir si le refus des autorités d'autoriser un changement de nom dépasse le seuil d'immixtion tolérable au sens de l'article 17. En l'espèce, les autorités avaient fait droit, en 1986, à la demande de changement de prénom pour des prénoms hindous faite par les auteurs. Pour justifier le refus de changer aussi de nom patronymique, l'Etat partie avance que "les auteurs n'avaient pas montré que le changement demandé était essentiel pour poursuivre leurs études, que les noms choisis avaient des connotations religieuses et n'avaient pas une consonance néerlandaise". Le comité estime que les motifs invoqués pour limiter ainsi les droits des auteurs au titre de l'article 17 ne sont pas raisonnables. Dans les circonstances de l'affaire, le refus opposé aux auteurs était donc arbitraire au sens du paragraphe 1 de l'article 17 du Pacte. Le comité des droits de l'homme, (...) estime que les faits qui lui sont soumis font apparaître une violation de l'article 17 du Pacte[117]. Toute cette jurisprudence témoigne donc de l'évolution de la notion de vie privée.

B- L'évolution de la notion de vie privée

On note, dans la jurisprudence du comité sur le concept de vie privée, une évolution en deux étapes. Dans une première approche, la

---

[117] CDH, , A.R. Coeriel et M.A.R. Aurik c. Pays-Bas, Communication N° 453/1991, U.N. doc.

vie privée est entendue comme zone réservée de l'individu, abritée derrière le mur de la confidentialité[118]. Le comité affirme, dans le premier paragraphe de son observation générale n° 16, que « l'article 17 prévoit le droit de toute personne à être protégée contre les immixtions arbitraires ou illégales dans sa vie privée, sa famille, son domicile et sa correspondance, ainsi que contre les atteintes illégales à son honneur et à sa réputation ». L'individu se voit reconnaître une sphère dans laquelle il vit et dans laquelle il autorise qui il veut à pénétrer. Personne ne peut pénétrer cette zone de la vie privée sans son consentement. Cette approche, qui a été valable même jusque dans les années 1970, est devenue inconciliable avec les nouveaux besoins de la société devenue une société de l'information. L'individu est appelé à entrer en communication avec le monde qui l'entoure en fournissant aux pouvoirs publics, tout comme aux particuliers, des informations le concernant. Il a besoin de s'épanouir en relation avec les autres. Il peut faire des choix comme changer son nom, ou participer à des manifestations publiques pour défendre une cause donnée ou même marcher simplement dans la rue. En postulant un emploi, il répond à des questions qui lui sont posées. Partout où il passe, il livre à des tiers des informations le concernant qui peuvent même passer par delà les frontières. Les informations qu'il livre, volontairement ou inconsciemment, peuvent être utilisées à tort ou à raison contre lui, soit pour fonder une décision d'inaptitude à un poste, soit pour lui refuser un avantage social ou même lui coller une étiquette fausse. Vivant désormais dans un « univers vitré » où, de plus en plus, aucun de ses gestes ne passe inaperçu, que peut faire l'individu ? Le comité a commencé par lui reconnaître le droit d'exprimer son identité, seul ou en relation avec les autres[119]. Dans le cadre de la Convention européenne des droits de l'homme, la Cour européenne considère que « le respect de la vie privée doit aussi englober, dans une certaine mesure, le droit pour l'individu de nouer et de développer des relations avec ses semblables[120] ». La Cour européenne a réaffirmé ce principe à plusieurs reprises ; c'est ainsi que, dans l'arrêt Amann, elle mentionne que : « Le terme vie privée ne doit pas être interprété de façon restrictive. En particulier, le respect de la vie privée englobe le droit pour l'individu de nouer et de développer

---

[118] De SCHUTTER O. : Vie privée et protection de l'individu vis-à-vis des traitements de données à caractère personnel, in RTDH, 2001, p. 154.

[119] CDH, Communication N° 453/1991, précitée.

[120] CEDH, Arrêt Niemietz contre Allemagne, série A n° 142.

des relations avec ses semblables ; de surcroît, aucune raison de principe ne permet d'exclure les activités professionnelles ou commerciales de la notion de vie privée[121] ». Elle note aussi que la mémorisation dans un registre secret et la communication de données relatives à la vie privée d'un individu entrent dans le champ d'application de l'article 8[122]. Dans l'arrêt Rotaru contre Roumanie, la Cour va consacrer les données à caractère personnel comme recouvrant l'ensemble des données à caractère personnel concernant un individu, que ces données portent sur ses activités privées ou publiques[123]. En d'autre termes, l'individu doit avoir la maîtrise sur les informations le concernant[124].

A l'issue d'une telle évolution, l'individu est pleinement libre d'opérer les choix qu'il désire pour son épanouissement. Lorsque les pouvoirs publics jugeront utile de restreindre cette liberté, ils doivent pouvoir le fonder sur des motifs compatibles avec l'esprit du pacte.

En dépit de cette évolution remarquable, le comité relève qu'étant donné que toutes les personnes vivent en société, la protection de la vie privée est nécessairement relative. Toutefois, les autorités publiques compétentes ne doivent pouvoir réclamer que des informations ayant trait à la vie privée de l'individu dont la connaissance soit indispensable à la société, au sens du pacte[125]. L'Afrique, et notamment le Bénin, peut alors apporter sa propre contribution au développement de la notion de vie privée par ses propres particularités, notamment en ce qui concerne l'importance de la collectivité au sein de laquelle l'individu vit et où il est admis à revendiquer, au titre de la vie privée, le droit au respect de ses valeurs.

---

[121] CEDH, Arrêt Amann, Recueil II-2000.
[122] CEDH, Arrêt Leander c. Suède du 26 mars 1987, série A n° 116.
[123] CEDH, Arrêt Rotaru c. Roumanie du 4 mai 2000, RTDH, 2001, p. 137.
[124] CDH, Observation générale N°16 précitée, paragraphe 10.
[125] CDH, Observation générale N°16 précitée, paragraphe 7.

Chapitre 2 : La vie privée dans l'environnement communautaire africain

Le Bénin, à l'instar des autres pays africains, a ratifié la charte africaine des droits de l'homme et des peuples. Mais bien avant cela, il a reçu en héritage comme système juridique, le droit colonial français comme droit moderne. Cette double problématique influence la protection de la vie privée qui a été adoptée.

Section 1 : La vie privée et l'héritage colonial

Le droit au respect de la vie privée telle qu'il est articulé aujourd'hui dans le système juridique béninois est un héritage de la colonisation. L'étude des structures sociales des sociétés traditionnelles de l'Afrique précoloniale révèle l'existence de ce droit, conçu selon les spécificités et la structure même de ces sociétés.

Paragraphe 1er : La vie privée dans l'Afrique précoloniale

Les sociétés traditionnelles africaines sont organisées en ensembles communautaires fondés sur la tribu, le clan ou le lignage ; leurs membres sont unis par le respect de l'idéal de vouloir être et de vouloir vivre commun[126]. L'harmonie du groupe favorise l'épanouissement de l'individu. A ce titre, bien des faits de sa vie échappe à son seul contrôle et requièrent une grande attention de la communauté, qui lui reconnaît tout de même un domaine dans lequel personne ne peut intervenir sans son consentement. Une distinction doit donc être faite entre vie publique et vie privée dans l'Afrique précoloniale.

A- La vie publique opposée à la vie privée

Les sociétés béninoises, à l'instar des autres sociétés africaines, se présentent comme des ensembles homogènes dont le fondement est d'ordre sacral. Le mythe sociétaire qui les fonde est un germe qui

---

[126] Voir BALANDIER G., Sociologie actuelle de l'Afrique noire. PUF, Paris, 1971, p.102.

détermine tous les comportements de ses membres[127]. En relation avec ces sociétés, les individus organisent leur vie sociale, leur vie juridique, leur vie professionnelle qui tendent toutes à rétablir l'harmonie du groupe. Dans le domaine de la vie sociale, les événements tels que la naissance, la circoncision, le mariage relèvent de la vie publique et requièrent l'intervention des membres de la communauté. Dans telle ou telle société, la publication de ces faits relève de la compétence de certains personnages particuliers, notamment le griot. Cette organisation existe dans d'autres sociétés africaines ; chez les Malinké par exemple, la naissance, l'imposition du nom, la circoncision, le mariage donnent lieu à une activité particulière du griot[128]. Celui-ci est investi d'un pouvoir d'investigation et d'information assez large. Ainsi, quand un enfant naît, c'est lui qui recueille le prénom de l'enfant auprès de l'ancien du village et l'annonce à la communauté au cours d'une cérémonie de sortie suivie des liesses et réjouissances[129]. Comme on le voit, le choix du prénom n'était pas l'affaire des parents, mais de la communauté. Le prénom choisi est toujours en rapport avec un ancêtre pour sceller l'appartenance du nouveau-né au groupe social. Comme l'écrit M. Agblemagnon, l'enfant, par son nom, est placé sous la protection d'une divinité qui le garde[130]. C'est pourquoi le nom et le prénom qu'il reçoit, il les portera toute sa vie. Il n'est pas autorisé à les changer ; à l'âge adulte, il pourra prendre un surnom qui peut tenir lieu de prénom. En aucun cas, il ne pourra changer de nom. Dans l'affaire A.R. Coeriel et M.A.R. Aurik contre Pays-Bas, le juge nigérian Ando émet une opinion dissidente de celle du comité qui admet le changement de nom de famille[131]. « Je ne pense pas, dit-il, que le nom patronymique appartienne à un individu seul, dont la vie privée est protégée au titre de l'article 17. Dans la société occidentale, le nom patronymique peut n'être considéré que comme un élément nécessaire pour établir l'identité, qui peut à ce titre être remplacé par d'autres moyens d'identification comme un nombre ou un chiffre.

---

[127] Voir ALLIOT M., Les Cours de droit. Cité par Le ROY E. et WANE M., La Formation des droits non étatiques. In Encyclopédie juridique de l'Afrique, vol.1, p. 359.

[128] CAMARA S., Gens de la Parole. Ed. Karthala, Paris, 1992, p.203 et svts.

[129] Idem.

[130] AGBLEMAGNON N'SOUGAN F., Sociologie des sociétés orales d'Afrique noire. Silex, Paris, 1984, p. 78.

[131] Voir Comité des droits de l'homme, Communication N° 453/1991, précité.

Mais dans d'autres régions du monde, le nom a une diversité d'implications sociales, historiques et culturelles et les gens attachent véritablement certaines valeurs à leur nom. Cela vaut tout particulièrement pour les noms de famille. Ainsi, le changement de nom patronymique par un membre de la famille risque fort d'avoir des incidences pour les autres membres de sa famille et de porter atteinte aux valeurs qui y sont attachées. Par conséquent, il m'est difficile de conclure que le nom patronymique d'un individu appartient au domaine exclusif de la vie privée, qui est protégée par l'article 17 ».

La circoncision est un autre aspect de la vie qui est publique avec l'intervention du griot. Elle est une initiation au cours de laquelle les jeunes garçons acquièrent les vertus de courage et d'endurance. Si lors de la cérémonie, quelqu'un fait preuve de couardise, son comportement sera révélé au public par le griot[132]. Les autres événements de la vie familiale tels que les fiançailles, le mariage, le divorce, relèvent de la vie publique. Ici encore, le griot intervient et joue un rôle de premier plan car le mariage concourt entre autres à l'augmentation de la puissance du groupement familial[133]. Concrètement, lorsqu'un homme tombe amoureux d'une femme, il va faire part de ses sentiments au chef de sa famille. Celui-ci consulte le conseil de famille qui apprécie si la jeune fille est d'une bonne conduite et issue d'une bonne famille. Lorsque l'opinion du conseil de famille est favorable, l'on fera appel au griot qui se chargera de se rendre chez le père de la jeune fille pour requérir, après des démarches particulières, son consentement pour le mariage des futurs époux. Lorsque le consentement des deux familles est obtenu, l'on fixe alors la date du mariage. Une fois le mariage célébré, la mariée doit faire la preuve de sa virginité et l'homme de sa capacité à consommer l'union. Pour la femme, une griotte est dépêchée près de la case où les époux doivent passer leur première nuit ensemble. Le lendemain, elle vient chercher le linge qui porte la preuve de la virginité de la femme ; elle le met dans une belle calebasse posée sur sa tête pour le montrer à toutes les femmes âgées du village[134].

De par sa fonction, le griot possède ainsi un grand pouvoir d'investigation dans la vie des membres de la communauté. Ce

[132] CAMARA S., op. cit. p. 206.
[133] BALANDIER G., op. cit. p. 120.
[134] Idem.

pouvoir comporte certaines limites fondées sur des interdits qui permettent à l'individu de jouir d'une vie privée.

B- La reconnaissance de la vie privée par des interdits au profit de l'individu

L'individu, comme on vient de le voir, a beaucoup de devoirs envers la communauté. Il a aussi des droits à faire valoir. L'existence des droits reconnus à l'individu se traduit par le respect, par chaque membre de la collectivité, d'interdits vis-à-vis de celle-ci et aussi vis-à-vis de chacun de ses membres ; au nombre de ces interdits, figure l'obligation de ne pas faire des investigations dans la vie privée et celle de ne pas publier les faits de la vie privée d'autrui sans son consentement. Les faits de la vie privée concernent les aspects de la vie qui ne relèvent pas de la vie publique telle que décrite précédemment. Comme le prescrit ce proverbe ''eve'' du Togo, « Le silence forge mieux que le bruit [135]», chaque membre de la communauté est ainsi tenu de s'abstenir, par son silence, de violer la vie privée d'autrui. Mais l'état des relations sociales est tel que le domaine de la vie privée ainsi reconnu est restreint. Des éléments comme l'absence de clôture pour les maisons, l'existence de cour commune pour les membres d'une famille, l'inexistence de porte pour la plupart des chambres, la promiscuité dans l'enceinte des chambres où vivent parfois le père, la mère ou les épouses, les enfants et même les personnes reçues par la famille, ne favorisent guère l'émergence d'une réelle intimité. Dans cette ambiance, tout se fait pratiquement en communauté. On va au champ ensemble, on mange ensemble, on se couche ensemble. En partageant presque tout ensemble, les membres d'une même communauté n'ont pas de faits qui soient exempts d'investigation ou de divulgation. On se plaint parfois de celui qui ne demande rien sur les autres ou ne donne aucune information sur lui. Il est considéré comme un égoïste qui ne cherche pas le bien de la communauté. En cas de persistance, il sera considéré comme quelqu'un de particulièrement anormal, ce qui pourrait nécessiter une thérapie.

Le respect de la vie privée s'impose davantage aux personnes venues de l'extérieur, soit d'une autre famille ou d'un autre clan. Ainsi, lorsqu'un étranger est reçu par hospitalité et hébergé

---

[135] Voir AGBLEMAGNON N'SOUGAN F., op. cit. p. 102.

temporairement par une famille, il ne doit pas raconter à d'autres les faits de la vie de ceux qui lui ont donné l'hospitalité. Durant son séjour, il ne doit pas chercher à savoir comment ces gens vivent car cela ne le regarde pas ; comme le dit cet autre proverbe ''eve'' : « l'étranger aux grands yeux ignore pourtant les recoins de la maison »[136].

La violation des prescriptions de la vie privée pourra donner lieu à une décision en conseil sous l'autorité du chef de famille, de notables ou d'anciens, gardiens des valeurs de la société. L'objet d'une telle décision ne sera pas de déterminer le coupable pour lui infliger une peine personnelle. La violation de la vie privée constatée est interprétée comme un désordre introduit dans la communauté par l'auteur de l'acte. L'affaire est portée devant le chef de famille ou du village. Celui-ci convoque le conseil des anciens et les deux parties en cause. Devant le conseil, chacun sera invité à raconter sa version des faits. Le chef qui préside le conseil va donner la parole à qui veut la prendre pour proposer une sortie de crise. Le conseil va essayer de rechercher une solution de compromis qui puisse permettre de rétablir l'harmonie perturbée par cette situation. Selon les cas, celui qui est reconnu coupable fera amende honorable, par exemple en offrant du vin local ou des colas à l'assemblée[137]. Ce système, assez représentatif du communautaire africain dans son ensemble, va subir considérablement l'influence du système colonial.

Paragraphe 2e : La vie privée en Afrique pendant la colonisation et au moment des indépendances

La colonisation s'est accompagnée de l'introduction d'un nouveau mode de vie centré sur l'individu dans les pays africains et au Bénin notamment; les notions juridiques telles que la propriété privée, le travail salarié, la responsabilité civile individuelle, en vogue dans les pays occidentaux, vont faire leur apparition. On va assister à l'émergence d'un droit écrit qui va cohabiter pendant toute l'époque coloniale avec le droit local appelé encore droit traditionnel ou droit coutumier. Cette dualité de systèmes juridiques fera une distinction des personnes entre le statut moderne et le statut coutumier. Dans le domaine de la protection de la vie privée, on va assister à la greffe

---

[136] Voir AGBLEMAGNON N'SOUGAN F., op. cit. p. 107.
[137] CAMARA S., op. cit.

d'une nouvelle approche de la vie privée qui tend à se substituer à l'approche communautaire de celle-ci, qui a prévalu pendant la période coloniale.

A- La greffe d'une nouvelle approche de la vie privée

A la veille de la colonisation, les sociétés africaines se présentent comme des sociétés non techniciennes à économie basée sur le troc. Les échanges commerciaux se font sur la base de la réciprocité de services et ne visent pas la réalisation de profits[138]. Elles appliquent un droit local qui est oral, constitué d'une diversité de coutumes et profondément religieux[139]. Le concept de vie privée qu'elles ont développé est fondé sur la primauté du groupe sur l'individu qui, certes, n'est pas écrasé par le groupe[140], mais s'y épanouit grâce à l'équilibre entre l'individu et la communauté, constamment recherché.

Les sociétés occidentales sont de type technicienne à économie de marché fondé sur le profit et dont les institutions consacrent le triomphe de l'individu. Après avoir assigné une mission civilisatrice à la colonisation, l'administration coloniale a pris une série de textes pour introduire, de force parfois, le droit écrit dans les pays africains. Dans l'Afrique francophone, un arrêté local du 8 vendémiaire an XIV (28 novembre 1805) rend applicable, dans les établissements du Sénégal composés de Saint-Louis et de Gorée, le Code civil français. Plus tard, les établissements du Sénégal vont s'agrandir et englober les régions du haut Sénégal, du haut Niger, et des zones riveraines du Sahara, régions auxquelles sera étendue l'application du droit français. Le 24 avril 1833 fut promulguée une loi qui disposait en son article premier que «toute personne née libre ou ayant acquis légalement sa liberté jouit dans les colonies françaises des droits civils...» A partir de 1892, des décrets d'organisations judiciaires prévoyaient l'application de ce code par les tribunaux. Le décret du 6 août 1901

---

138 KOUASSIGAN G.A., Quelle est ma Loi ? Tradition et Modernisme dans le Droit Privé en Afrique noire Francophone. Ed. Pédone, Paris, 1974, p. 14.

139 Voir LAMPUE P., Droit Ecrit et Droit Coutumier en Afrique Francophone. In Penant 1979, p. 248 et svts ; GBAGUIDI A.N., Pluralisme juridique et conflit interne de loi en Afrique. Thèse, Université Montesquieu de Bordeaux IV, 1998, p. 9 et svts.

140 Voir LE ROY E.et WANE M., Formation des droits non étatiques, in Encyclopédie juridique de l'Afrique, T1, les nouvelles éditions africaines, Abidjan, Dakar, Lomé, 1982.

fixait cette règle pour l'ensemble des pays de l'Afrique occidentale, celui du 17 mars 1903 pour l'Afrique équatoriale et enfin celui du 2 septembre 1887 pour la côte des Somalies. En ces époques, sont déjà apparues les premières jurisprudences françaises sur la vie privée. La France les rend applicables dans ses colonies d'Afrique. La Grande Bretagne fera de même dans ses colonies[141]. A partir de ces mesures d'assimilation, l'administration coloniale entreprend une greffe[142] de la conception de la vie privée, telle qu'elle est perçue en Occident, dans les sociétés africaines qui n'ont cependant pas les mêmes réalités. On peut comprendre que l'administration coloniale, dans le règlement des litiges qui naissent dans les colonies, ait besoin d'une législation claire qui offre une certaine sécurité juridique. Or, les coutumes africaines changent d'un peuple à un autre, ce qui rend difficile la prévisibilité des solutions à apporter aux problèmes qui se posent. Selon l'origine des personnes en cause, on serait obligé de faire appel aux connaisseurs des coutumes concernées. Quelquefois, il peut arriver que l'affaire en cause ne soit pas prévue par les coutumes concernées. Mais c'est finalement cette solution que l'administration coloniale va adopter avec le décret du 20 mai 1857 qui institue le «statut réservé». Le statut réservé est constitué par les affaires qui se rapportent à l'état civil, au mariage, aux successions, donations et testaments. En ces matières, on pourra se référer à la coutume des parties lorsque l'option n'a pas été faite en faveur de la loi française[143]. A cette fin, le décret de 1903, qui rétablissait en Afrique Occidentale Française (AOF) et en Afrique Equatoriale Française (AEF) la justice indigène, prévoyait en son article 46, alinéa 1 que « la justice indigène est administrée, à l'égard des individus non justiciables français par des tribunaux de village, des tribunaux de province et des tribunaux de cercle». En son article 75, il est précisé que « la justice indigène appliquera en toute matière les coutumes locales en tout ce qu'elles n'ont pas de contraire aux principes de la civilisation française ». Donc, l'application des coutumes aux indigènes qui n'y ont pas renoncé n'est pas absolue. On justifie cette limitation par la lutte contre l'arbitraire. Nous avons vu précédemment que le mariage coutumier est considéré comme un engagement d'un

[141] Voir ALLOTT A., L'influence du droit anglais sur les systèmes juridique africains. In CONAC G., La Vie du Droit en Afrique, Dynamiques et Finalités des Droits Africains. Ed. Economica, Paris, 1980, p. 3.
[142] Voir ALLIOT M., L'Etat et la société en Afrique noire : greffe et rejets, communicationau colloque Etat et société en Afrique noire, Paris, septembre 1980, p. 9.
[143] KOUASSIGAN G.A., op. cit. p. 27 et svts.

groupe familial envers un autre groupe familial, représenté par leur chef agissant au nom et pour le compte des futurs époux dont le consentement n'est pas requis. Cet engagement se réalise par le paiement d'une dot. Le législateur colonial, pour faire évoluer le statut du mariage coutumier, prend un décret du 15 juin 1939 qui réduit l'autorité du chef de famille en exigeant le consentement des époux pour la validité du mariage. Pour contourner ce décret, les chefs coutumiers réclament des dots dont le montant dépasse les possibilités des prétendants indésirables. Un autre décret du 14 septembre 1951 interdit aux parents d'exiger une dot supérieure au taux uniformisé par région. Ce décret déclare valable le mariage contracté sans le consentement des chefs de famille lorsque la jeune fille a 21 ans et que le défaut de consentement des parents résulte d'une dot excessive[144]. Par ces limitations du champ d'application des coutumes, l'administration coloniale reconnaît implicitement aux futurs époux le droit à la vie privée familiale.

L'idée du progrès est également avancée pour justifier la limitation du champ d'application de la coutume : « notre ferme intention de respecter les coutumes ne saurait nous créer l'obligation de les soustraire à l'action du progrès, à leur régulation ou amélioration[145] ». Dans la pratique, un décret du 26 juillet 1944 crée des tribunaux coutumiers indigènes dont le président est un notable indigène. Selon l'article 6 du décret, les tribunaux coutumiers appliquent en matière civile et commerciale les coutumes des parties. Cette pratique permettra progressivement de répertorier les coutumes et d'entreprendre des travaux de rédaction de coutumiers. Les coutumes consignées dans ces coutumiers deviendront des règles de droit privé appliquées aux indigènes.

A partir des indépendances, le droit européen sera substitué progressivement aux coutumes.

B- L'option des Etats africains en faveur du droit européen au respect de la vie privée

Au fur et à mesure qu'avance le temps, les liens entre l'Afrique au sud du Sahara et la société occidentale se diversifient. Des sphères

---

[144] Sur l'évolution du statut matrimonial, voir KOUASSIGAN G.A., op. cit.

[145] Propos du gouverneur Roume cité par Le ROY E. et WANE M., op. cit. p. 366.

nouvelles d'activités, parmi lesquelles on dénombre la presse, se développent. Avec l'expansion de la presse, de nouvelles formes d'atteintes à la vie privée font leur apparition. Les techniques coutumières traditionnelles de protection de la vie privée ne peuvent plus agir efficacement contre les nouvelles formes d'atteintes à la vie privée. Pour contrer ces nouvelles formes d'atteintes, il apparaissait indispensable de recourir au système de protection issu de droit européen. A l'occasion de la décolonisation intervenue dans les années 1960, la technique utilisée à cet effet est celle de la réception du droit colonial au respect de la vie privée, technique qui consiste à rendre celui-ci applicable dans les Etats africains. Les Etats africains vont alors recevoir par succession, et par des dispositions constitutionnelles, l'ordre juridique colonial[146]. La Côte d'Ivoire, le Dahomey - actuellement le Bénin -, la Haute Volta - actuellement le Burkina Faso -, et le Niger formaient le Conseil de l'Entente et adoptèrent une constitution commune dont l'article 76 stipulait : « la législation actuellement en vigueur reste applicable, sauf intervention de nouveaux textes, en ce qu'elle n'a rien de contraire à la présente constitution. » On trouve des dispositions analogues dans d'autres constitutions. Il s'agit notamment de celle de la République du Sénégal du 26 août 1960 en son article 70, celle de la République du Togo du 9 avril 1961, et celle de la République Islamique de Mauritanie du 20 mai 1961 en son article 61. On observe aussi la même chose en Afrique centrale avec la constitution Centrafricaine du 25 novembre 1960 modifiée par la loi du 13 décembre 1960 en son article 45, de la République du Congo du 2 mars 1961 en son article 77 alinéa 1, de la République du Tchad du 28 novembre 1960 en son article 77, de la République Gabonaise du 21 février 1961 en son article 72. En dehors de la Guinée qui ne s'est pas explicitement prononcée dans ce sens, tous les Etats, surtout ceux d'Afrique francophone, se sont engagés sur cette voie. En cas de changement de l'ordre constitutionnel, cette disposition est toujours maintenue. Ainsi, la constitution du Bénin du 11 décembre 1990 stipule, en son article 158, que « la législation en vigueur au Bénin jusqu'à la mise en place de nouvelles institutions reste applicable, sauf intervention de nouveaux textes, en ce qu'elle n'a rien de contraire à la présente constitution ».

---

[146] Voir KOUASSIGAN G.A., op. cit. p.95.

Dans les différentes constitutions africaines, on trouve également des références à la déclaration universelle des droits de l'homme. Dans le cas de la République Centrafricaine, la constitution du 25 novembre 1960 proclame l'attachement du peuple aux droits de l'homme. Cette référence aux droits de l'homme figure encore en bonne place dans les constitutions issues du processus de démocratisation en cours sur le continent. Dans la constitution béninoise du 11 décembre 1990, le peuple béninois réaffirme, dans le préambule, son « attachement aux principes de la démocratie et des droits de l'homme tels qu'ils ont été définis par la Charte des Nations Unies de 1945 et la déclaration universelle des droits de l'homme de 1948, à la Charte africaine des droits de l'homme et des peuples...dont les dispositions font partie intégrante de la présente constitution et du droit béninois et ont une valeur supérieure à la loi interne ». L'attachement à la déclaration universelle des droits de l'homme de 1948 implique le respect de son article 12 qui reconnaît à toute personne le droit à la protection de la loi contre les immixtions arbitraires dans sa vie privée, sa famille, son domicile ou sa correspondance et les atteintes à son honneur et à sa réputation.

A la manière d'une convention internationale, le droit colonial conquiert les espaces africains et y introduit le droit, pour les victimes d'une atteinte à la vie privée, de faire valoir des mesures de protection que la législation interne tente de consolider. La Charte Africaine des Droits de l'homme et des Peuples ne semble pas faire allusion à cette évolution.

Section 2: La vie privée dans la Charte Africaine des Droits de l'Homme et des Peuples

La Charte Africaine des Droits de l'Homme et des Peuples ne semble pas reconnaître tous les droits de l'homme contenus dans la déclaration universelle des droits de l'homme et dans les pactes internationaux de 1966. En effet, elle ne mentionne pas expressément certains d'entre eux, notamment le droit à la vie privée. C'est pourquoi M. Yemet considère que la vie privée est un droit non garanti par la charte[147]. Bien au contraire, on pourrait expliquer ce silence à partir de la philosophie développementaliste que la Charte

[147] YEMET V.E., La charte africaine des droits de l'homme et des peuples. L'Harmattan, Paris, 1976, p. 138.

met en œuvre[148]. Une étude minutieuse des droits garantis dans la charte permet de tirer la conclusion d'une reconnaissance indirecte de la vie privée mais insuffisamment garantie.

Paragraphe 1er : La reconnaissance indirecte de la vie privée

Elle procède de la reconnaissance de certains droits communs à la déclaration universelle des droits de l'homme et aux pactes internationaux de 1966 mais, aussi, de la reconnaissance des droits de solidarité créés par la Charte africaine.

A- La reconnaissance indirecte de la vie privée à partir des instruments internationaux

Il s'agit, d'une part, des droits civils et politiques et, d'autre part, des droits économiques sociaux et culturels.

1- La reconnaissance indirecte de la vie privée à partir de certains droits civils et politiques

Les droits civils et politiques sont dits droits de la première génération. Ils figurent aux articles 2 à 14 de la Charte. Parmi eux, on retiendra : le droit à la vie, à la liberté et à la sûreté de la personne, l'interdiction de l'esclavage et de la servitude, l'interdiction de la torture et des peines ou traitements cruels, inhumains ou dégradants, le droit à la reconnaissance de la personnalité juridique, l'égalité de tous devant la loi, l'interdiction de toute arrestation et de toute détention arbitraires, le droit d'être jugé en cas d'infraction devant un tribunal indépendant et impartial, la présomption d'innocence, le droit à l'intégrité physique et morale, la liberté de circulation, le droit à l'asile, le droit à la nationalité, la liberté du mariage, le droit à la propriété, la liberté de pensée, de conscience et de religion, la liberté d'opinion et d'expression, la liberté de réunion et d'association, le droit de prendre part à la direction des affaires publiques.

---

[148] Selon cette philosophie que l'on trouve dans le paragraphe 8 du préambule de la charte, la satisfaction des droits économiques et sociaux garantit la jouissance des droits civils et politiques. Voir M'BAYE K., Les droits de l'homme en Afrique. Pédone, 2e éd., Paris 2002 ; OUGUERGOUZ F., La Charte africaine des droits de l'homme et des peuples. P.U.F., Paris, 1993.

Parmi ces droits, le droit à l'intégrité physique et morale mérite une attention particulière en ce qui concerne la vie privée. La Cour constitutionnelle du Bénin en a tiré une reconnaissance de la vie privée[149]. La Cour européenne des droits de l'homme, dans son arrêt Botta contre Italie, affirmait que « la sphère de la vie privée, telle que la Cour la conçoit, couvre l'intégrité physique et morale ; la garantie offerte par l'article 8 de la Convention est principalement destinée à assurer le développement, sans ingérences extérieures, de la personnalité de chaque individu dans les relations avec ses semblables[150] ».

Selon l'article 1er de la Charte, « les Etats membres de l'Organisation de l'Unité Africaine, parties à la présente Charte, reconnaissent les droits, devoirs et libertés énoncés dans cette Charte et s'engagent à adopter les mesures législatives ou autres pour les appliquer».

Il ressort de ces dispositions que toute violation des droits civils et politiques encourt sanction. L'obligation qui s'impose à l'Etat est de tout mettre en œuvre pour assurer à ses citoyens une jouissance paisible de ces droits. Il ne doit pas lui-même les violer, mais il doit tout faire pour ne pas encourager leur violation par des particuliers. A travers le droit à l'intégrité physique et morale, la Charte africaine non seulement reconnaît le droit à la vie privée, mais insiste sur son respect. Il en va de même avec d'autres droits garantis par le Charte.

2- La reconnaissance indirecte de la vie privée à partir de certains droits économiques sociaux et culturels

Les droits économiques, sociaux et culturels sont dits droits de la deuxième génération. Ils figurent aux articles 15 à 18 de la Charte. Parmi eux, on retiendra le droit au travail, souvent accompagné d'un droit à l'égalité de chance devant l'emploi et d'un droit à une rémunération juste et équitable ; la liberté syndicale et le droit de grève sont reconnus mais doivent s'exercer dans le cadre fixé par la loi. Il y a aussi le droit à l'éducation des enfants, souvent garanti par des conditions favorables, telle l'obligation scolaire jusqu'à un certain âge et, progressivement, la gratuité de l'enseignement public ou de

---

[149] Cour constitutionnelle, DCC 01-024 du 16 mai 2001, précité.
[150] CEDH, Arrêt Botta c. Italie du 24 février 1998, Rec. 1998, I.RTDH, 1999.600.

l'enseignement primaire. On pourrait citer aussi le droit au repos et aux loisirs, le droit à un niveau de vie suffisant, le droit à la santé, le droit au logement, le droit à la sécurité sociale, le droit de prendre part librement à la vie culturelle de la communauté, de jouir des arts et de participer au progrès scientifique et aux bienfaits qui en résultent. La satisfaction de plusieurs de ces droits économiques entraîne par ricochet le respect de la vie privée. C'est le cas du droit au logement. La reconnaissance du droit au logement suppose la garantie de son inviolabilité. Le respect du droit au travail entraîne aussi le respect de la vie privée du travailleur depuis l'embauche jusqu'à l'accomplissement du travail. La Cour de Cassation française a fait une application, jugée audacieuse[151], de l'article 8 de la convention européenne des droits de l'homme aux relations de travail. Elle juge en effet que « le libre choix du domicile personnel et familial est l'un des attributs du droit au respect du domicile garanti par l'article 8 et qu'en conséquence une restriction à cette liberté par l'employeur n'est valable qu'à condition d'être indispensable à la protection des intérêts légitimes de l'entreprise et proportionnée, compte tenu de l'emploi occupé et du travail demandé, au but recherché[152] ». Il s'agissait en l'espèce du cas d'un travailleur qui a été licencié pour avoir refusé de transférer son domicile familial dans sa nouvelle région d'activité. La satisfaction des droits de solidarité garantit aussi le respect de la vie privée.

B- La reconnaissance indirecte de la vie privée à partir des droits de solidarité

Les droits de solidarité sont encore appelés droits de la troisième génération. Pour ces derniers, le Tiers Monde en général et l'Afrique en particulier peuvent s'enorgueillir d'avoir apporté une contribution inestimable au droit international des droits de l'homme. C'est sans doute la raison pour laquelle une plus grande place leur est faite, du moins pour la plupart dans le système africain. Toutefois, la Charte africaine est plus généreuse que les lois fondamentales[153], en ce sens qu'elle consacre l'ensemble de ces droits qui figurent en ses articles 19 à 24.

---

[151] SUDRE F., op. cit. p.275.

[152] Cass. soc., 12 janvier 1999, D.1999. J.645.

[153] Au Bénin toutefois, la Charte africaine fait intégralement partie de la constitution du 11 décembre 1990.

Les droits de la solidarité restent dans l'ensemble très peu développés ; ils se ramènent pour les principaux au :

Droit au développement, envisagé dans toutes ses formes, notamment économique, social et culturel et également dans toute sa dimension interne et internationale. Dans ce dernier cas, ce droit constitue un droit légitime de tous les peuples à la jouissance égale du patrimoine commun de l'humanité.

Droit à la paix et à la solidarité, au double plan national et international : pour renforcer ces droits, les Etats parties à la Charte s'engagent à ne pas laisser utiliser leur territoire comme base d'activités subversives entreprises par des bénéficiaires du droit d'asile ou des terroristes et dirigées contre d'autres pays.

Droit à un environnement sain en vue de préserver la planète de toutes sortes de fléaux et de calamités.

Droit à l'autodétermination ou encore droit des peuples à disposer d'eux-mêmes. Il s'agit de l'autodétermination dans sa dimension tant politique qu'économique, telle que prescrite par les résolutions pertinentes des Nations Unies. Ce droit, qui appartient au peuple, est imprescriptible et inaliénable. Aussi détermine-t-il « librement son statut politique et assure son développement économique et social selon la voie qu'il a librement choisie ». Aujourd'hui, le droit à l'autodétermination s'entend du droit à la démocratie libérale[154].

La satisfaction de ces droits de solidarité entraîne aussi le respect de la vie privée. Le droit à un environnement sain a particulièrement fait l'objet d'une abondante jurisprudence internationale dans le cadre de la Convention Européenne des Droits de l'Homme. Il y est stipulé qu'« il va de soi que des atteintes graves à l'environnement peuvent affecter le bien-être d'une personne et la priver de la jouissance de son domicile, de manière à nuire à sa vie privée et familiale[155] » ou que la crainte que pouvaient avoir, pour leur santé, des soldats exposés à des radiations nucléaires « présente un lien suffisamment étroit avec leur vie privée et familiale[156] ». Le droit au développement, tout comme le droit à la paix, vise à assurer le développement, l'épanouissement

---

[154] Voir DAKO S., Le droit des peuples à disposer d'eux-mêmes. Mémoire DEA, FADESP-UAC, 2001.

[155] CEDH, Arrêt Powel et Rayner, série A. n° 172 ; CEDH, Arrêt Lopez Ostra c. Espagne, série A, n° 303C.

[156] CEDH, Arrêt McGinley et Egan c. Royaume-Uni, série A, n° 397.

physique, intellectuel et moral de l'homme et présuppose en tout état de cause le respect de sa vie privée. Le droit à l'autodétermination, entendu aujourd'hui comme droit à la démocratie libérale, passe par le respect de la vie privée, qui apparaît aujourd'hui comme la condition d'exercice des libertés, socle de toute démocratie libérale. On peut toutefois noter que la protection que recouvrent certaines manifestations particulières du droit au respect de la vie privée, à travers certaines dispositions de la Charte, ne prend pas en compte tout le champ du droit au respect de la vie privée. De plus, il ne suffit pas que le droit au respect de la vie privée soit reconnu dans la Charte. Il faudrait qu'en plus de sa reconnaissance, fut-elle indirecte et partielle, il y ait des organes de contrôle et de mise en œuvre.

Paragraphe 2e : L'inadéquation de la garantie offerte par la Commission africaine des droits de l'homme et des peuples

L'examen de la Charte révèle que la Commission est un organe spécialisé aux compétences réduites.

A- La Commission africaine des droits de l'homme et des peuples, un simple organe spécialisé

La Commission africaine des droits de l'homme et des peuples a été mise sur pied par l'article 30 de la Charte africaine ; conformément à sa mission, la Commission Africaine a pour rôle de promouvoir les droits de l'homme et d'assurer leur protection.

Ce système qui s'identifie au système onusien diffère largement des systèmes mis en place par l'Europe et l'Amérique.

Aux termes de l'article 31 de la Charte, la Commission est composée de 11 membres choisis parmi les personnalités africaines connues pour avoir certaines qualités intrinsèques : « haute considération, connue pour leur haute moralité, leur intégrité et leur impartialité et possédant une compétence en matière de droits de l'homme et des peuples … »

Selon l'article 33 de la Charte, les membres de la Commission sont élus au scrutin secret par la conférence des chefs d'Etats et de gouvernement, sur une liste de personnes présentées à cet effet par les Etats parties à la Charte.

Selon l'art. 31 de la Charte, les membres de la Commission siègent à titre personnel. Selon l'art. 43, ils bénéficient des privilèges et immunités de l'OUA. Au terme de l'art. 44, ils bénéficient également d'émoluments et d'allocations prévus par le budget de l'OUA. Leur mandat est de 6 ans, renouvelable. Pendant l'exercice de leur fonction, il ne peut être mis fin à leur mandat par un Etat signataire. Seule la Commission est compétente pour décider qu'un membre a cessé de remplir ses fonctions, pour toute autre cause qu'une absence de caractère temporaire ou se trouvant dans l'incapacité de les remplir (art. 39 alinéa 2).

Les membres de la Commission font la déclaration solennelle de bien et fidèlement remplir leur fonction en toute impartialité (art. 38). L'autonomie ainsi reconnue se concrétise avec l'article 42 de la Charte qui accorde à la Commission le libre choix de ses organes dirigeants, à savoir le président et le vice-président ; elle établit librement son propre règlement intérieur.

Il faut cependant noter que le personnel, les moyens et services nécessaires à l'exercice de ses fonctions lui sont fournis sur le budget de l'OUA par le secrétaire général de l'organisation. Cela a fait dire à Pierre François GONIDEC que «la Commission est trop dépendante à l'égard de l'OUA, donc des Etats membres ». Il arrive qu'en raison de cette dépendance, la Commission connaisse des difficultés financières pour l'exercice des tâches qui lui sont assignées, faute de crédit suffisant ; ainsi par exemple, la Commission publie difficilement ses rapports périodiques et se trouve même démunie pour la vulgarisation effective de la Charte, ce qui est pourtant l'un des volets essentiels de sa mission. Si les textes reconnaissent à la Commission l'autonomie de fonctionnement, il n'en demeure pas moins que cette autonomie se trouve compromise par la dépendance financière dans laquelle elle se trouve par rapport à l'OUA. C'est surtout le caractère de ses compétences qui la rend inapte à assurer un respect des droits de l'homme reconnus dans la Charte et, par ricochet, de la vie privée.

B- La Commission africaine des droits de l'homme et des peuples, un simple organe aux compétences réduites

L'étude de la compétence de la Commission comprend la compétence personnelle (ratione personae) et la compétence matérielle (ratione materiae).

1- La compétence personnelle

La compétence personnelle de la Commission est normalement ouverte aux Etats. Selon l'article 47 de la Charte, «si un Etat partie a de bonnes raisons de croire qu'un autre Etat également partie à cette même Charte a violé les dispositions de celle-ci, il peut appeler par communication écrite l'attention de cet Etat sur la question... ». Dans sa mise en œuvre, cette procédure consiste en une dénonciation d'un Etat partie à la Charte par un autre Etat également partie ; manifestement, le contexte africain est peu propice à une telle dénonciation de sorte que, dans la pratique, elle est dépourvue d'effectivité[157]. Pour ne pas en rester là, le même article 47 permet aux Etats d'obtenir un règlement à l'amiable des différends qui les oppose. Allant un peu plus loin, l'article 49 organise la possibilité d'une saisine directe de la Commission : « nonobstant les dispositions de l'article 47, si un Etat partie estime qu'un autre Etat également partie à cette même Charte a violé les dispositions de celle-ci, il peut saisir directement la Commission par une communication adressée à son président, au secrétaire général de l'OUA et à l'Etat intéressé ». Dans cette hypothèse, il faudrait que, conformément à l'article 48, les différentes procédures de règlement à l'amiable n'eussent point été réglées à la satisfaction des Etats intéressés. La vie privée étant un droit individuel, il est évident que son respect effectif passe par la possibilité offerte aux victimes de sa violation de pouvoir saisir directement l'organe compétent pour sa mise en œuvre. Ainsi, outre les communications inter étatiques, la Commission est également compétente pour recevoir des communications non étatiques ; aux termes de l'article 55, «avant chaque session, le secrétaire de la Commission dresse la liste des communications autres que celles émanant des Etats parties à la Charte ». Par le terme « autres que celles émanant des Etats », on peut entendre non seulement les

---

[157] Voir DEGNI-SEGUI R., Les droits de l'homme en Afrique noire francophone. Abidjan, 1998.

communications émanant des ONG, mais aussi les communications émanant des individus[158]. Il apparaît donc que la saisine de la Commission ne souffre d'aucune clause de déclaration préalable, comme c'est le cas par exemple pour le Comité des droits de l'homme de l'ONU. Nous devrions toutefois observer que cette saisine sans condition est dramatiquement hypothéquée par un formalisme procédural très compliqué. Ce formalisme tient, d'une part, des conditions draconiennes de recevabilité et, d'autre part, de la procédure complexe des plaintes.

S'agissant des conditions draconiennes de recevabilité, une distinction est faite entre les communications étatiques et les communications non étatiques. Pour les communications étatiques, le fait d'adresser une communication à la Commission ne suffit pas pour qu'elle soit saisie de manière automatique. Pour qu'il en soit ainsi, il faudrait que, conformément à l'alinéa 2 de l'article 55, «la Commission en sera saisie sur la demande de la majorité absolue de ses membres ». Si ce quorum n'est pas atteint, la communication étatique sera irrecevable.

Pour les communications non étatiques, elles doivent remplir des conditions cumulatives de recevabilité qui sont au nombre de sept, à savoir :

1. Indiquer l'identité de leur auteur, même si celui-ci demande à la Commission de garder l'anonymat.

2. Etre compatibles avec la Charte de l'Organisation de l'Unité Africaine ou avec la présente Charte.

3. Ne pas contenir des termes outrageants ou insultants à l'égard de l'Etat mis en cause, de ses institutions ou de l'OUA.

4. Ne pas se limiter à rassembler exclusivement des nouvelles diffusées par des moyens de communication de masse.

---

[158] DEGNI-SEGUI R., Les droits de l'homme en Afrique noire francophone. Abidjan, 1998, p.115.

5. Etre postérieures à l'épuisement des recours internes s'ils existent, à moins qu'il ne soit manifeste à la Commission que la procédure de ces recours se prolonge d'une façon anormale.

6. Etre introduites dans un délai raisonnable courant depuis l'épuisement des recours internes ou depuis la date retenue par la Commission comme faisant commencer à courir le délai de sa propre saisine.

7. Ne pas concerner des cas qui ont été réglés conformément soit aux principes de la Charte des Nations Unies, soit de la Charte de l'Organisation de l'Unité Africaine, soit des dispositions de la présente Charte.

Si une de ces sept conditions cumulatives fait défaut, la communication individuelle est déclarée irrecevable. La réunion de ces conditions est très contraignante et ne contribue qu'à rendre impossible la saisine de la Commission par des individus dont la vie privée est violée. Ainsi, à titre d'exemple, entre 1987 et 1989, la Commission a été saisie de 38 requêtes individuelles dont 24 ont été déclarées irrecevables[159]. Pour ce qui concerne les plaintes, la procédure est longue et complexe ; elle fait intervenir tour à tour les Etats, la conférence des chefs d'Etat et de gouvernement et le président de ladite conférence, ce qui alourdit davantage la procédure.

2- La compétence matérielle

Contrairement à la compétence personnelle, la compétence matérielle de la Commission est très réduite. Elle concerne la compétence non contentieuse et la compétence contentieuse.

S'agissant de la compétence non contentieuse, l'article 45 de la Charte dispose que : « la Commission a pour mission de :

1- promouvoir les droits de l'homme et des peuples

2- interpréter toute disposition de la présente Charte à la demande d'un Etat partie, d'une institution de l'OUA ou d'une organisation africaine reconnue par l'OUA ».

---

[159] Source citée par DEGNI-SEGUI R., op. cit., p. 119.

Sur la compétence contentieuse, l'article 45 alinéa 2 dispose que « la Commission a pour mission d'assurer la protection des droits de l'homme et des peuples dans les conditions fixées par la présente Charte… ». A ce niveau, la Commission examine la requête à elle adressée dans le fond pour voir si l'Etat mis en cause a effectivement violé les droits de l'homme. Les solutions envisageables dépendent des types de communication. Pour les communications inter étatiques, la Commission peut, aux termes de l'article 51, demander aux Etats parties intéressés de lui fournir toute information pertinente. A défaut, la Commission peut, aux termes de l'article 52, recourir à d'autres sources ; une fois les renseignements obtenus, elle tente de parvenir à un règlement amiable. Ensuite, elle rédige un rapport relevant les faits et contenant ses conclusions et recommandations. Ce rapport est transmis à la conférence des chefs d'Etat et de gouvernement de l'OUA et n'est pas rendu public. Pour les communications non étatiques, elle attire l'attention de l'OUA, au terme de l'article 58 al.1, sur les «situations particulières qui semblent révéler l'existence d'un ensemble de violations graves ou massives des droits de l'homme et des peuples ». La violation des droits individuels se trouve systématiquement isolée par cette procédure qui, en définitive, n'apporte pas une garantie sérieuse à la vie privée. En fait, la Commission n'est pas une juridiction ; le mécanisme africain de protection des droits de l'homme se révèle être un mécanisme non juridictionnel. Cependant, peu à peu, on s'avance vers l'effectivité d'une Cour africaine des droits de l'homme. En effet, réunis du 6 au 12 Septembre 1992 en Afrique du Sud, des experts gouvernementaux ont élaboré un projet de protocole relatif à la Charte africaine des droits de l'homme et des peuples portant création d'une Cour africaine des droits de l'homme et des peuples. Revu et corrigé le 11 Avril 1997 à Nouakchott, ce projet, ouvert à la ratification des Etats africains, est entré en vigueur depuis janvier 2004. Dès que le Bénin aura ratifié le protocole additionnel et aura fait la déclaration qu'il accepte la compétence de la Cour africaine des droits de l'homme pour les requêtes individuelles, tout béninois pourra saisir cette haute juridiction pour toute atteinte à sa vie privée. Pour l'heure, les béninois ne peuvent saisir que la Commission pour les atteintes à leur vie privée. Mais il faudra auparavant avoir épuisé les voies de recours internes où l'approche de la vie privée n'est pas aussi large qu'en droit international.

Titre 2 : L'approche indirecte de la vie privée au plan interne

Après l'indépendance, les Etats africains ont maintenu l'ordre juridique colonial en attendant l'adoption de nouvelles lois d'origine nationale. Dans les pays francophones, le système juridique est calqué sur le modèle français. Tel est le cas du Bénin qui a développé, dans l'ordre juridique interne, un système de protection de la vie privée s'inspirant du modèle français et qui comporte une protection pénale et une protection civile.

Chapitre 1 : La protection de la vie privée par des infractions pénales

L'auteur d'une violation de la vie privée peut faire l'objet de poursuites pénales. De façon spécifique, notre code pénal béninois ne comporte aucune infraction d'atteinte à la vie privée. On y trouve cependant des incriminations qui, d'une manière ou d'une autre, concourent à la protection de la vie privée. Il s'agit notamment des délits de violation de domicile (article 184), du délit de violation de sépulture (article 360), du secret des correspondances (article 187) et du secret professionnel (article 378), du délit de publication d'une information relative à un rapport d'une commission d'enquête parlementaire (article 6 de l'ordonnance du 17 janvier 1958), du délit de publication d'une information relative à une constitution de partie civile (article 2 de la loi du 2 juillet 1931), les délits de presse (loi 60-12 du 30 juin 1960), du délit de publication ou de communication d'un document provenant d'une perquisition, du délit de diffusion auprès d'un tiers de pièces ou actes de procédure d'instruction, du délit de violation du secret de l'instruction.

Certaines de ces infractions protègent contre les investigations dans la vie privée et d'autres contre les divulgations des faits de la vie privée.

Section 1 : La protection pénale de la vie privée contre les divulgations

La divulgation consiste à porter à la connaissance du public ce qui n'est connu que de quelques-uns[160]. La loi pénale assure la protection de la vie privée contre les divulgations par une série d'incriminations. On peut relever les délits de diffamation, de publication du nom de la victime d'un viol ou d'un attentat à la pudeur, de la photographie du corps de la victime d'un meurtre, de l'identité et de la personnalité des mineurs de moins de 18 ans qui ont quitté leurs parents et des enfants exposés ou délaissés, du suicide des

---

[160] Voir lexique des termes juridiques. Dalloz, Paris, 2001.

mineurs, de la filiation d'origine d'une personne, objet d'une adoption moins de trente ans après la mort de cette personne[161]. A côté de ces incriminations qui sont relatives à la presse, il en existe d'autres qui sont relatives à des catégories socio-professionnelles particulières comme le délit de violation de secret professionnel. Nous allons nous pencher particulièrement sur les délits de diffamation et de violation de secret professionnel pour rendre compte du souci du législateur à protéger la vie privée contre les divulgations par des incriminations.

Paragraphe 1er : le délit de diffamation

Le délit de diffamation est réprimé par la loi française du 29 juillet 1881 sur la presse, reprise par la loi n°60-12 du 30 juin 1960 sur la liberté de presse. Les dispositions de la loi n°60-12 du 30 juin 1960 sont également reprises par la loi 97-010 du 20 août 1997 portant libéralisation de l'espace audiovisuel et dispositions pénales spéciales relatives en matière de presse et de communication audiovisuelle en République du Bénin. Depuis les années 1990, elle a fait l'objet d'une kyrielle de décisions de justice[162]. Selon l'article 26 de la loi n° 60-12 et 83 de la loi 97-010, la diffamation est définie comme « toute allégation ou imputation d'un fait qui porte atteinte à l'honneur et à la considération de la personne ou du corps auquel le fait est imputé ». En dehors des divulgations de faits sur la vie privée, la preuve des faits diffamatoires doit toujours être apportée.

A- Les composantes de la diffamation

La diffamation se réalise par la réunion de cinq éléments, à savoir : l'allégation ou l'imputation, le fait allégué ou imputé, le préjudice, la publicité, la personne protégée et l'intention coupable.

1- L'allégation ou imputation répréhensible

L'allégation est l'articulation de faits de nature à fonder une prétention[163] . MM. Pradel et Danti-Juan sont plus précis et définissent l'allégation comme l'affirmation ou l'assertion qui ne se fonde pas sur des constations personnelles mais plutôt sur celles d'autrui[164]. Par

---

[161] Loi n° 60-12 du 30 juin 1960 sur la liberté de presse, voir annexe.
[162] Voir tableau en annexe.
[163] Lexique des termes juridiques, op.cit. p. 32.
[164] PRADEL J. et DANTI-JUAN M., Droit Pénal Spécial. Cujas, Paris, 1995, p. 314.

contre, ils considèrent que l'imputation correspond à l'hypothèse selon laquelle l'agent, par ses propres affirmations, met lui-même sur le compte d'une personne tel fait qui la déshonore ou la déconsidère[165]. De même, M. VOUIN affirme que l'imputation prétend exprimer une certitude due à la connaissance personnelle[166]. On note donc que, lorsque l'agent répète ce qu'il a lu ou entendu, il y a allégation ; mais lorsqu'il s'agit de ses propres affirmations, on parle d'imputation. Pour la jurisprudence, le délit de diffamation n'est caractérisé que si l'écrit incriminé contient l'imputation d'un fait déterminé pouvant porter atteinte à l'honneur et à la considération de la personne à laquelle il est imputé[167]. Pour être diffamatoire, une allégation ou une imputation doit se présenter sous la forme d'une articulation précise de faits, de nature à être, sans difficulté, l'objet d'une preuve et d'un débat contradictoire[168]. L'imputation de faits que la loi autorise ne saurait caractériser, alors même qu'elle est formulée sur un mode ironique, une atteinte à la considération de la personne à laquelle il est imputé[169]. Cependant, la diffamation est punissable si elle est exprimée sous forme dubitative[170] ou sous une forme déguisée ou par voie d'insinuation[171]. La reproduction d'une diffamation antérieure est elle-même punie alors que la publication première serait couverte par une immunité[172]. Il faudra de plus que l'allégation ou l'imputation se rapporte à un fait précis.

2- Les faits objets de l'allégation ou de l'imputation

Le fait allégué doit être personnel et précis. Ainsi le fait pour sieur X. d'insinuer et de laisser croire par sa publication de presse, illustrée de caricatures forts explicites, que dame Y. a reçu des mains de sieur Z., lors d'un voyage, d'importantes sommes d'argent pour assurer sa protection et faire cesser toute tracasserie judiciaire à son encontre sans en administrer la preuve, est constitutif du délit de diffamation prévu et puni par la loi[173]. De même, l'affirmation selon

---

165 Ibidem.
166 VOUIN R., Droit Pénal Spécial. Précis Dalloz, Ed. Dalloz, Paris, 1983, p. 315.
167 TPI Cotonou, jugement n° 47/E3 du 11 juin 1998, document inédit, annexe; Crim., 20 décembre 1923, D.H. 1924.68.
168 Crim., 6 mars 1974, Bull. Crim. 96.
169 Crim., 21 mai 1974, Bull. Crim. 188.
170 Nancy, 9 juillet 1964, D. 1966.47.
171 Crim., 28 février 1913, Bull. Crim. 105 ; voir également le jugement n° 47/E3 précité.
172 Crim., 10 juillet 1903, D. 1904.1.446.
173 TPI Cotonou, Jugement ADD N°3291/ E1 du 15 juillet 1994.

laquelle une personne est incapable d'assurer son logement et celui de sa famille et que, pour y parvenir, elle est prête à toutes sortes de bassesses, est diffamatoire[174]. Par contre, des attaques vagues et générales dirigées contre les collectivités (telle que le clergé catholique et les séminaires), des associations ou des groupements, et qui ne précisent ni les faits ni leurs auteurs, sont insuffisantes, quelque répréhensible qu'en soit la violence, pour constituer le délit de diffamation[175]. Faute de justifier qu'ils ont été spécialement visés, les membres de la profession et de la collectivité attaquées sont irrecevables à agir individuellement contre l'auteur de ces allégations[176]. Ce qui n'est pas le cas des diffamations contre un groupe restreint de personnes aisément identifiables[177], ou des insinuations de nature à jeter un discrédit sur une institution ou sur ses membres[178]. La diffamation est punissable lorsque, bien que dirigée en apparence contre une tierce personne, elle rejaillit, en réalité, sur une autre et l'atteint personnellement.[179] Le fait précis existe si l'affirmation énoncée est susceptible d'être positivement contrôlée, c'est-à-dire éventuellement démentie[180]. Les qualifications d'escroc, voleur, faussaire, sans autre précision ne constituent pas des diffamations[181] ; ce n'est pas le cas de l'imputation d'un délit déterminé[182]. Mais dans tous les cas, il faut que la victime ait subi un préjudice.

3- Le préjudice subi par la victime

La diffamation suppose une imputation dirigée contre une personne, elle n'existe pas en cas de dénigrement d'un produit[183]. Mais des publications de faits jugés diffamatoires créent un préjudice moral important à la victime[184]. Le préjudice doit donc être une atteinte à l'honneur ou à la considération. L'honneur est le fait de n'avoir rien à se reprocher qui soit contraire à la morale. Elle est l'idée que la

---

[174] TPI Cotonou, Jugement N° 394/E1 du 26 août 1994, annexe.
[175] Crim., 22 novembre 1934, D.P. 1936.1.27.
[176] Crim., 9 février 1954, D., 1954.679.
[177] Crim., 28 octobre1953, D., 1954.243.
[178] TPI Cotonou 8 juin 2004, le ministère public contre Patrick ADJAMONSI, John AKINTOLA, document inédit, annexe.
[179] Crim., 24 octobre 1967, Bull. Crim. 264.
[180] Crim., 6 mars 1974, Bull. crim. 96.
[181] Crim., 29 juillet 1865, D.P. 66.1.96.
[182] Idem.
[183] Amiens, 12 janvier 1901, D.P. 1901.2.394.
[184] TPI Cotonou, Jugement N° 419/E3 du 13 décembre 1996, annexe.

personne se fait d'elle-même au regard des normes sociales. Par contre, la considération est une idée que les autres se font d'une personne. La question qui se pose est de savoir s'il y a diffamation lorsque l'on impute à une personne un comportement ou des opinions qui font, d'une façon générale, l'objet de jugement péjoratif, mais que l'intéressé reconnaît et même dont il se vante. La jurisprudence répond que, pour déterminer si l'allégation ou l'imputation d'un fait qui porte atteinte à l'honneur ou à la considération de la personne à laquelle le fait est imputé, les juges n'ont pas à rechercher quelles peuvent être les conceptions personnelles et subjectives de celle-ci concernant la notion de l'honneur et celle de la considération[185]. Aussi, le fait que les imputations diffamatoires se soient produites au cours d'une campagne électorale n'en modifie pas le caractère[186] ; toutefois il appartient aux juges de fait de rechercher si les imputations contre un candidat sont dictées par un sentiment de vengeance ou d'animosité, ou si elles ont eu pour seul but d'éclairer le corps électoral[187]. C'est pourquoi il faudrait qu'il y ait publicité.

4- La publicité des faits diffamatoires

La publicité est un élément constitutif déterminant de la diffamation. Telle qu'elle est définie par l'article 20, elle se réalise de deux manières. Elle existe dans « les discours, cris ou menaces proférés dans les lieux publics ». La jurisprudence assimile aux lieux publics par nature des lieux publics par destination ainsi que les lieux publics par accident. La publicité exigée par la loi se rencontre lorsque les propos ont été tenus dans un passage ou la petite cour intérieure d'un hôpital[188]. Mais les propos injurieux tenus dans le couloir d'une maison particulière ne sont pas proférés publiquement[189]. De même, le local mis à la disposition du public, dans un bureau de poste, n'est pas un lieu public, dès lors qu'il est aménagé de manière que les personnes qui attendent leur tour n'entendent pas les propos qui y sont tenus[190]. Quant aux réunions publiques, elles s'entendent ordinairement de celles des organismes de droit public. La jurisprudence considère qu'une réunion est publique selon que le

---

185 Crim., 2 juillet 1975, Bull. Crim. 174.
186 Crim., 12 février 1897, D.P. 97.1.339.
187 Paris, 25 juillet 1939, D.H. 1940.33.
188 Crim., 4 mai 1935, D.H. 1935.349.
189 Crim., 20 décembre 1930, D. P. 1931. 1.133.
190 Trib. corr. de Villefranche-sur-Saône, 6 novembre 1924, D.P. 1925. 2.54.

nombre et la quantité de ses participants sont ou non déterminés. La réunion des actionnaires d'une société, convoqués individuellement pour délibérer sur les affaires sociales et admis dans l'assemblée après que leur personnalité a été constatée, ne constitue pas une réunion publique[191]. Le ton de la conversation est également pris en compte. Mais il est nécessaire que ce qui est proféré soit entendu par une tierce personne. On doit considérer comme proférés les discours tenus dans un lieu public sur le ton d'une conversation ordinaire, de façon à pouvoir être entendus d'un certain nombre de personnes[192].

La publicité existe également dans les écrits, les imprimés, dessins, gravures, peintures, emblèmes, images vendues ou distribuées. Le fait, pour un quotidien, de publier dans l'une de ses parutions un article jugé diffamatoire, réalise la publicité requise[193]. Egalement, une projection cinématographique effectuée en public et reproduisant des textes, des gravures, des images ou photographies constitue l'élément de publicité rentrant dans le cadre de la loi.[194] Mais l'envoi par une agence, à ses abonnés, sur leur demande expresse et spéciale, de renseignements sur la solvabilité d'une personne, ne peut être considéré comme constituant le délit de diffamation[195]. De même, l'apposition d'une affiche en un lieu où elle n'est visible que par le personnel ne réalise pas le délit[196] ; mais il en va autrement de l'affichage d'un écrit dans le hall d'une grande école parce qu'il peut être traversé par des personnes n'appartenant pas à l'établissement[197]. Cela conduit à déterminer qui sont les personnes protégées.

5- Les personnes protégées

Les personnes protégées se répartissent en quatre groupes : les personnes publiques collectives, les personnes publiques individuelles, certaines hautes personnalités et les simples particuliers.

Les personnes publiques collectives désignent les cours et tribunaux, l'armée de terre, de mer ou de l'air, les corps constitués et

---

[191] Crim., 27 novembre 1920, Bull. Crim. 461.
[192] Crim., 17 novembre 1883, Bull. Crim. 260.
[193] TPI Cotonou, Jugement N° 295/B du 2 juin 1989, annexe.
[194] Trib. corr. Dijon, 4 mai 1935, D.H. 1935.437.
[195] Trib. corr. Seine, 2 février 1929, D.H. 1929.184.
[196] Crim., 8 octobre 1974, Bull. Crim. 280.
[197] Crim., 10 juillet 1973, Bull. Crim. 321.

administrations publiques. Les insinuations de nature à jeter un discrédit sur une institution peuvent atteindre chacun de ses membres. Les personnes morales individuelles sont protégées contre les diffamations les atteignant en raison de leurs fonctions ou de leur qualité. La protection couvre les imputations qui, objectivement, par la nature des faits sur lesquelles elles portent, visent la victime dans sa vie publique[198] et sont en rapport direct et étroit avec la qualité dont elle est revêtue[199].

Certaines hautes personnalités, notamment le président de la République, les chefs d'Etat ou de gouvernement, les ministres des affaires étrangères, sont protégés contre l'offense et l'outrage qui englobent la diffamation. Ainsi, il a été jugé que le fait de traiter un chef d'Etat de fourbe, d'apatride, d'orgueilleux, d'incompétent, d'homme sans foi ni loi, constitue le délit d'offense prévu et puni par la loi[200].

Les particuliers s'entendent de toutes personnes, y compris les personnes individuelles. Ils sont protégés contre toutes les imputations qui les atteignent dans leur vie privée. Quelle que soit la personne, il faut l'intention coupable.

5- L'intention coupable

La doctrine considère que la diffamation est un délit intentionnel et qu'il requiert la mauvaise foi de la part de l'auteur des propos ou écrits incriminés[201]. Pour la jurisprudence aussi, l'intention coupable est présumée en matière de diffamation ; elle n'a pas besoin d'être expressément constatée dans la décision de condamnation.[202] Donc, il ne suffit pas de clamer après coup que l'on n'avait pas l'intention de nuire car l'intention de nuire se dégage des faits imputés à la victime alors même que l'on sait que ces faits sont inexacts[203]. Aussi, la volonté de nuire peut résulter du fait que les écrits fournis pour justifier la vérité des faits diffamatoires ne prouvent pas la réalité des

---

[198] Crim., 6 juillet 1900, D., 1901. 5.503.
[199] Crim., 28 mai 1968, Bull. Crim. 179.
[200] TPI Cotonou, jugement n° 123/B du 2 avril 1996.
[201] Voir PRADEL J. et DANTI-JUAN M., op. cit. p. 326.
[202] Crim., 27 octobre 1938, D., 1939, 1.77.
[203] TPI Cotonou, Jugement N° 419/E3 du 13 décembre 1996, annexe.

faits allégués[204]. La présomption peut toutefois disparaître si le diffamateur établit un fait justificatif de nature à prouver sa bonne foi[205].

Donc, la diffamation n'est pas commise lorsque son auteur peut rapporter la preuve de la vérité des faits diffamatoires.

B- La preuve de la vérité des faits diffamatoires

Selon l'article 32 de la loi 60-12, « La vérité des faits diffamatoires doit toujours être prouvée sauf : a) lorsque l'imputation concerne la vie privée de la personne, b) lorsque l'imputation concerne des faits qui remontent à plus de dix années, c) lorsque l'imputation se réfère à un fait constituant une infraction amnistiée ou prescrite, ou qui a donné lieu à une condamnation effacée par la réhabilitation ou par la révision, d) dans les cas prévus aux articles 23, 24, 34, et 35 de la présente loi ». Cette disposition établit, en matière de diffamation, une exception de vérité dont nous allons étudier le domaine d'application et le fondement.

1- Domaine d'application

L'autorisation de la preuve des faits diffamatoires s'applique en principe (sauf les exceptions légales énoncées ci-dessus) à toutes les diffamations, et non pas seulement à celles qui sont commises par voie de presse[206]. Elle concerne les diffamations commises envers les simples particuliers comme celles commises envers les personnes publiques[207]. La vérité du fait diffamatoire n'est un fait justificatif que dans la mesure où elle a été établie par le prévenu lui-même au cours du débat contradictoire dans les conditions de forme prévues ; même si elle est reconnue par le plaignant lui-même, cette circonstance ne peut ni dispenser le prévenu de suivre la procédure légale ni autoriser le juge à en déduire le fait justificatif prévu[208]. Pour produire l'effet absolutoire, la preuve de la vérité du fait diffamatoire, lorsque la loi l'autorise, doit être parfaite, complète, et corrélative aux imputations

---

[204] TPI Cotonou, Jugement 345/ E1 du 22 juillet 1994, annexe.
[205] TPI Cotonou, Jugement N° 395/B du 19 mars 1993, annexe ; Crim., 9 juillet 1970, Bull. Crim. 225.
[206] Crim., 3 mars 1949, D. 1949.205.
[207] Crim., 12 octobre 1954, D. 1954.765.
[208] Crim., 23 décembre 1968, Bull. Crim. 357.

diffamatoires dans toute leur portée[209]. Ainsi, quand un journal publie, dans l'une de ses parutions, qu'un agent de la brigade anticriminelle pris en flagrant délit de vol est un voleur, alors il n'y a pas de diffamation, même si la personne en cause n'a pas été condamnée pour vol[210]. Le commentaire fait par l'organe de presse porte sur des faits qui sont réels et n'ont rien d'imaginaire.

2- La distinction vie publique / vie privée

La règle de l'exception de vérité se fonde sur une distinction vie publique / vie privée. En effet, elle permet à l'auteur d'un fait diffamatoire d'échapper à la poursuite en rapportant la preuve de ces allégations. Mais il ne peut invoquer cette exception pour justifier une imputation qui a pour objet un fait de la vie privée, c'est-à-dire intime. Cette distinction pouvait se justifier par le fait que le diffamateur peut, sans porter atteinte à l'honneur et à la considération d'une personne, informer l'opinion publique d'un fait qu'elle a un intérêt légitime à connaître, ce qui n'est pas le cas pour les faits de la vie privée des particuliers[211]. Mais comment faudrait-il comprendre l'expression « vie privée » utilisée par le législateur qui ne la définit pas ? Les auteurs l'ont définie par la négative. La vie privée n'est pas tout ce qui peut être relié à un problème d'ordre général[212]. Elle ne consiste pas non plus dans tout fait qui a un retentissement politique, économique et social, touche aux intérêts matériels ou moraux du public et suscite une réaction collective d'approbation ou de désapprobation[213]. Pour Chavannes M., la vie privée se définirait en somme comme tout fait dont la publication n'intéresse pas le public et ne le regarde pas[214]. La jurisprudence pénale procède au cas par cas et relève que font partie de la vie privée les événements de la vie conjugale[215], les difficultés financières d'une personne[216], les éventuelles infractions commises par les personnes[217]. Par contre, ne font pas partie de la vie privée les

---

[209] Crim., 4 mars 1971, Bull. Crim. 77.
[210] TPI Cotonou, Jugement N° 528/B du 17 juin 1997, annexe.
[211] KAYSER P., La Protection de la Vie Privée par le Droit. Ed. Economica, Paris, 1995, p. 384. Voir aussi LEVASSEUR G., Réflexion sur l'exceptio veritatis, Mélanges Albert CHAVANNE, pp. 118-127.
[212] COLOMBINI M., Note de jurisprudence au JCP, 1949. 2.4978, sous Cass. Crim., 3 mars 1949.
[213] BOUCHERON M., Diffamation, in Encyclopédie Dalloz, Droit Pénal, n° 403.
[214] CHAVANNE A., Presse, Diffamation, in JCP, 1989, paragraphe 184.
[215] Crim., 11 juin 1979, Bull. Crim. 360.
[216] Crim., 22 avril 1958, Bull. Crim. 333.
[217] Crim., 19 mars 1956, Bull. Crim. 275.

imputations professionnelles[218], l'activité publique d'une personne[219]. Au regard de ces définitions, on peut retenir que l'expression « vie privée » dans ce texte se rapporte à tout ce qui touche l'intimité de la personne. Ainsi, toute publication ayant trait à l'intimité d'une personne est diffamatoire même si l'on possède les preuves de la véracité de ces faits. Il y a donc une certaine interdiction de publier les événements de la vie intime. La même interdiction existe dans le délit de violation de secret professionnel.

Paragraphe 2e : Le délit de violation de secret professionnel

Le délit de violation de secret professionnel est prévu et réprimé par l'article 378 du code pénal[220]. Au terme de cet article, « les médecins, chirurgiens, et autres officiers de santé, ainsi que les pharmaciens et sages-femmes et toutes autres personnes dépositaires, par état ou par profession, ou par fonctions temporaires ou permanentes, des secrets qu'on leur confie, qui, hors les cas où la loi les oblige à se porter dénonciateur, auront révélé ces secrets, seront punis d'un emprisonnement d'un mois à six mois et d'une amende de 50 000 à 300 000 francs. ». Au-delà de la protection d'une profession, il assure aussi la protection de la vie privée. Cela s'observe surtout à travers ses éléments constitutifs que sont les personnes tenues au secret, les faits secrets à garder et la révélation du secret.

A- Les personnes tenues au secret

L'article 378 astreint au secret professionnel, les médecins, chirurgiens, et autres officiers de santé, les pharmaciens et sages-femmes ainsi que toute autre personne dépositaire, par état ou par profession, ou par fonctions temporaires ou permanentes, des secrets qu'on lui confie. Les docteurs, officiers de santé ou sages-femmes ne sont relevés de l'obligation du secret professionnel à l'égard des maladies épidémiques par la loi du 30 novembre 1892 que dans la mesure nécessaire aux communications qu'ils doivent adresser à l'autorité publique[221]. Le prêtre est au nombre des personnes auxquelles s'applique l'obligation de conserver le secret, non seulement lorsqu'il lui est confié en confession, mais encore

---

[218] Crim., 18 novembre 1975, Gaz. Pal., 1976. 1.230.
[219] Crim., 2 juin 1980, Bull. Crim. 168.
[220] Par l'expression code pénal, nous entendons le code pénal béninois.
[221] Crim., 13 mars 1897, D.P. 97.1.233.

lorsqu'une révélation lui a été faite, en dehors de la confession, en raison de son ministère[222]. Se rend coupable de violation de secret professionnel le notaire qui, ayant cru pouvoir mettre son activité professionnelle au service des parties entre lesquelles un procès est engagé, révèle à l'une d'elles les confidences qu'il n'a reçues de l'autre qu'en sa qualité de notaire et dont il n'était dépositaire qu'à ce titre[223]. Il en est de même pour les magistrats et leurs greffiers[224], les avoués et avocats[225], les inspecteurs de police[226], les secrétaires de mairie[227], les huissiers[228], les experts-comptables[229]. Ces personnes, en raison de leur fonction, reçoivent les confidences des particuliers soit par obligation ou par un choix personnel. La loi leur impose de garder le secret sur les faits de la vie privée dont ils ont connaissance pour assurer la protection de la vie privée des personnes qui ont à faire avec eux. Ne sont pas tenus au secret professionnel les secrétaires, les domestiques, les employés. Pour ces derniers, les révélations du secret de fabrique tombent sous le coup de l'article 418. Les comptables, simples mandataires de leurs employeurs, n'exercent pas une profession aux actes de laquelle la loi, dans un intérêt général et d'ordre public, a imprimé le caractère confidentiel et secret ; par suite ils ne sont pas assujettis à garder le secret sur les actes de leurs fonctions[230]. Le président directeur général d'une société commerciale n'exerce pas l'une des fonctions visées par l'article 378 et ce texte est donc inapplicable en cas d'indiscrétions commises en cette qualité sur la répartition du capital social et l'identité des actionnaires[231]. Aussi les éducateurs de jeunes délinquants ou inadaptés et les éducateurs de prévention, à qui s'impose une obligation de discrétion, ne sont pas visés par l'article 378[232]. Il en est de même également des courtiers d'assurance[233] et, d'une façon générale, des membres d'organismes privés de gestion ou de contrôle[234]. L'obligation du secret professionnel est alors attachée à la fonction de certaines personnes

[222] Crim., 4 décembre 1891, D., 1892.1.139.
[223] Crim., 3 mars 1938, DH, 1938.341.
[224] Crim., 9 juillet 1887, D., 86.1.475.
[225] Crim., 20 mai 1899, D., 1900.1.25.
[226] Crim., 4 avril 1924, DH, 1924.329.
[227] Crim., 13 mars 1897, D., 1897.1.233.
[228] Crim., 12 avril 1951, D., 1951.363.
[229] Crim., 24 janvier 1957, D.,1957.298.
[230] Crim., 14 janvier 1933, DH, 1933.133.
[231] Crim., 5 février 1970, Bull. Crim. 56.
[232] Crim., 4 novembre 1971, Bull. Crim. 301.
[233] Nancy, 9 mars 1939, Gaz. Pal. 1939.2.18.
[234] Crim., 6 juillet 1977, Bull. Crim. 258.

qui requiert la confiance du public, surtout lorsqu'il s'agit de faits à garder secret.

B- Les faits à garder secrets

Les personnes visées à l'article 378 sont tenues de ne pas révéler les secrets qui leur sont confiés. Il peut s'agir d'une confidence expresse ou d'une connaissance acquise. Ainsi, l'article 378 s'applique à tous ceux auxquels leur état ou leur profession impose l'obligation du secret confié, soit que les faits qu'ils apprennent ainsi, sous le sceau du secret, leur aient été confiés par des particuliers, soit que leur connaissance proviennent de l'exercice d'une profession aux actes de laquelle la loi, dans un intérêt général et d'ordre public, a imprimé le caractère confidentiel et secret[235]. Celui qui est astreint au secret professionnel est dans l'obligation de garder un mutisme complet non seulement sur ce qui lui a été confié, mais encore sur tout ce qu'il a pu voir, entendre, comprendre ou même déduire, dans l'exercice de sa profession[236]. Pour que le délit soit constitué, il faut que la confidence soit faite à la personne tenue au secret professionnel et dans l'exercice de sa profession[237]. La personne tenue au secret professionnel peut être poursuivie pour les révélations de faits qu'elle acquiert par et pour l'exercice de sa profession. C'est le cas d'un médecin condamné pour révélation, à une compagnie d'assurance, de renseignements qu'il a obtenus auprès d'employés d'hôpital en sa qualité de médecin mais à propos d'une personne qui n'a jamais été son client[238]. Cependant, le ministre du culte qui révèle un aveu qu'il a reçu en qualité de simple conseil ou ami ne commet pas la violation du secret professionnel[239]. Mais le fait, pour lui, d'appartenir à la famille de l'un des époux ne le dispense pas de garder secret les renseignements qu'il n'a pu connaître qu'en sa qualité de célébrant du mariage[240].

Le secret révélé doit être consistant. On a tendance à ne voir de secret que dans la chose inconnue de tous, sauf ceux à qui elle a été confiée. Et pourtant, un fait déjà soupçonné ou même connu peut

---

[235] Crim., 27 juillet 1936, D.H. 1936.494.
[236] Trib. civ. Pau, 20 juin 1925, Gaz. Pal. 1925.2.723.
[237] 27 novembre 1909, S., 1910.1.329.
[238] Crim., 17 mai 1973, D., 1973,582.
[239] Toulouse, 14 mars 1928, S., 1928. 2.130.
[240] TGI Bordeaux, 27 avril 1977.

demeurer un fait à garder secret, soit que quelques personnes en aient déjà connaissance, soit que le public n'ait pas encore acquis à son égard la certitude qu'une révélation peut lui apporter[241]. A plus forte raison, la révélation de faits susceptibles d'être connus constitue une violation de secret professionnel[242]. Aussi un fait dont la révélation ne peut causer préjudice ne peut pas être révélé ; ainsi le médecin qui communique à des tiers les constatations effectuées par lui sur une personne, en vertu de sa seule qualité, doit être puni pour violation de secret professionnel, même si le résultat de ses constatations est purement négatif[243].

A travers tous ces critères que la jurisprudence a dégagés pour la définition du secret que les professionnels doivent conserver, se profile le souci de protéger la vie privée des personnes. Le secret protégé concerne les éléments de la vie privée que les personnes souhaitent tenir cachés. La détermination de ces éléments est faite non à partir d'éléments objectifs mais d'éléments subjectifs tels que l'intérêt de la personne ou des critères psychologiques qui varient d'une personne à une autre. Ce qui est protégé, c'est l'intérêt de la personne et plus particulièrement sa vie privée. Le secret professionnel a pour fondement, mesure et limite l'intérêt du client[244]. De plus, le fait de voir un secret professionnel dans des informations qui sont parvenues au professionnel à l'insu de la personne montre clairement que le secret professionnel ne répond pas seulement à la nécessité d'assurer aux personnes qu'elles pourront se confier en toute tranquillité, mais aussi et surtout celle de préserver de la curiosité d'autrui tous les fais de la vie privée, qu'ils soit confiés ou constatés[245].

C- L'acte de révélation de secret

La révélation de secret suppose un élément matériel et un élément moral.

---

[241] Aix, 19 mars 1902, D. 1903.2.51.
[242] Crim., 24 janvier 1957, D., 1957.298.
[243] Crim., 9 novembre 1901, D., 19021.235.
[244] T.G.I. Lyon, 24 janvier 1969, D, 1970.613.
[245] LOLIES I. : La Protection Pénale de la Vie Privée. Ed. PUAM, Aix-en-Provence, 1999, p.23.

Du point de vue de l'élément matériel, seule la révélation de secret est punie et la tentative ne l'est point. La révélation de secret peut être totale ou partielle, orale ou écrite. Elle peut être adressée à un public ou à une seule personne tenue ou non au secret. Pour que la révélation de secret soit punissable, il faut qu'elle soit faite avec des indications exprimées avec un minimum de précisions[246]. Ainsi, un médecin peut donner certains renseignements, du moment que ceux-ci ne comportent aucune précision technique concernant un état physiologique ou pathologique secret[247]. Le registre de police d'une clinique qui n'a pas pour objet d'enregistrer des indications d'ordre médical mais seulement les dates d'entrée et de sortie des malades avec indication de leur identité, peut être retenue comme preuve dans une poursuite fiscale[248].

Du point de vue moral, le délit suppose l'intention coupable et celle-ci résulte de la volonté ou conscience de trahir le secret d'autrui, sans qu'il soit nécessaire que la révélation procède, en outre, du désir de nuire[249]. La pureté des motifs ou le but d'ordre historique importe peu. La révélation de secret est punissable dès qu'elle est faite volontairement par quelqu'un qui sait que la loi l'interdit[250].

La réunion des éléments matériels et moraux peut ne pas entraîner la poursuite. Il faudrait que rien ne vienne justifier la violation du secret. Ces faits justificatifs existent aussi bien du point de vue de la personne intéressée par le secret que du point de vue de la personne dépositaire du secret[251]. L'intérêt de la personne, de même que son consentement, peut justifier la violation du secret. La violation de la vie privée se réalise aussi par des actes d'investigations qui sont également réprimées.

Section 2 : La protection pénale de la vie privée contre les investigations

L'investigation est une recherche systématique sur un objet. On relève dans le code pénal une série d'infractions qui protègent

[246] Cass., 9 juin 1899, Rev. Sirey 19021.469.
[247] Crim., 6 juin 1972, Bull. Crim. 190.
[248] Crim., 21 mai 1979, Bull. Crim. 178.
[249] Crim., 19 décembre 1885, D., 86.1.347.
[250] Paris, 9 novembre 1966, Gaz. Pal. 1967.1.103.
[251] VOUIN R., op. cit. p. 347-348.

contre les investigations. Notre étude prendra en compte le délit de violation du domicile et le délit de violation de la correspondance qui sont les plus importantes.

Paragraphe 1er : Le délit de violation du domicile

Selon l'article 184 du code pénal, «tout fonctionnaire de l'ordre administratif ou judiciaire, tout officier de justice ou de police, tout commandant ou agent de la force publique, qui, agissant en sa dite qualité, se sera introduit dans le domicile d'un citoyen contre le gré de celui-ci, hors les cas prévus par la loi, et sans les formalités qu'elle a prescrites, sera puni d'un emprisonnement de six jours à un an et d'une amende de 50 000 à 300 000 francs...Tout individu qui se sera introduit à l'aide de menace ou de violence dans le domicile d'un citoyen sera puni d'un emprisonnement de six jours à trois mois, et d'une amende de 50 000 à 180 000 francs.»

Le délit de violation du domicile peut être commis aussi bien par un fonctionnaire que par un particulier. Dans l'un ou l'autre des cas, les éléments constitutifs ainsi que la répression comportent des différences. Toutefois, la notion de domicile, l'acte matériel d'introduction, et l'intention coupable s'identifient dans les deux cas.

A- La notion de domicile

Le critère de la notion de domicile rend bien compte de la volonté du législateur de protéger, par cette incrimination, la vie privée.

Au sens du code pénal, le domicile désigne « toute habitation occupée par une personne, le chez soi de tout individu[252] ». Il n'est pas seulement le lieu du principal établissement. Il est « le lieu où, qu'elle y habite ou non, la personne a le droit de se dire chez elle quel que soit le titre juridique de son occupation et l'affectation donnée aux locaux[253] », même s'il s'agit d'une personne morale[254]. Ce que protège la loi, c'est le sentiment de la personne d'être chez soi. Le titre juridique justifiant l'occupation est indifférent et il importe peu qu'il soit permanent, temporaire ou épisodique. Il peut s'agir d'une maison,

---

[252] GARÇON E., cité par VOUIN R., Droit Pénal Spécial. Précis Dalloz. Ed. Dalloz, Paris, 1983, p. 276.
[253] Crim., 26 février 1963, Bull. Crim. 92.
[254] Crim., 9 novembre 1971, Gaz. Pal., 1972.1.1973.

d'un appartement ou d'une chambre dans un hôtel[255]. Peu importe qu'il soit affecté à l'exercice d'un travail ou d'une profession. C'est le cas notamment du bureau d'un hôtel meublé[256], de la chambre servant de bureau de comptabilité[257], de l'appartement privé d'un ministre dans son ministère[258]. La protection du domicile s'étend à toutes ces dépendances comprises dans la même clôture[259] ; il faudrait, dans ce cas, qu'il y ait un lien unissant la dépendance à l'habitation. L'article 184 exige que l'affectation des lieux à l'habitation soit effective et réelle. Un local inoccupé et vide de tout mobilier, qui n'a jamais été habité par son propriétaire ou que nul ne manifeste la volonté d'occuper, même passagèrement, alors même que l'occupant viendrait d'être expulsé par la force publique quelques instants auparavant, n'est pas un domicile au sens de l'article 184[260]. En interprétant ainsi de façon très large le domicile, la jurisprudence se met à un niveau identique au comité des droits de l'homme de l'ONU.

Pour que la violation de domicile soit constitutive d'un délit, il faut qu'elle soit réalisée au préjudice du droit d'autrui. Ainsi, une personne qui a légalement accès à un domicile ne peut être accusée de le violer. Entre époux, la violation de domicile ne peut être commise qu'après divorce, séparation de corps, ou tout au moins assignation de résidences séparées[261]. Mais le locataire expulsé d'un logement conserve en ce lieu son domicile jusqu'à exécution de la décision de justice[262]. Le principe de l'inviolabilité est placé au-dessus du droit de propriété, pour assurer la protection du chez soi du locataire. Ainsi, la qualité de propriétaire ne justifie pas la violation de domicile commise à l'encontre des droits d'un autre. Le bailleur n'a donc pas le droit de s'introduire chez son locataire contre son gré[263]. De même, le bénéficiaire d'une décision d'expulsion ne peut s'introduire de sa propre initiative dans les lieux où l'occupant se maintient sans droit ou entreprend d'en démonter la toiture par des ouvriers[264]. Les tribunaux

---

[255] Crim., 1er mars 1890, D., 90.1.334 ; 31 janvier 1914, D., 1918.1.76.
[256] Crim., 7 juillet 1916, Bull. Crim. 154.
[257] Crim., 21 mai 1957, Bull. Crim. 434.
[258] Crim., 4 juin 1971, Bull. Crim. 178.
[259] Crim., 19 juin 1957, Bull. Crim. 513.
[260] Bourges, 4 juin 1885, D., 87.2.19 ; Trib. Corr. Châlon-sur-Saône, 17 février 1950, JCP 1950.II.5505.
[261] Crim., 2 avril 1897, D.,97.1.565 ; 16 avril 1959, Bull. Crim. 233.
[262] Crim., 26 juillet 1965, Gaz. Pal. 1965.2.331.
[263] Crim., 28 janvier 1958, Bull. Crim. 94.
[264] Crim., 22 janvier 1957, Bull. Crim. 68.

protègent ainsi la vie privée des locataires contre les intrusions de leurs propriétaires.

B- L'acte de violation

La violation de domicile se réalise par l'introduction du coupable dans le domicile de la victime. Selon qu'il est commis par un fonctionnaire ou par un simple particulier, l'acte de violation comporte quelques particularités.

1- L'acte de violation commis par un fonctionnaire

L'article 184 précité réprime l'introduction au domicile d'autrui de tout fonctionnaire de l'ordre administratif ou judiciaire, tout officier de justice ou de police, tout commandant ou agent de la force publique, agissant en sa dite qualité. Au terme de l'article 184 alinéa 1, l'acte d'introduction doit être illégal c'est-à-dire « hors des cas prévus par la loi, et sans les formalités qu'elle a prescrites ». Selon l'article 46 du code de procédure pénale[265], « les perquisitions et les visites domiciliaires ne peuvent être commencées avant 6 heures et après 21 heures ». Conformément à ces prescriptions, la Cour constitutionnelle décide que le fait, pour un colonel et les agents de police en patrouille, de s'introduire au domicile d'une personne au-delà de 21 heures, constitue une violation de domicile[266]. Par contre, une perquisition effectuée à 6 heures 15 minutes dans le cadre d'une enquête judiciaire est régulière[267]. Le fait de ne pas retrouver, chez la personne perquisitionnée, l'objet recherché ne constitue pas une atteinte à son honneur[268].

Toutefois, l'article 108 fait exception à cette règle lorsqu'il s'agit de l'exécution d'un mandat d'arrêt ; en effet, l'agent chargé de son exécution « peut s'introduire à tout moment dans le domicile de l'inculpé ». Les perquisitions et les visites domiciliaires ne peuvent donc avoir lieu de nuit, sauf dans des cas particuliers. L'acte d'introduction doit aussi être accompli contre le gré de l'habitant. Cette interdiction a soulevé en France une question : un huissier, muni

---

[265] République Populaire du Bénin, Ministère de la Justice Populaire : Code de procédure pénale, 2e édition, ONEPI, Porto Novo, 1982.
[266] Cour constitutionnelle, DCC 04-040, 20 avril 2004, J.O.R.B., 1er avril 2005, p. 326.
[267] Cour constitutionnelle, DCC 05-020, 3 mars 2005, J.O.R.B., 15 mai 2005, p. 455.
[268] Ibidem.

d'un titre exécutoire, peut-il entrer, seul et par la force, dans le domicile d'un citoyen absent pour procéder à une expulsion, sans être coupable de violation de domicile ? La jurisprudence estime que l'huissier qui, venant procéder à une expulsion et trouvant la porte fermée, avait pénétré dans la villa par la fenêtre du rez-de-chaussée restée ouverte, n'avait pas commis le délit de violation de domicile[269]. En réprimant la violation de domicile commis par un fonctionnaire, le législateur protège prioritairement contre les abus. La protection contre les atteintes à la vie privée y est secondaire, ce qui n'est pas le cas lorsque le délit est commis par les particuliers.

2- L'acte de violation commis par un particulier

La simple introduction d'un particulier dans le domicile d'autrui ne suffit pas pour retenir le délit de violation de domicile. Il faudrait, au terme de l'article 184 alinéa 2, que cette introduction s'accompagne de menace ou violence. Les violences en question ne supposent pas la présence de l'habitant à son domicile ; si le domicile est occupé, elles résultent du seul fait que l'introduction ait lieu malgré la volonté et les protestations d'habitants réduits, par la manifestation de la force, à s'abstenir de toute résistance matérielle[270]. Les violences morales sont également admises lorsqu'elles sont de nature à impressionner les personnes présentes au point de paralyser leurs tentatives de protestation[271]. Lorsque l'occupant est absent, la violence résulte de tout acte tendant à surmonter l'obstacle matériel destiné à interdire l'accès de l'habitation ; par exemple d'un bris de clôture, d'une escalade ou d'une effraction, peu importe que la clôture soit de peu de hauteur ou en mauvais état[272]. Il y a violence même dans tout acte anormal d'introduction dans les lieux : pénétration par la fenêtre des WC au moyen d'une échelle[273]. L'utilisation d'une fausse clé peut donner lieu à la violation de domicile[274]. Même en utilisant une clé véritable, on peut commettre une violation de domicile car il faut distinguer entre l'usage illégitime d'une clé et l'usage d'une clé illégitimement détenue. Ainsi est coupable le mari qui s'introduit dans l'ancien domicile conjugal devenu celui de son ex

---

[269] Amiens, 13 juillet 1973, Gaz. Pal., 1973.2.891.
[270] Crim., 24 juin 1893, D., 95.1.407.
[271] Crim., 20 juin 1957, Bull. Crim. 518.
[272] Crim., 12 avril 1938, DH, 1938, 440.
[273] Trib. Corr. Saint-Malo, 29 mars 1946, JCP, 1947. II.3709.
[274] Crim., 20 octobre 1959, Bull. Crim. 303.

épouse, à l'aide de la clé qu'il a conservée en fait et dont il n'a plus le droit de se servir[275]. Il en est de même de celui qui circonvient le gardien d'un immeuble pour se faire ouvrir un appartement dans un but qui n'a rien à voir avec « la conservation, l'entretien, le contrôle et la sécurité des locaux » qui justifiaient la détention de la clé par cette personne[276]. Mais, indépendamment du motif même illégitime, le délit n'est pas constitué dans le cas de l'hôtelier ou de son préposé qui s'introduit dans la chambre du voyageur en utilisant soit la clé accrochée au casier de l'hôtel soit le passe-partout affecté aux diverses pièces de l'étage[277]. Le particulier doit respecter le droit des autres à être chez soi et y mener leur vie privée à leur aise.

En dehors du domicile, on peut surprendre la vie privée d'autrui par l'interception de ses correspondances.

Paragraphe 2e : le délit de violation du secret des correspondances

Aux termes de l'article 187 du code pénal, le délit de violation du secret des correspondances se réalise par toute suppression, toute ouverture de lettre. Cette incrimination qui vise à protéger le secret de la vie privée contenu dans les correspondances concerne aussi bien le délit du fonctionnaire ou de l'agent des postes que celui du simple particulier dont les éléments constitutifs, à quelques exceptions près, sont identiques.

A- Eléments constitutifs

Nous avons respectivement l'objet et l'acte de la violation du secret des correspondances.

1- Objet

L'objet du délit est la correspondance adressée à des tiers. Il s'agit d'abord de la lettre close mais aussi de la carte postale[278] ou de l'imprimé transmis sous bande[279]. On peut aussi l'étendre au message

[275] Crim., 16 avril 1959, Bull. Crim. 233.
[276] Crim., 30 mars 1977, Bull. Crim. 120.
[277] Crim., 19 janvier 1956, Bull. Crim. 84.
[278] Poitiers, 1er décembre 1877, D., 78.2.235.
[279] Crim., 20 novembre 1880, S., 81.1.48.

télégraphique[280]. De façon assez large, la jurisprudence considère que ce délit consiste dans « l'ouverture ou la suppression intentionnelle de toute correspondance adressée à des tiers, de telle sorte que le secret en a été violé quand le destinataire a été privé définitivement ou temporairement de l'écrit à lui expédié[281] ». Il peut s'agir d'une correspondance adressée à la poste ou de correspondance quelconque acheminée par voie purement privée et, notamment, d'un pli confié à un mandataire[282].

2- L'acte de violation

Matériellement, il s'agit de toute ouverture ou suppression. L'ouverture suppose que l'on soit en présence d'un pli clos. La suppression, par contre, s'étend à toutes les correspondances protégées. Elle existe dans tout acte de destruction, de détournement vers un autre destinataire, ou de conservation pendant un temps relativement court[283]. En règle générale, il est admis que « la suppression vise tous les agissements malveillants susceptibles de priver, même momentanément, les destinataires des correspondances qui leur sont adressées[284]. De tels agissements existent dans des comportements indiscrets tels que la photographie de l'enveloppe d'une lettre[285], ou l'ouverture non intentionnelle suivie du détournement de la correspondance[286].

Moralement, le délit suppose l'intention coupable. Elle est présumée chez le fonctionnaire mais doit être expressément constatée à l'encontre du particulier[287]. Pour celui-ci, l'ouverture de la lettre par inadvertance est non coupable ; mais la conservation de la lettre ouverte par erreur constitue une violation du secret de la correspondance quel qu'en soit le mobile[288]. Que faut-il faire en cas de doute sur l'identité de la personne ou lorsque le mari ouvre les lettres adressées à sa femme ? Lorsque l'identité du destinataire est douteuse,

---

[280] VOUIN R., Droit Pénal Spécial, Précis Dalloz. Ed. Dalloz, Paris, 1983, p. 285.
[281] Crim., 5 février 1958, J.C.P. 1958, II, 10580.
[282] Crim., 8 novembre 1973, Bull. Crim. 411.
[283] Crim., 9 août 1889, D., 89.5.368.
[284] Crim., 9 janvier 1963, D., 1963.166.
[285] Crim., 9 janvier 1963, Bull. Crim. 13.
[286] Colmar, 19 janvier 1956, D., 1956, J., 585.
[287] Crim., 10 juin 1926, DH, 1926.405 ; Paris, 17 juin 1938, DH, 1938.521.
[288] Crim., 18 juillet 1973, Bull. Crim. 336.

c'est aux juges de fond qu'il appartient de le déterminer[289]. Aussi le mari n'a plus le droit de contrôler les correspondances de sa femme[290]. De même, le préfet n'est pas justifié par le fait que ce serait pour prévenir la consommation d'une infraction à la loi pénale qu'il aurait donné à un receveur des postes l'ordre de retenir certains plis[291].

B- Les auteurs du délit

Les auteurs du délit de violation du secret des correspondances sont soit les fonctionnaires ou les agents de l'administration des postes, soit les particuliers. Concernant les premiers, l'article 187 parle expressément de « fonctionnaire ou un agent du gouvernement ou de l'administration des postes». Hormis le cas des interceptions judiciaires, cette loi s'applique à tous les fonctionnaires de l'Etat, à tous les agents de l'administration des postes, y compris même celui qui n'a pour fonction que de transmettre le courrier ou le facteur intérimaire[292]. Il importe peu que le coupable ait agi ou non dans l'exercice de ses fonctions, pour un motif de service ou dans un intérêt personnel[293]. En ce qui concerne le particulier, la soustraction d'une lettre peut constituer un vol[294].

Une autre atteinte à la vie privée par suite d'investigation résulte de la violation de sépulture.

Paragraphe 3 : la violation de sépulture

Le délit de la violation de sépulture est prévu et réprimé par l'article 360 du code pénal aux termes duquel « sera puni d'un emprisonnement de trois mois à un an et de 50 000 à 180 000 francs d'amende quiconque se sera rendu coupable de violation de tombeaux ou de sépulture, sans préjudice des peines contre les crimes ou les délits qui seraient joints à celui-ci. Les mêmes peines seront applicables à quiconque aura profané ou mutilé un cadavre, même sans préjudice des peines contre les crimes édictés au quatrième alinéa de l'article 302 du présent code ». En interprétant ces dispositions, la

---

[289] Crim., 19 novembre 1925, DH, 1926.3.
[290] Trib. Corr. Grasse, 18 octobre 1944, Gaz. Pal., 1944.2.138.
[291] Crim., 22 mai 1959, Bull. Crim. 264.
[292] Orleans, 2 avril 1876, D., 77.2.28.
[293] Crim., 9août 1889, Bul. Crim. 289.
[294] Crim., 18 mars 1892, D., 92.1.522.

jurisprudence détermine quels en sont les éléments constitutifs axés autour de l'objet du délit et de l'acte même de la violation de sépulture.

A- L'objet du délit de la violation de sépulture

La violation de sépulture peut porter sur un cadavre, un tombeau ou une sépulture. Le cadavre est une personne décédée. Il n'est pas nécessaire qu'il soit inhumé. Le délit est constitué dès lors qu'il y a un acte de profanation ou de mutilation du cadavre. Le tombeau est l'édifice contenant les restes d'un mort ou monument élevé sur eux. La sépulture au sens étroit désigne le lieu de l'inhumation. La jurisprudence l'entend de façon assez large et la reconnaît dans le cercueil, même dans les simples apprêts funéraires[295].

B- L'acte de la violation de sépulture

La violation de sépulture résulte d'un acte matériel. Cependant, la jurisprudence situe la culpabilité non pas dans l'intention de l'agent mais dans le but objectif de cet acte.

L'acte matériel est une voie de fait. Il s'agit non seulement des atteintes matérielles portées aux tombes mais de tout acte qui tend directement à violer le respect dû aux morts[296]. L'acte peut atteindre directement le corps (soufflet, dissection). Mais il peut porter aussi à la fois sur le tombeau et le cadavre (exhumation) ou n'atteindre que les apprêts funéraires ou le tombeau ; ainsi il y a délit à retirer des fleurs entretenues sur une tombe ou l'inscription d'une couronne placée sur celle-ci[297], comme à retirer le drap mortuaire disposé sur un cercueil[298].

L'intention subjective est indifférente. Seul l'acte volontaire est punissable et il n'y a pas lieu de tenir compte du mobile. Aussi, il n'y a pas lieu de s'occuper de l'intention de l'agent ou du but qu'il s'est proposé[299]. Donc, commet le délit, le maire qui fait vider de leur contenu des cercueils exhumés par la réouverture quinquennale, bien

[295] Crim., 20 juin 1896, D., 97.1.29.
[296] Crim., 2 juin 1953, Bull. Crim. 188.
[297] Crim., 5 juillet 1884, D., 85.1.222 ; 8 février 1977, Bull. Crim. 52.
[298] Bourges, 9 décembre 1909, D., 1910.2.264.
[299] Crim., 5 juillet 1884, D., 85.1.222 ; 20 juin 1896, D., 97.1.29.

que ce maire n'ait agit ainsi que dans la croyance erronée qu'il avait le droit d'en prendre possession au nom de la commune[300].

Le but objectif de l'acte est par contre un élément constitutif du délit qui n'existe qu'autant que cet acte implique outrage envers le mort, manquement au respect dû à sa mémoire[301]. En combinant ces deux règles, on est bien amené à faire des nuances. Ainsi, un père divorcé commet l'infraction s'il exhume de nuit du caveau de son ex-femme et emporte, pour l'enterrer dans une autre tombe, le cadavre d'un enfant commun[302]. Mais la peine ne peut atteindre le grand-père qui, dans la pensée de lui assurer une sépulture définitive, fait exhumer et transporter le corps de son petit-fils[303]. D'autre part, si des paroles ne peuvent à elles seules constituées le délit, les propos accompagnant l'acte matériel permettent de dégager la signification de celui-ci et peuvent, à ce titre, être retenus pour caractériser l'infraction[304]. Mais lorsqu'il est autorisé par la loi, l'acte matériel ne constitue pas une violation de sépulture.

Les différentes infractions qui protègent contre les investigations ne suffisent pas à elles seules pour protéger la vie contre d'autres types de comportement tels les divulgations faites à des tiers.

En somme, le droit pénal tente de faire respecter la vie privée par des infractions pénales. Pour la plupart des infractions prévues, la vie privée est une finalité parmi d'autres. L'étude des éléments constitutifs des différentes incriminations conduit à une telle conclusion. Pour certains délits, tels que les délits de presse, la principale finalité est la protection de la vie privée. Pour d'autres délits, tels que la violation du secret professionnel, le délit de violation de domicile, le délit de violation de sépulture, la vie privée est une finalité parmi d'autres.

Ce qui est également intéressant dans ces incriminations, ce sont les peines. La violation de la vie privée en l'absence de faits justificatifs peut donner lieu à des peines d'amende allant jusqu'à cinq millions de francs, mais aussi des peines privatives de liberté pouvant

---

[300] Crim., 3 octobre 1862, D., 62.1447.
[301] Crim., 5 juillet 1884, D., 85.1.222 ; 20 juin 1896, D., 97.1.29.
[302] Trib. Corr.,Villefranche, 8 mars 1949, Gaz. Pal., 1949.1.227.
[303] Crim., 2 novembre 1934, DH , 1934.574.
[304] Crim., 22 août 1839, S., 39.1.928.

aller jusqu'à trois ans d'emprisonnement, ce qui est très dissuasif. Selon une remarque faite par Mme Delmas-Marty, ces dispositions pénales sont en pratique peu utilisées[305]. Aussi, ces infractions restent insuffisantes pour assurer la protection de la vie privée. En effet, la notion de vie privée que protège l'actuel droit pénal béninois est très limitée. Elle ne comprend pas les nouvelles techniques de captation de l'image et du son qui rendent plus subtiles les investigations dans la vie privée mais aussi les divulgations des faits de la vie privée à des tiers. Toutefois, si certaines atteintes à la vie privée ne sont pas pénalement punissables, elles peuvent l'être civilement devant les juridictions civiles. Dans bien des cas, les atteintes à la vie privée, punissables au pénal, sont également punissables au civil. Pour Mme Delmas Marty, c'est plutôt par la voie civile que l'essentiel de la protection de la vie privée est réalisée[306]. Il convient dès lors de se pencher sur les modes civiles de la protection de la vie privée.

[305] DELMAS-MARTY M., Les grands systèmes de politique criminelle, op. cit. p. 315.
[306] Ibidem.

Chapitre 2 : La protection de la vie privée par la jurisprudence civile

Depuis longtemps, le code civil s'est efforcé d'assurer le secret de la vie privée par une série de limitations. Il s'agit notamment de la limitation des vues sur la propriété de son voisin (article 675 à 680), de la publicité du contrat de mariage à l'existence de ce contrat (article 1394), l'interdiction de la reproduction par voie de presse des débats de l'instance en divorce (article 239), la restriction de l'exigence du certificat prénuptial à un mode d'information de chacun des futurs époux (article 63). Allant plus loin dans la limitation des droits des particuliers, la jurisprudence consacra un véritable droit au respect de la vie privée dont le domaine s'élargit de jour en jour. Des sanctions civiles sont prononcées à l'encontre des auteurs de la violation de ce droit. Toutefois, la recherche d'une définition de la notion civile de la vie privée demeure une tâche très délicate.

Section 1 : La recherche d'une définition civile de la vie privée

On ne trouve pas dans le code civil ou dans notre code des personnes et de la famille une définition de la notion civile de vie privée. On découvre néanmoins plusieurs tentatives de définition chez les auteurs relayées par la jurisprudence héritée du droit français.

Paragraphe 1er : Les tentatives doctrinales de définition

La doctrine définit la vie privée soit par énumération, soit par opposition à la vie publique.

A- La définition de la vie privée par opposition à la vie publique

Les auteurs sont très nombreux à définir la vie privée en l'opposant à la vie publique. Pour ces derniers, la vie publique n'a pas besoin d'une protection puisqu'elle s'adresse au public. Le Doyen Carbonnier affirme à ce propos que la référence faite à la vie privée marque très clairement que la vie publique reste en dehors de la protection légale[307]. Selon M. Badinter, le droit au respect de la vie privée est le droit de l'individu à une vie retirée et anonyme[308]. Le Doyen Carbonnier insiste sur les aspects de la tranquillité à laquelle l'individu a droit et écrit qu'il s'agit de demeurer inconnu, n'être pas épié, suivi, sollicité, questionné, dépeint, ne pas entendre prononcer son nom en public, ne pas voir divulguer sa biographie ou sa généalogie, l'état de sa fortune ou ses dettes, ne pas être comptable des actes de son existence quotidienne[309]. Pour les frères Mazeaud, chacun a le droit de garder secrète l'intimité de son existence, afin de ne pas être livré en pâture à la curiosité et à la malignité publique[310]. La vie privée doit être protégée contre les regards indiscrets par le secret. M. Strömholm dira à cet effet que le droit au respect de la vie privée est le droit pour une personne de mener sa propre existence avec le minimum d'ingérence extérieure[311]. La personne concernée peut, de son gré, autoriser une immixtion dans sa vie privée. M. l'avocat général Cabannes va souligner, dans ce sens, que les tiers ne peuvent en aucun cas s'immiscer dans la vie privée d'une personne sans l'aveu de l'intéressé lui-même[312]. Il apparaît donc que la vie privée, à l'opposée de la vie publique, est la sphère de son existence que la personne entend soustraire à la curiosité des tiers. Mais cette approche ne fera pas l'unanimité des auteurs. Selon M. Cabannes, elle aboutit à une opposition entre personne publique et personne privée et ne permet pas la solution à tous les problèmes[313]. M. Lindon dira aussi

---

[307] CARBONNIER J., Droit Civil, Introduction. P.U.F. Thémis, 24e éd., Paris, 2000, p. 342.

[308] BADINTER R., Le droit au respect de la vie privée. J.C.P., 1968. I.2136.

[309] CARBONNIER J., op. cit., p. 342.

[310] MAZEAUD Henri, Léon et Jean, Leçons de Droit Civil, Tome premier - deuxième volume, les Personnes, Montchrestien, Paris, 1972, p. 666.

[311] STRÖMHOLM S., cité par M. l'avocat général Cabannes dans sa conclusion générale sous Paris 15 mai 1970, D. 1970. J.466.

[312] Voir M. l'avocat général Cabannes dans sa conclusion générale sous Paris 15 mai 1970, D. 1970. J.468.

[313] Idem.

que cette opposition, si elle éclaire le problème, ne le résout pas[314]. La vie privée sera alors définie par rapport aux éléments qui en font partie.

B- La définition de la vie privée par énumération

Pour la doctrine favorable à la définition de la vie privée par énumération, la vie privée est une notion ayant un contenu essentiellement mouvant en raison de l'évolution des mœurs, des objectifs et des techniques de la presse[315]. Il convient de suivre cette évolution en incluant dans la vie privée les nouveaux aspects qui apparaissent. Pour M. Cabannes, la vie privée comprend les intérêts des autres membres de la famille, l'image de l'intéressé, l'intimité de sa vie familiale et amoureuse, sa fortune personnelle[316]. De même aussi pour Lindon, la vie privée comprend la vie familiale, notamment la filiation, le mariage, et éventuellement le ou les divorces ; elle comprend aussi la vie amoureuse, l'image, les ressources et les impôts ainsi que les loisirs, la santé, la vie professionnelle[317]. M. Hébaré va plus loin et considère que la vie privée comprend non seulement l'image, l'intimité, mais aussi l'honneur, la voix, le droit au nom, à l'honneur et à la réputation, à l'oubli et à la propre biographie[318]. Dans une étude plus récente, M. Terré et Mme Fenouillet font une énumération plus large en incluant dans la vie privée les données tenant à l'identité de la personne, à l'origine raciale, à la santé, au caractère, aux mœurs, à l'information génétique attachée à la personne ; les éléments intéressant la vie sentimentale, conjugale, extraconjugale, familiale, le domicile ou la résidence, la vie professionnelle, ainsi que le patrimoine[319]. M. Sossa se penche plutôt sur la notion de la liberté de vie privée et relève qu'une définition de cette notion serait approximative[320]. Pour cela, il se propose de la définir à partir de ses composantes que sont la liberté de mode de vie privée et la liberté de la sphère d'intimité. La liberté du mode de vie

---

314 LINDON R., La création prétorienne en matière de droits de la personnalité et son incidence sur la notion de famille. Dalloz, Paris, 1974, p. 15.

315 Voir M. l'avocat général Cabannes, op. cit., p. 469.

316 Ibidem.

317 LINDON R., op. cit., p.16.

318 HEBARE J.L., cité par M. Cabannes, op.cit., p. 468.

319 TERRE F. et FENOUILLET D., Droit Civil, les Personnes, la Famille, les Incapacités. Dalloz, Paris, 1996, p. 91.

320 SOSSA D.C., Introduction à l'étude du droit, première année sciences juridiques. FASJEP/UNB, année universitaire 2000-2001, document inédit, p. 89.

privée s'entend du droit pour chacun au respect du genre de vie personnelle qu'il s'est choisi. Quant à la liberté de la sphère d'intimité, elle comprend l'intimité de la vie privée et l'intimité de l'être humain, c'est-à-dire ce qui est lié à son essence, à l'essence de sa personnalité, tel que l'honneur, l'image et la voix[321].

A travers toutes ces énumérations, on découvre que les contours de la vie privée sont imprécis et qu'il est difficile de la définir. Devant cette difficulté, la jurisprudence adopte une attitude prudente et définit la vie privée soit par énumération, soit par opposition à la vie publique. On aboutit à une construction dans laquelle la vie privée varie d'une personne à l'autre selon les activités, l'espace et l'époque.

Paragraphe 2 : Les constructions jurisprudentielles

La détermination de ce qui relève de la vie privée a été l'œuvre de la jurisprudence qui procède au cas par cas. L'attitude du juge varie selon qu'il s'agit d'un personnage public ou des particuliers ordinaires. Animé d'un souci de concilier la liberté d'expression et le respect de la vie privée, il crée un domaine assez large de la vie privée des particuliers ordinaires alors que celui des personnages publics est plus réduit ; il se fonde en cela sur le droit de la société d'être informée sur la vie de ces derniers.

A- La vie privée des personnages publics

Les personnages publics sont des personnes connues du public.

Appartiennent à cette catégorie les hommes politiques, les personnages célèbres et les justiciables.

1- Les hommes politiques

Les hommes politiques sont ceux qui nous gouvernent. Ce sont des hommes dont la fonction exige qu'ils aient la confiance des citoyens dont ils sollicitent, par exemple, les suffrages lors des élections. Les citoyens ont le droit d'être informés sur certains aspects de leur vie afin de faire des choix éclairés. La presse y concourt en faisant des fouilles minutieuses dans leur vie. Dans bien des cas, ce

---

[321] SOSSA D.C., op.cit., p. 89-90.

devoir de la presse, d'informer les citoyens sur la vie de ceux qui les gouvernent, comporte des abus. Que ce soit dans ses loisirs, à son domicile et même dans sa vie conjugale, tous les faits et gestes de l'homme politique sont susceptibles d'être portés à la connaissance du public. Ainsi, la photographie du président français Pompidou prise alors qu'il se trouvait, dans ses loisirs, sur un bateau de plaisance a été publiée. Le Tribunal de grande instance de Paris a estimé que cette publication ne peut pas être considérée comme une atteinte à sa vie privée[322]. Il en est de même pour les événements de la vie familiale ; Karim Agha Khan, grande personnalité politique, a été photographié entouré de sa famille aux commandes d'un hors-bord qu'il pilotait. Le Tribunal de Paris considère que « la photo incriminée, qui le représente, n'est pas de nature à porter atteinte au respect de sa vie privée »[323]. La vie conjugale n'est pas non plus épargnée. Les divulgations des événements de la vie conjugale ont brisé la carrière de nombre de politiciens. On se souvient encore du feuilleton Lewinsky qui a failli provoquer la destitution de Bill Clinton aux Etats Unis ; toujours à propos de ce dernier, la presse avait publié l'interview d'une femme qui affirmait qu'elle avait été sa maîtresse pendant douze ans. Pour sauver sa carrière politique, le président Clinton a dû avouer les faits ; de plus, sa femme a déclaré en public que, malgré ce qui s'est passé entre son mari et celle qui affirmait avoir été sa maîtresse, elle l'aimait toujours. Au Bénin, où la polygamie fut la règle et la monogamie l'exception, on assiste très peu ou pas du tout à ce genre de divulgation par la presse.

A travers tous ces faits, nous assistons à une très grande limitation de l'intimité de la vie privée des hommes politiques. Cette limitation est encore plus grande pour ceux d'entre eux qui sont les plus influents : au président de la république et à ses ministres, la constitution du 11 décembre 1990 impose la déclaration de tous les biens à la chambre des comptes de la Cour Suprême[324]. Le document qui fait état de cette déclaration peut être consulté par tous les citoyens qui le désirent. La presse va plus loin et publie les enrichissements des hommes politiques. Cette ingérence est justifiée par la nécessité d'une gestion saine des finances publiques. L'état de santé des hommes politiques n'est pas exempte d'ingérence : en témoigne les

---

[322] TGI Paris, 4 avril 1970, JCP , 1970, II, 16328, note H. DUBOIS, Rev. trim. dr. com. 1971, p. 346.

[323] TGI Paris, 26 juin 1974, gaz. Pal., 1974, II, p. 901.

[324] Art. 52 de la constitution béninoise du 11 décembre 1990.

publications, par la presse, faisant état des bilans de santé que le chef de l'Etat effectue périodiquement en France.

Au regard de toutes ces limitations, doit-on conclure qu'au nom du droit à l'information des citoyens, les hommes politiques n'ont pas d'intimité? La Cour d'appel de Paris répond par la négative dans une décision du 20 février 1986 en affirmant que des révélations ne peuvent pas être faites sur l'intimité sexuelle d'un homme politique. En l'espèce, un journal avait révélé l'homosexualité d'un homme politique. La Cour de Paris a considéré cette révélation comme une atteinte à l'intimité de la vie privée[325].

En définitive, la vie privée des hommes politiques se limite à l'intimité sexuelle. Chez les personnages célèbres autres que les hommes politiques, l'accent mis par le juge sur le droit à l'information du public est relativement moins étendu ; ce qui donne lieu à un domaine plus étendu de la vie privée de ces derniers.

2- Les personnages célèbres

Dans cette catégorie, on peut regrouper les personnalités des affaires, les écrivains, les artistes du cinéma, de la chanson, du théâtre et du sport. Leurs activités suscitent un intérêt du public de connaître les aspects de leur vie privée qui ont trait à ces activités. Le droit à l'information du public porte essentiellement sur ces différents aspects. Les limitations apportées varient d'un personnage à l'autre.

Pour les personnalités des affaires, l'intérêt du public porte sur leur patrimoine. Le législateur français, par une loi du 24 juillet 1966 sur les sociétés commerciales, ainsi que la jurisprudence ont établi des cas particuliers pour lesquels les divulgations ne sauraient constituer des atteintes à l'intimité de la vie privée. La limitation légale vise à assurer la sécurité des affaires : l'art 356-1 de la loi précitée soumet à publicité l'acquisition faite par « une personne physique ou morale, agissant seule ou de concert ». Par cette mesure, le milieu des affaires est informé de ces acquisitions, ce qui permet d'éviter la prise de contrôle, par surprise, d'une société par quelqu'un ou par un groupe. Par cette mesure, la presse informe les citoyens de l'influence qu'une personnalité des affaires exerce sur la vie économique du pays lorsque

---

[325] Cour d'Appel de Paris, 20 février 1986, D. 1986, I.R. p. 447.

les acquisitions de parts sociales, par celui-ci, atteignent un certain seuil. La divulgation dans ce cas porte sur un élément du patrimoine. Qu'en est-il des divulgations portant sur tout le patrimoine ? La solution varie selon que la personne concernée a consenti ou non à cette divulgation. Si la personne consent à cette divulgation en acceptant de figurer sur les listes des personnes les plus riches que publie un journal, il ne se pose pas de problème majeur ; toutefois, les informations publiées doivent remplir certaines conditions : elles ne doivent pas porter sur la vie familiale et personnelle des personnes consentantes et ne doivent pas être obtenues de manière frauduleuse[326] ; elles ne doivent pas être inexactes, car il s'agirait là d'une altération de la personnalité des personnes concernées[327].

Si, par contre, une personne se trouvant sur ces listes n'a pas donné son consentement, il y a violation de son intimité[328]. Mais, après avoir admis cela dans un premier temps, la jurisprudence française a connu un revirement et considère désormais que de telles publications ne constituent ni une atteinte à la vie privée[329], ni une atteinte à l'intimité de celle-ci[330]. Dans son analyse de cette jurisprudence, le professeur Pierre Kayser fait observer que: « la divulgation du patrimoine attribué à ces personnes n'est pas la communication de pensée et d'opinion au sens de l'article 11 de la déclaration française des droits de l'homme et du citoyen »[331]. Abondant dans le même sens, nous pensons qu'une telle publication n'a aucun intérêt pour le public; de plus, elle expose les victimes aux regards malveillants des gens de mauvaise volonté. Il est plus impérieux d'assurer la sécurité de ces hommes que de fournir sur eux des informations au public qui feront d'eux des cibles privilégiées, ainsi que les membres de leurs familles, pour des enlèvements, des séquestrations et attentats terroristes.

---

[326] R. Lindon, note sous Paris, 1ère Ch. A, 15 janvier 1987, Kamp et Bich c/ société anonyme Groupe expansion, D. 1987, 236, 1ère colonne .

[327] Paris, 1ère Ch. A , 23 janvier 1989.

[328] Civ. 1, 31 mai 1988, Kamp c/ société anonyme Groupe expansion, cassant Paris, 1 Ch. A, 15 janvier 1987, D. 1988, I.R., 184 ; Bull. civ., I, n° 167, p. 115.

[329] Civ. 1, 20 novembre 1990, Bull., 1990, I, n°257, p.182 ; 29 mai 1991, D., 1992, 213, note P. Kayser ; JCP, 1992, II, 21845, note Fr. Ringel.

[330] Civ. 20 octobre 1993, société anonyme Groupe expansion c/ Bich et autre, Bull, 1993, I, n° 295, p. 203, observation J. Hauser, Rev. trim. dr. civ. 1994, 77, n° 5.

[331] KAYSER P., La protection de la vie privée par le droit. Economica et presse universitaire d'Aix-Marseille, 1995, p. 292.

En ce qui concerne les artistes, la soif du public de tout connaître de leur vie privée aiguillonne les investigations de la presse pour satisfaire cette curiosité, sans négliger aucun détail. Cette presse du « showbiz » ne s'embarrasse pas de savoir si les informations publiées causent ou non des souffrances à leurs victimes. Dans son souci de toujours concilier le droit du public à l'information et la protection de la vie privée, le juge reconnaît à la presse le droit à l'information tout en privilégiant davantage la protection de l'intimité de la vie privée de l'artiste. Une distinction est faite entre la vie publique de l'artiste et sa vie privée ; quand une information se rattache à la vie publique d'un artiste, elle peut être révélée au public. Si, par contre, l'information se rattache à la vie privée de l'artiste, elle ne saurait faire l'objet d'une publication par la presse sans le consentement de l'intéressé. Ainsi, une vedette de l'écran peut s'opposer «à ce que toute photographie de sa personne prise dans un lieu public en dehors de ses activités publiques, soit publiée sans son consentement exprès[332] ». Pour le professeur P. Kayser, la vie publique de l'artiste comprend aussi bien l'activité publique qu'il exerce que « l'aspect de sa personnalité dont son activité publique est l'expression »[333]. Cette distinction n'est pas toujours facile à déterminer ; par exemple, le Tribunal de grande instance de Paris a estimé que les obsèques du père d'un champion de tennis font partie de sa vie privée alors que, pour la Cour d'appel de Paris, ils font partie de sa vie publique[334]. Ce critère est en réalité un critère flou[335]. On ne doit pas cependant, en raison de cette difficulté, conclure que les artistes n'ont pas de vie privée. Pour les vedettes de la scène et de l'écran, la jurisprudence applique la décision suivante : une malformation, une maladie, la diminution physique par les séquelles d'un accident, le lieu tenu secret de la convalescence, la naissance d'un enfant naturel, les circonstances ayant accompagné un divorce suivi d'un remariage, la vie conjugale et extra - conjugale, l'attente d'une maternité, l'image d'une vedette sur son lit de mort ne peuvent faire l'objet de divulgation sans leur consentement exprès[336]. Mais une

---

[332] Trib. Gr. Inst. Seine, 3ème Ch., 24 novembre 1965, Dame Bardot c/ Société Beaverbrook, JCP ,1966, II, 14521. Paris, 27 février 1967, 7éme Ch., Société de presse Marcel Dassault c/ Dame Bardot, D., 1967, J, 45.

[333] KAYSER P., op. cit., p. 294.

[334] Paris 1ère Ch. B, 13 mars 1986, ici Paris c/ Noah, D., 1986, I.R. 445. Observation R. Lindon.

[335] LOLIES I., La protection pénale de la vie privée. Presse universitaire d'Aix Marseille, 1999, p. 53.

[336] Voir P. Kayser, op. cit. p. 294.

fois le consentement donné à un moment, l'artiste peut-il s'opposer par la suite à ce que de telles divulgations se poursuivent ? La Cour de cassation de Paris répond que : « la tolérance et même la complaisance passée d'une personne à l'égard de la presse ne saurait faire présumer qu'elle ait permis définitivement et sans restriction à tout périodique de rassembler et de reproduire des affirmations parues dans d'autres journaux[337] ». Il en est de même lorsqu'une personne s'est abstenue d'agir en justice contre l'auteur de la divulgation de sa vie privée[338], ou lorsqu'une personne divulgue les éléments de sa vie privée dans une publication dont elle est l'auteur[339].

3- Les personnes impliquées dans une procédure judiciaire

Cette catégorie regroupe toutes les personnes qui ont commis un acte criminel ou délictueux ou qui en sont accusées ou même soupçonnées. Contrairement aux vedettes, ces hommes n'ont pas recherché à être sur le devant de la scène ; s'ils se retrouvent au cœur de l'actualité, c'est souvent malgré eux. L'intérêt du public de connaître des faits relevant de leur vie privée est moindre; il trouve son fondement dans le principe de la publicité de la justice. Ce principe, contenu dans la Déclaration Universelle des Droits de l'Homme de 1948 et le Pacte International relatif aux droits civils et politiques a été aussi repris par notre constitution de 11 décembre 1990 et s'énonce comme suit : « toute personne accusée d'un acte délictueux est présumée innocente jusqu'à ce que sa culpabilité ait été légalement établie au cours d'un procès public». Conformément à ce principe, ceux qui assistent aux audiences entendent des révélations sur la vie privée des accusés. La presse prend le relais de ces divulgations en les mettant à la disposition d'un plus grand public. Cela ne se fait pas sans excès ; parallèlement au procès, certains journaux font parfois leurs propres enquêtes et donnent leur coupable ; parfois aussi la presse présente comme coupables des détenus que la justice innocente par la suite. Cet état de chose cause des nuisances dangereuses aux victimes. Pour éviter tout abus de la règle de la publicité de la justice et le droit à l'information, la jurisprudence fixe quelques limites. Ainsi, la presse doit éviter de présenter les affaires judiciaires d'une manière qui soit préjudiciable à l'une ou l'autre des

---

[337] 2ème Ch. Civ., 6 janvier 1971, Soc. Press-office c/ Gunther Sachs , D. 1971, J, 263. JCP, 1971, II, 16723.

[338] Civ. 1, 16 octobre 1984, Société V contre M. P.E., Bull. I, p. 228, n° 268.

[339] Civ. 2, 14 novembre 1975, D. 1976, J. 421.

parties ; elle doit aussi éviter de rassembler dans une nouvelle publication des morceaux épars, même si les faits sont déjà connus du public. On retrouve cette position dans les quelques affaires suivantes : dans son livre intitulé *Les écrous de la haine,* Michel Castillo relate l'histoire tragique d'une enseignante tombée amoureuse de son élève et qui, condamnée pour détournement de mineur, se suicida dans sa cellule. Ce livre dévoile en outre la vie privée du mineur et celle de ses parents en reprenant les articles de presse et de revue qui ont publié auparavant les faits. Pour la Cour de cassation de Paris, « la Cour d'appel, après avoir relevé que de très nombreux articles de presse et de revues avaient déjà été publiés sur les faits relatés dans le livre de Michel Castillo, ne s'est pas contredite et n'a pas permis l'exercice d'un droit de repentir en considérant que cet ouvrage constituait une atteinte à la vie privée des époux Rossi et de leur fils que son auteur avait réuni en une synthèse passionnée des renseignements épars dont le public n'a pas eu connaissance[340]. M. Gilles Perrault a commis la même erreur dans son livre intitulé *Le pull-over rouge* dans lequel il raconte l'affaire de M. R. qui fut condamné à mort pour le meurtre d'une petite fille, ainsi que le procès. Malgré la précaution qu'il prit de modifier l'identité des protagonistes, on parvient à reconnaître facilement les parents de la victime. La Cour d'appel de Paris a estimé « qu'en réalisant sans autorisation les scènes, les auteurs du film litigieux ont porté atteinte à l'intimité de la vie privée »[341] ; les faits sont pourtant bien connus du public. Un célèbre malfaiteur nommé Jacques Mesrine avait été le héros d'un film portant son nom. Sa compagne, qui est représentée dans le film à ses côtés, a demandé en justice la suppression des séquences la représentant. La Cour de cassation de Paris, qui fit droit à sa demande, considère que les dites séquences « demeurent privées » dans la mesure où elles dévoilent les aspects les plus intimes des relations amoureuses de Jacques Mesrine et de sa compagne, qu'elles sont relatives à la vie privée de cette dernière dès lors qu'elles la montrent « partiellement dénudée et couchée près de Mesrine ou bien évoquant son enfant »[342]. On trouve également la même démarche dans la jurisprudence de la Cour européenne des droits de l'homme[343].

[340] Civ, 18 mai 1972, JCP, 1972, II, 17209.
[341] Paris, 9 novembre 1979, D. 1981, J, P. 109.
[342] Civ. 1, 13 février 1985, Société G.R. Production et autres c/ Mme J., JCP, 1985, II, 20467.
[343] Voir CEDH, Arrêt Z. c. Finlande, Recueil 1997-1.

Pour les justiciables donc, l'intimité de la vie privée se limite à la vie familiale et à la vie sexuelle. Le droit du public à l'information ne saurait justifier une intrusion dans cette sphère.

B- La vie privée des particuliers

La vie privée des particuliers est plus étendue que celle des hommes connus du public. En premier lieu, toute la jurisprudence relative aux personnages publics peut être étendue aux particuliers[344]. On assiste ensuite à une adjonction de nouveaux éléments. Fait partie de la vie privée des particuliers tout ce qui affecte le corps à savoir la maladie, les infirmités, la mort et la dépouille mortelle. S'agissant de la maladie, le juge sanctionne toutes divulgations. Ainsi constitue une atteinte à la vie privée, la publication par un hebdomadaire d'informations sur l'état de santé d'un enfant ainsi que des photographies de cet enfant[345]. De même une malformation, une diminution physique par les séquelles d'un accident[346], d'une, intervention chirurgicale, le lieu tenu secret d'une convalescence[347] ne doivent pas faire l'objet de divulgation. Font également partie de la vie privée, la mort et la dépouille mortelle[348], les événements de la vie familiale tels que les disputes[349], la naissance d'un enfant naturel[350], la composition d'une famille, les méthodes d'éducation qu'un père applique à son fils mineur[351], la relation très secrète qu'une mère a avec son enfant né[352] ou à naître[353].

En ce qui concerne le patrimoine, aucun de ses éléments ne doit être divulgué : « ...tout ce qui a trait au patrimoine ou ressources d'un individu ou de sa famille devant être considéré comme se rattachant à sa vie privée...[354] ».

---

344 Paris, 27 février 1981, 4e Ch., B. Adjani c/ Journal l'Aurore, D. 1981, J. 457.
345 Civ., 12 juillet 1966, D. 1987, p. 181.
346 Civ. 1, 10 juin 1987, Bull. I, N° 191, p. 141.
347 Paris, 4e Ch. B., 26 juin 1896, Soc. Anon. Participation ouvrière Nice matin c/ Dame B., D. 1987, J. 136.
348 Trib. Civ. Seine, 16 Juin 1858, Félix c/ O'Connel, D. 1858.3.62.
349 T.G.I. Paris, 8 mai 1974, D.1974,J. p.531.
350 T.G.I. Paris, 7 nov. 1968, JCP 1968, II, N°15391.
351 T.G.I. Paris, 1er fév. 1989, D. 1990, 48.
352 T.G.I. Seine, 24 nov. 1965, Gaz. Pal., 1966, I, 57; JCP, 1966, II, N° 14421.
353 Paris, 5 juin 1979, JCP, 1980, II, N°19343.
354 T.G.I. Marseille, 29 septembre 1982, Pucciarelli c/ Rignetti, D. 1984,J, 64.

Certains aspects de la vie professionnelle font partie de la vie privée. Il s'agit notamment du fait de révéler la profession d'une personne[355], les propos tenus à l'encontre d'une personne par une autre personne travaillant avec celle-ci sur ses compétences professionnelles[356].

Les opinions politiques, religieuses, philosophiques relèvent également de la vie privée[357]. Constitue une atteinte à la vie privée le fait de diffuser l'origine israélite d'une personne[358]. La vie privée s'étend au domicile et à la correspondance : « toute divulgation de l'adresse du domicile ou de la résidence d'une personne sans le consentement de celle-ci constitue une atteinte illicite à la vie privée[359] ». Avec la méthode de la définition de la vie privée par énumération, on se trouve devant une liste sans fin des éléments de la vie privée. Cela montre que la jurisprudence civile n'a pas plus de facilité pour définir la vie privée. Mais en dépit de cette difficulté qu'il y a à définir la vie privée, la jurisprudence a dégagé des techniques pour en assurer la protection.

Section 2 : L'élaboration des techniques de protection

La jurisprudence civile a dégagé l'existence d'un droit subjectif à la vie privée. Sur le fondement de ce droit, une distinction est faite entre les atteintes ordinaires et les atteintes intolérables qui, en raison de leur gravité, amènent le juge à prendre les sanctions particulières qui s'imposent.

Paragraphe 1er : La reconnaissance d'un droit subjectif à la vie privée

La question de la reconnaissance d'un droit subjectif à la vie privée est une question délicate car la notion de droit subjectif est elle-même soumise à discussion ; l'application d'une telle notion à la vie privée de ce fait suscite des interrogations.

---

355 T.G.I. Paris, 2è fév. 1974, D. 1974, J . p. 530.
356 Lyon, 23 mars 1989, D. I.R. p. 134.
357 Voir la réserve que nous avons exprimée à ce propos au titre 1.
358 T.G.I. Paris, 6 nov. 1974, Gaz. Pal. 1975, I, p.180.
359 T.G.I. Paris, 2 juin 1976, D. 1977, J, p. 367.

A- La notion de droit subjectif

Il existe plusieurs approches de la notion de droit subjectif. On distingue une approche classique et une approche moderne ; aussi une tendance africaine tente de combiner les deux approches classiques et modernes.

1- L'approche classique de la notion de droit subjectif

L'approche classique de la notion de droit subjectif se fonde sur les éléments relevant de la réalisation du droit subjectif ; cette approche a été principalement l'œuvre de la doctrine allemande. Ces éléments sont la volonté et l'intérêt; ils ont donné lieu à deux courants entre lesquels un autre courant met l'accent sur la complémentarité, le vouloir et l'intérêt.

Selon les théories volontaristes, la volonté est l'élément essentiel, la cause efficiente du droit subjectif. Dans ce sens, M. Savigny définit le droit subjectif comme un pouvoir appartenant à la personne, un domaine où règne sa volonté et où elle règne avec notre accord[360]. Cependant, comme le relève M. Carbonnier, tous les pouvoirs ne sont pas des droits subjectifs. Pour que le pouvoir devienne un droit subjectif, il doit être garanti par l'Etat[361]. M. Windscheid, considéré comme le père de la théorie volontariste, écrit dans ce sens que le droit subjectif est une puissance de volonté ou un pouvoir de volonté accordé par l'ordre juridique[362]. La volonté n'est donc pas illimitée.

On peut reprocher à cette théorie le fait que la volonté n'est pas illimitée mais qu'elle dépend de la règle objective qui assigne à son pouvoir des bornes. Pour cela, d'autres auteurs, notamment M. Inhering, pensent que dans ces conditions, il convient plutôt d'insister sur les buts à atteindre. Selon lui, deux éléments constituent le principe du droit subjectif : l'un substantiel, dans lequel réside le but pratique du droit, et qui est l'utilité, l'avantage, le gain assuré par le droit ; l'autre formel qui se rapporte à ce but uniquement comme

[360] SAVIGNY (von) F. K., Traité de droit romain, traduit de l'allemand par Ch. GUENOUX, 8 vol. Ed. Firmin Didot, Tome 1, 1840, Paris, p. 7.
[361] CARBONNIER J., op. cit., p. 189.
[362] WINDSCHEID B., cité par DABIN J., Le droit subjectif. Dalloz, Paris, 1959, p. 57.

moyen, à savoir la protection du droit, l'action en justice[363]. Les droits subjectifs sont donc des intérêts juridiquement protégés.

Ici encore, on s'aperçoit que l'intérêt à lui seul ne suffit pas à expliquer la structure du droit subjectif. Certains ont donc soutenu qu'il faut combiner la volonté et l'intérêt dans une seule approche car, estiment-ils, la volonté sert à concrétiser le droit subjectif et l'intérêt en constitue le contenu[364]. Cette formule sera reprise ensuite par le doyen Nerson[365]. M. Michaud en déduit que le droit subjectif est l'intérêt d'un homme ou d'un groupe d'hommes juridiquement protégé au moyen de la puissance reconnue à une volonté de le représenter ou de le défendre[366]. Malgré leur divergence, les différentes théories de l'approche classique font appel soit à la volonté, soit à l'intérêt, soit à la volonté et l'intérêt à la fois. Les auteurs modernes vont tenter de dépasser cette distinction pour adopter une approche du droit subjectif distincte de la volonté et de l'intérêt.

2- L'approche moderne de la notion de droit subjectif

L'approche moderne définit le droit subjectif quant à son régime juridique. Il y a deux tendances qui s'appuient l'une sur la notion d'appartenance-maîtrise avec Jean Dabin et l'autre sur la notion de situation juridique avec Paul Roubier.

Selon M. Dabin, le droit subjectif « ...parait devoir se définir d'un mot, qui est un mot composé dévoilant les deux faces d'une même réalité : le droit subjectif est essentiellement appartenance-maîtrise, l'appartenance causant et déterminant la maîtrise[367] ». Il explique que l'appartenance était attribut de la chose reliée au sujet par le lien d'appartenance et que la maîtrise est l'attribut du sujet, relativement à

---

[363] INHERING (von) R., L'esprit du droit romain dans les diverses phases de son développement, traduit par O. de MEULENAERE, T4. Ed. Marescq, Paris, 1878, p. 326.
[364] IONESCU O., La notion de droit subjectif dans le droit privé. Thèse 1931, remise à jour 1978, Bruylant, Bruxelles, p. 125.
[365] Voir NERSON R., Les droits extrapatrimoniaux. Thèse Lyon, 1939. Ed. Bosc et Riou.
[366] MICHAUD L., La théorie de la personnalité morale et son application au droit français, L.G.D.J., Paris, 1906, p. 73.
[367] DABIN J., Le droit subjectif. Dalloz, Paris, 1952, p. 80.

la chose appartenant et, à ce titre, assujettie[368]. Selon le professeur Sossa, cette définition a incontestablement pour mérite de mettre en lumière l'appartenance comme principe de maîtrise, mais a l'inconvénient d'être trop large et de recouvrir des prérogatives qui ne sauraient être qualifiées de droits subjectifs[369]. A cet effet, M. Roubier va insister sur une définition fondée sur la notion de situation juridique. Il préconise un changement de terminologie et préfère parler de situation juridique plutôt que de droit[370]. Le droit subjectif est une prérogative appropriée que l'on peut transmettre ou à laquelle on peut renoncer. Mais, contrairement aux autres auteurs, il n'a fait que classer les droits subjectifs. Il n'a pas proposé une définition. La question de la définition de la notion de droit subjectif se trouve donc toujours posée.

Pour cela, la doctrine béninoise va se pencher sur la recherche d'une définition qui va combiner toutes les théories précédentes. Nous avons eu accès aux travaux des professeurs Sossa Dorothée et Gbaguidi Noël de l'Université d'Abomey Calavi. Pour M. Sossa, il s'agit de proposer une définition qui puisse reprendre tout ce que l'analyse de la structure du droit objectif a pu apporter[371] ; de même, M. Gbaguidi insiste sur la nécessité de trouver une définition qui mette l'accent sur les aspects du droit subjectif retenus comme essentiels[372]. En considération de cette préoccupation, M. Sossa écrit que « le droit subjectif est un pouvoir à objet déterminé s'inscrivant dans un rapport de droit entre deux sujets, le sujet actif et le sujet passif. Ce pouvoir est mis, par la règle de droit, à la disposition du sujet actif en vue de la satisfaction d'un intérêt[373] ». M. Gbaguidi insiste plutôt sur la notion de prérogative et définit le droit subjectif comme « une prérogative reconnue à une personne, par le droit objectif, pour la satisfaction d'un intérêt personnel[374] ».

On se rend bien compte que la notion de droit subjectif est une notion complexe qu'il est difficile de cerner. Cependant, malgré sa

---

368 DABIN J., op. cit., p. 87.
369 SOSSA D.C., op. cit., p. 52.
370 ROUBIER P., Droits subjectifs et situations juridiques. Collection Philosophie du droit n°8, Dalloz, Paris, 1963, p. 80.
371 SOSSA D.C., op. cit., p. 52.
372 GBAGUIDI A.N., Introduction à l'étude du droit, première année sciences juridiques, FADESP/UAC, année universitaire 2003-2004, document inédit, p. 67.
373 SOSSA D.C., idem.
374 GBAGUIDI A.N, op. cit. p. 68.

complexité, il sera reconnu à chacun un droit subjectif au respect de la vie privée.

B- La question de la reconnaissance d'un droit subjectif à la vie privée

La question de la reconnaissance d'un droit subjectif à la vie privée est restée très controversée. Une grande partie de la doctrine a admis l'existence d'un tel droit alors que d'autres auteurs l'ont catégoriquement rejeté.

1- La reconnaissance d'un droit subjectif à la vie privée

La doctrine favorable à la reconnaissance d'un droit subjectif au respect de la vie privée fonde l'existence de ce droit sur l'intérêt que possède toute personne à sauvegarder le secret de sa vie privée. M. Martin écrit dans ce sens que « si un tel droit existe, il peut comporter des prérogatives telles qu'elles permettent d'organiser préventivement la protection du secret, ce qui est impossible en dehors de cette hypothèse. En second lieu, si un tel droit existe, il suffit d'en constater la violation pour qu'une réparation soit due, de préférence en nature[375] » ; en d'autres termes, la reconnaissance d'un droit subjectif à la vie privée permet de prévenir les atteintes à la vie privée si elle n'a pas encore lieu et aussi de faire cesser les atteintes déjà commises. M. Kayser considère, dans le même sens, que l'intérêt que possède tout particulier au secret de sa vie privée est érigé en droit subjectif, quand il reconnaît à ce particulier un pouvoir déterminé, à l'effet d'en assurer la protection[376]. La victime d'une atteinte à la vie privée n'aura plus à prouver l'existence d'un préjudice, même moral, ni une faute de l'auteur de l'atteinte. M. Badinter va faire remarquer que la protection de la vie privée, fondée au départ sur le principe de la responsabilité civile délictuelle, s'en est peu à peu dégagée pour conduire à

---

[375] MARTIN L., Le secret de la vie privée. In RTD Civ. 1959, p. 223.

[376] KAYSER P., Mélanges offerts à Renée SAVATIER. Le secret de la vie privée et la jurisprudence civile, Faculté de Droit et de Sciences Economiques de Poitiers, Dalloz 1965, p. 408.

l'affirmation d'un véritable droit subjectif[377]. La vie privée, érigée en droit subjectif, est ainsi sanctionnée par l'action en justice qui permet d'en assurer le respect.

Pour une partie de la doctrine cependant, on ne peut parler d'un droit subjectif à la vie privée. A ce sujet, M. Rigaux a publié un travail remarquable dans lequel il réfute l'idée d'un droit subjectif à la vie privée. Selon lui, il est nocif de parler de droit subjectif à la vie privée[378]. En dépit des critiques, la thèse de la reconnaissance d'un droit subjectif à la vie privée a survécue et a été consacrée en France par une loi du 17 juillet 1970. Cette loi a introduit dans le code civil français un article 9 consacré au droit au respect de la vie privée. M. Delmas-Marty écrira alors que le droit à la vie privée est un droit subjectif inscrit dans le code civil[379]. Le droit ainsi reconnu a des composantes qui permettent de le cerner.

2- Les composantes du droit au respect de la vie privée

Le droit au respect de la vie privée confère à son titulaire la prérogative que sa vie privée ne soit pas l'objet de divulgation ni d'investigation sans son consentement.

S'agissant du droit de non divulgation des faits de la vie privée, il est apparu à propos des lettres missives. La jurisprudence décide que le destinataire d'une lettre ne peut en divulguer le contenu sans le consentement de la personne que le secret concerne. Cette obligation s'étend aux successeurs du destinataire, ses ayant cause à titre particulier, acquéreurs ou légataires de la lettre, et à toutes les personnes qui ont la possession ou la détention de la lettre[380]. Si le secret de la lettre concerne son destinataire, c'est sur son auteur que pèsera l'obligation de ne pas la divulguer sans le consentement de

---

[377] BADINTER R., Le droit au respect de la vie privée. Cité par AGOSTINELLI X. dans : Le droit à l'information face à la protection civile de la vie privée. Thèse, Librairie de l'Université, Aix-en-Provence, 1994, p. 125.

[378] Voir RIGAUX F., La protection de la vie privée et des autres biens de la personnalité. Bibliothèque de la Faculté de Droit de l'Université Catholique de Louvain, Tome XX, 1990, p. 762.

[379] Mme DELMAS-MARTY M. et M. de LEYSSAC C.L. : Libertés et droits fondamentaux, éditions du Seuil, Paris, 1996, p. 12.

[380] Voir GENY F., Des Droits sur les Lettres Missives, cité par KAYSER P. : Le secret de la vie privée et la jurisprudence civile, in Mélanges René SAVATIER, Dalloz, Paris, 1965, p. 409.

celui-ci. Lorsque le secret de la lettre concerne un tiers, c'est sur l'auteur et le destinataire de la lettre que pèse l'obligation de ne pas en divulguer le contenu sans l'autorisation du tiers concerné[381]. Ce droit a été par la suite étendu à l'image d'une personne. La jurisprudence décide également que le peintre qui refuse de livrer un portrait ne peut en faire un usage quelconque avant d'en avoir modifié l'aspect, de manière à le rendre méconnaissable.[382] De même, la photographie d'une personne ne peut être publiée sans le consentement préalable de la personne représentée[383]. En vertu de ces décisions, une personne peut donc s'opposer à la publication de son portrait ou de sa photographie sans son consentement. Peu importe le mobile légitime qu'ils pourraient invoquer[384]. Pour les personnes publiques, ce droit comporte des limites qui ont été étudiées précédemment. L'évolution s'étend encore aux éléments de la vie privée. La jurisprudence décide que les éléments de la vie privée d'une personne ne peuvent être divulgués sans son autorisation expresse et non équivoque[385].

Au terme de cette évolution, la jurisprudence consacre le droit pour l'individu de s'opposer à la publication de ses lettres, de son image et des événements de sa vie privée. De telles publications sont, pour la plupart, précédées d'investigations contre lesquelles la jurisprudence protège également.

Il s'agit là d'un droit qui est surtout reconnu dans les rapports entre particuliers. Il signifie que les lettres d'une personne ne peuvent être ouvertes sans son consentement ; que la réalisation de son image ne peut être faite sans son autorisation et que, d'une manière générale, aucun fait de sa vie privée ne peut être l'objet d'une recherche sans son autorisation préalable[386]. A propos des personnes décédées, la question s'était posée de savoir si le consentement est nécessaire et, dans ce cas, qui pourrait le donner. La jurisprudence décide que le consentement est toujours nécessaire et que, pour les personnes décédées, c'est à leur famille qu'il revient de le donner. Nul ne peut, sans le consentement formel de la famille, reproduire et livrer à la

---

381 Idem.
382 Civ., 14 mars 1900, D., 1900.1.712.
383 Trib. Com. Seine, 12 mai 1934, Gaz. Pal.1934.2.238.
384 CARBONNIER J., Droit Civil, tome 1, Introduction. Les personnes, 10e éd., PUF, Paris, 1974, p. 309.
385 Paris, 16 mars 1955, D.1955.295.
386 KAYSER P. op. cit.

publicité les traits d'une personne sur son lit de mort[387]. Le droit de la personne sur son image suscite une autre interrogation. En fait, un photographe ou un cinéaste qui, en photographiant ou en filmant une rue ou une place, prend par surprise la vue d'une personne se trouvant dans cette rue à son insu, porte-il atteinte à son droit à l'image ? Pour répondre à cette question, il faut, selon M. Fougerol, distinguer les cas, selon que l'image de la personne est ou non l'objet voulu du cliché. Lorsque l'image prise est l'objet voulu du cliché, il y atteinte à sa vie privée ; même si la personne se trouve sur une rue, un place ou un lieu public, son image voulue ne peut pas être réalisée sans son autorisation. Par contre, si l'image prise n'est pas l'objet voulu du cliché, il n'y a pas atteinte à sa vie privée. L'image étant l'objet involontaire et accessoire du cliché, la liberté de prendre l'image d'une rue, d'un site ou d'une place publique implique la liberté de prendre accessoirement l'image des personnes qui s'y trouvent[388]. Aussi un photographe filmeur qui prend, dans la rue, la photo d'un passant contre son gré pour le lui vendre par la suite porte-t-il atteinte à sa vie privée ? La Cour de cassation et le conseil d'Etat se sont prononcés sur la question et ont décidé que le pouvoir de police du maire lui permet de réglementer l'exercice de la profession de photographe filmeur, en l'interdisant à certaines heures ou dans certaines rues, sans toutefois l'interdire purement et simplement ou le soumettre à des conditions restrictives proches de l'interdiction car, ce faisant, il porte atteinte à la liberté du commerce et de l'industrie[389]. Dans le domaine des rapports entre l'Etat et les particuliers, la puissance publique possède des prérogatives énormes d'investigation dans plusieurs domaines tels que la justice, la santé, la sécurité sociale, la sûreté de l'Etat. On voit couramment à la télévision la police montrer des délinquants présumés, arrêtés en flagrant délit et présentés au public. Cette prérogative de la puissance publique rend compte du fait que le droit, pour une personne, de s'opposer à l'ouverture de ses lettres, à la réalisation de son image ou à des recherches de faits relevant de sa vie privée, admet quelques limites pour des besoins d'intérêt public.

La jurisprudence a vraiment innové en reconnaissant à la personne un droit au respect de la vie privée. Elle est allée plus loin en

---

[387] Trib. Seine, 16 juin 1858, précité.

[388] Voir FOUGEROL H., La Figure Humaine et le Droit. Thèse, Paris, 1913.

[389] Crim., 2 février 1955, D. 1955.275 ; Crim., 9 février 1955, D. 1955.276 ; CE 22 juin 1951, D.1951.589.

décidant que chacun est fondé à obtenir réparation en cas de violation de son droit au respect de la vie privée.

Paragraphe 2 : Les sanctions des atteintes à la vie privée

Pour sanctionner les atteintes à la vie privée, le juge fait recours au droit commun de la responsabilité civile. Mais lorsque les atteintes revêtent les caractères d'immixtions intolérables dans la vie privée, il prend les mesures conservatoires que requiert l'urgence.

A- La prise de mesures conservatoires d'urgence

Le juge des référés est l'organe qui a compétence pour prendre des mesures d'urgence en cas d'atteintes intolérables à la vie privée.

1- Le juge des référés face aux atteintes intolérables à la vie privée

La procédure des référés est réglementée par les articles 806 à 811 du code de procédure civile. L'article 807 institue le président du Tribunal de première instance juge de référés. Au terme de l'article 806, il est compétent toutes les fois qu'il y a urgence. Il y a urgence toutes les fois qu'un retard dans la décision à intervenir risque de mettre en péril les intérêts d'une des parties[390]. Dans l'affaire SARL France Editions et Publications contre veuve Gérard Philipe[391], la jurisprudence décide que le péril existe en cas d'immixtions intolérables dans la vie privée. En l'espèce, l'hebdomadaire France Dimanche, édité par société France Editions et Publications publia, sous le titre « Le fils de Gérard Philipe transporté d'urgence à l'hôpital », plusieurs photographies du jeune Olivier Philipe âgé de neuf ans, l'une d'elles représentant l'enfant sur son lit d'hôpital, le visage a demi dissimulé, plusieurs photographies de ses parents et un article sur son état de santé. Des affiches portant la photographie de l'enfant et de son père furent apposées pour favoriser la vente de l'hebdomadaire. Le juge des référés, saisi aux fins d'ordonner la saisie immédiate de tous les exemplaires incriminés dudit journal, constate que la reproduction, dans un but purement commercial, de clichés non autorisés, et l'indication de renseignements sur l'état de santé du

[390] Paris, 3 mai 1917, D.P. 1917.2.113.
[391] Civ., 12 juillet 1966 D., 1966. J.181.

mineur et sur les soins dont il était l'objet constituent une immixtion intolérable dans la vie privée de la famille Philipe. La Cour de cassation décide que « par ses constatations et énonciations, les juges des référés qui, sous réserve de l'appréciation des juges de fond, avait le pouvoir de limiter le dommage dans toute la mesure du possible... ». En novembre 1966, la Cour d'Appel de Paris a relevé que « c'est à tort que le juge des référés ordonne la saisie de tous les exemplaires d'un numéro du périodique consacré à la vie privée du mari d'une vedette de cinéma dont il reproduit la photographie, alors que les faits racontés ont, depuis plusieurs années et de nombreuses fois, été publiés, que ledit périodique reproduit même textuellement, en différents endroits, ce qui a été écrit au sujet de ce personnage dans ces articles en diverses occasions, que certains de ceux-ci s'accompagnent de photographies qui n'ont pu être prises qu'avec son consentement, que ce personnage a d'ailleurs mené un genre de vie qui, par sa singularité et la publicité dont il s'entourait, attirait l'attention du public alors que les circonstances dans lesquelles, a été portée à sa vie privée, une atteinte qu'il a longtemps tolérée, quand il ne l'a pas provoquée, ne confère pas à la saisie qu'il demande le caractère d'urgence qui autorisait l'intervention du juge des référés »[392].

Pour déterminer quand le juge des référés est compétent, il est fait une distinction entre les immixtions ordinaires et les immixtions intolérables. Seules les immixtions intolérables autorisent l'intervention du juge des référés qui peut prendre les mesures d'urgence qui s'imposent.

2- Les mesures visant à faire empêcher ou à faire cesser les atteintes à la vie privée

Dans l'arrêt précité du 1er juillet 1966, la Cour de cassation admet que le juge des référés, sous réserve de l'appréciation des juges de fond, avait le pouvoir de limiter le dommage dans toute la mesure du possible par la saisie immédiate de tous les exemplaires incriminés du journal, ainsi que celle des affiches exposées en public pour annoncer le numéro.

[392] Paris, 15 novembre 1966, D., 1966.J.181.

Pour empêcher ou faire cesser les atteintes à la vie privée, le juge des référés peut ordonner la saisie des publications en cause. Cette mesure, on s'aperçoit, limite considérablement la jouissance de plusieurs droits de l'homme - et pas des moindres - le droit à l'information, la liberté de pensée, la liberté d'expression, reconnus dans les textes internationaux relatifs au droits de l'homme et la constitution du 11 décembre 1990 ainsi que les différents textes nationaux sur la liberté de la presse. Tel que l'a relevé M. Cabannes, nous nous trouvons ici au point de jonction de deux droits traditionnellement inviolables : le droit à la liberté d'expression qui a trouvé sa plus parfaite application dans notre législation consacrant la liberté de la presse, et le droit au respect de la vie privée, c'est-à-dire le droit de chacun à la paix et à la tranquillité[393].

Pour concilier le respect des principes démocratiques qui gouvernent le droit de la presse et le respect de la vie privée des personnes, la jurisprudence fait valoir que le droit à l'information n'est pas absolu. Il a été dans ce sens jugé que « si le droit à la liberté d'expression est certain, il n'est pas sans limite et ne peut s'exercer qu'à la condition de ne pas porter atteinte au droit au respect de la vie privée, c'est-à-dire au droit d'une personne d'être libre de mener sa propre existence comme elle l'entend, avec le minimum d'ingérences extérieures. C'est ainsi que doivent en particulier être mis à l'abri de toute atteinte le droit au nom, à l'image, à la voix, à l'honneur et à la réputation, à l'oubli et à sa propre biographie. La liberté de presse et le droit du public à l'information qui en est le corollaire ne saurait justifier, même pour satisfaire une clientèle de plus en plus avide d'informations sensationnelles ou dans un esprit de lucre, des atteintes de plus en plus fréquentes au droit de chacun à la paix et à la tranquillité[394] ». Cette jurisprudence est intéressante à plusieurs points de vue et permet entre autres de déterminer le contenu du droit au respect de la vie privée. Elle apporte au principe de la liberté de la presse une limitation qui n'est pas prévue par les textes. P. Kayser affirme à ce propos qu'elle est hardie[395].

En général, l'atteinte à la vie privée constitue une faute qui engage la responsabilité de son auteur.

---

[393] Voir conclusion de M. l'avocat général Cabannes sous Paris 15 mai 1970, D, 1970.J.466.
[394] Paris, 15 mai 1970, précité.
[395] KAYSER P., op. cit. p. 210.

B- Le droit à réparation des atteintes à la vie privée

La jurisprudence considère que celui qui pose des actes d'investigation ou de divulgation de la vie privée commet une faute qui cause préjudice à la victime et que cette faute engage la responsabilité civile de son auteur. Le droit à réparation ainsi reconnu se fonde sur le principe de la responsabilité civile de l'article 1382 aux termes duquel « tout fait quelconque de l'homme, qui cause dommage à autrui, oblige celui par la faute duquel il est arrivé, à le réparer ». La faute commise et le préjudice qui en résulte appellent quelques clarifications.

1- La faute

La faute résulte de l'accomplissement d'une action, ou d'une omission, illicites et imputables à son auteur[396]. Elle comporte la violation d'un devoir ou d'une obligation juridique, considérée comme élément objectif, et l'imputabilité de cette violation à son auteur considéré comme élément subjectif. La faute se caractérise par le manquement à un devoir légal. Dans le domaine de la vie privée, la faute peut consister en une erreur de conduite[397]. On distingue la faute contractuelle et la faute délictuelle.

La faute est pour la plupart délictuelle. Dans le cas d'une lettre, celui qui publie une lettre commet une faute par manquement à son obligation de garder le secret, de même aussi celui qui publie l'image ainsi que les faits de la vie privée d'une personne[398]. Pour la jurisprudence, la faute de l'auteur de la violation de la vie privée provient de l'absence de consentement de la victime ; c'est ce que les juges ont fait dans l'affaire S.A. La France Continue et dame de Montfort contre Trintignant. En fait, M. Jean-Louis Trintignant avait donné son accord au journal « Ici Paris » de publier sa vie professionnelle. A cette fin, il a laissé prendre des photographies à son domicile par un photographe du journal qui accompagnait le reporter et a accepté de répondre aux questions du journaliste venu l'interviewer, en sachant que le récit qu'il faisait serait publié. Allant au-delà de l'accord donné par Trintignant, le journal publie un article

[396] Voir VINEY G., Traité de droit Civil, les Obligations, la Responsabilité. L.G.D.J. Paris, 1982, p. 530 et svts.
[397] TUNC A., La Responsabilité Civile. Cité par Kayser P., op. cit. p. 226.
[398] Voir KAYSER P., Le secret de la vie privée et la jurisprudence civile, op.cit.p.412.

qui fait état de ses liaisons avec Brigitte Bardot alors qu'il a manifesté son opposition à fournir au journaliste le moindre ragot susceptible d'allécher ses lecteurs sur ces prétendues liaisons. Tout en relevant qu'il n'y avait ni malveillance ni intention de nuire, les juges ont retenu néanmoins que la faute de la Société La France Continue et dame de Montfort était établie[399]. Dans l'affaire Société France Edition et Publication conte Epoux Tenenbaum, les juges ont également retenu que, dès lors que la Société France Edition et Publication ne justifiait pas avoir obtenu une autorisation expresse et spéciale de l'intéressé pour faire paraître l'article litigieux, leur responsabilité était engagée, qu'il importait peu que certains renseignements ou clichés eussent été antérieurement divulgués dans la presse[400].

Cette technique permet à la jurisprudence de censurer l'utilisation du scandale par la presse. Les juges sont également attentifs à la violation des engagements pris. La faute est contractuelle lorsque l'auteur de l'atteinte à la vie privée n'a pas tenu l'engagement qu'il a pris vis-à-vis de la victime. Dans l'affaire dite SCI Rhône-Isère contre Simonin, la jurisprudence décide qu'une société immobilière qui remet, à des acheteurs de pavillons, des documents publicitaires attirant leur attention sur la sauvegarde de leur intimité, commet une faute contractuelle lorsque le centre commercial de ces pavillons comporte un hôtel de plusieurs étages avec des vues plongeantes sur les pavillons[401]. De même, l'auteur d'un livre qui a promis de supprimer, dans les éditions ultérieures de ce livre, les atteintes au droit au respect de la vie privée, ne tient pas sa promesse lorsqu'il publie chez un autre éditeur le même livre sous un autre nom. Il a été jugé ainsi que « constitue une faute dont un écrivain doit réparation, le fait de n'avoir pas exécuté l'obligation qu'il avait contractée plus de vingt ans auparavant, à la suite d'une transaction avec les héritiers d'un industriel célèbre dont il avait raconté la vie, transaction suivant laquelle il s'engageait à supprimer plusieurs passages offensants pour cette famille[402] ». En l'espèce, un auteur du nom de Sylvain Reiner avait publié, en 1954, un livre sur l'industriel français André Citroën intitulé « La Tragédie d'André Citroën » publié aux éditions Amiot-Dumont. La famille de André Citroën estima que ce livre contenait

---

[399] Paris, 17 mars 1966, précité.
[400] Paris, 15 mai 1966, précité.
[401] Civ. 23 janvier 1979, D.1980. J.412.
[402] Paris, 24 juin 1980, D.1980. J.583.

des passages malveillants et intenta une action judiciaire contre l'auteur et l'éditeur. Le Tribunal de la Seine disait, dans son jugement du 22 juin 1955, qu'en écrivant et publiant le livre et en mettant en cause en des termes malveillants Mme veuve Citroën, Reiner et les éditions Amiot-Dumont avaient causé à cette dernière et ses héritiers un préjudice dont ils devaient conjointement et solidairement réparation. Indépendamment d'une indemnité à fixer après expertise, interdiction leur était faite de continuer à mettre en vente aucun exemplaire contenant les passages malveillants précisés par le jugement. En cause d'Appel, une transaction intervint aux termes de laquelle l'auteur s'engageait à supprimer, dans toutes les éditions ultérieures de son ouvrage, toute une série de passages qu'il encadrait et signait sur un exemplaire du livre. Vingt ans plus tard en 1977, le même auteur faisait paraître chez un autre éditeur, les éditions Olivier Orban, le même ouvrage, à ceci près qu'il ne reproduit pas les parties concernant une personne qui, dans la première mouture du livre, était présenté comme l'amie d'André Citroën. La veuve Citroën étant décédée dans l'intervalle, les enfants d'André Citroën engagèrent un nouveau procès. Les éditions Olivier Orban demandaient leur mise hors de cause en faisant valoir qu'elles étaient étrangères à la convention visée. La Cour d'Appel non seulement condamne l'auteur pour violation d'engagements clairs et précis, mais condamne aussi les éditions Olivier Orban pour imprudence et négligence fautive ; l'éditeur se trouve lui aussi lié par l'engagement de l'auteur vis-à-vis de la famille Citroën. De même, le directeur d'une publication qui, saisi des protestations d'un artiste dont la vie privée a été divulguée par cette publication, prend à son égard l'engagement de donner à ses collaborateurs l'instruction de ne pas dépasser certaines limites et ne tient pas cet engagement, commet une faute qui tient sa source dans l'engagement qu'il a pris[403]. Qu'elle soit contractuelle ou délictuelle, la faute cause préjudice à la victime.

2- Le préjudice

Il y a d'une part la nature du préjudice et d'autre part sa réparation. Le préjudice subi par la victime d'une atteinte à la vie privée peut être souvent moral. Il résulte de l'atteinte au sentiment de pudeur à l'égard de la vie privée, dans la souffrance causée par sa

[403] Civ., 7 juillet 1971, Bull. civ. II. 177.

divulgation ou l'investigation dans celle-ci[404]. Le préjudice allégué doit être prouvé[405]. Il arrive que des atteintes à la vie privée entraînent des préjudices qui s'enchaînent; dans ces cas, les atteintes à la vie privée d'une personne causent des dommages moraux à d'autres personnes, notamment les parents d'un mineur ou le conjoint d'une personne victime d'atteinte à la vie privée. La jurisprudence reconnaît aux parents le droit de se prévaloir du dommage moral causé par l'atteinte à la vie privée de leur enfant mineur[406]. Dans deux arrêts rendus le 26 novembre 1975, la Cour de cassation a rejeté le pourvoi formé contre deux arrêts de la Cour d'appel de Paris qui ont retenu l'atteinte à la vie privée d'une femme mariée à une atteinte à la vie privée de son mari. En fait, le journal hebdomadaire français « Minute » avait publié un article intitulé « le ténébreux accident de Jean Seberg » et sous titré « le père de son enfant était-il une panthère noire ? » ; cet article est assorti d'une photographie montée de M. Romain Gary qui, à l'époque des fait relatés, était le mari de Mme Jean Seberg. Celle-ci avait alors assigné la société éditrice de l'hebdomadaire en dommages intérêts, invoquant à la fois une diffamation publique et une atteinte au respect dû à sa vie privée. M. Romain Gary avait assigné de son côté en faisant valoir, outre le grief de diffamation, celui d'une atteinte au respect dû à sa vie privée et respect au droit qu'il avait sur son effigie. La Cour d'appel a accordé à l'un et à l'autre des dommages intérêt en relevant « une atteinte incontestable au respect dû à sa vie privée de Romain Gary, dès lors qu'il se répandait en détail sur la conduite prétendue de Jean Seberg qui, en réalité, était encore la femme de Romain Gary à la date de cet article[407] ».

L'atteinte au droit au respect de la vie privée peut être source d'un préjudice matériel ; c'est le cas notamment lorsque la victime a subordonné l'autorisation de divulguer sa vie privée ou de publier son image à une contrepartie pécuniaire[408]. En réparation du dommage causé par les atteintes à la vie privée, la jurisprudence condamne les auteurs des atteintes à verser aux victimes des dommages et intérêts. Ces dommages et intérêts ont une double fonction réparatrice et compensatoire. Les dommages et intérêts alloués assurent une

---

[404] KAYSER P., op. cit .p. 227.
[405] Trib. Corr. de Grasse, 8 février 1950, D.1950.702.
[406] Civ., 18 mai 1972, J.C.P.1972. II.17209.
[407] Civ., 26 novembre 1975, D.1975. J.33.
[408] KAYSER P., op. cit. p. 22.

fonction compensatrice surtout à l'égard du dommage moral. On assiste dans ce sens à des condamnations au franc symbolique qui ont un caractère satisfactoire pour la victime[409]. Dans d'autres cas, le montant des dommages est parfois élevé en rapport avec l'étendue du préjudice[410]. Les tribunaux, s'ils sont aptes à allouer des dommages et intérêts, sont très attentifs à son quantum et ont tendance à réduire considérablement les montants de dommages et intérêts demandés par la partie civile : « Attendu que si la demande est régulière en la forme, elle paraît exagérée en son quantum qu'il y a lieu de la ramener dans la juste proportion. Attendu que le Tribunal dispose d'élément d'appréciation sérieux pour la fixer à cent mille (100 000) francs cfa[411] ». Parfois, ils n'hésitent pas cependant à allouer des montants élevés[412].

En plus des condamnations pécuniaires, les tribunaux ordonnent la publication de la décision de justice qui fait état de l'atteinte à la vie privée aux frais de l'auteur de l'atteinte : « ...condamne le sieur X. à publier à ses frais la présente décision dans les colonnes de la Nation, Tam-Tam Express, l'observateur, la Gazette du Golfe[413]... ». La publication peut porter sur la décision entière ou sur un extrait de celle-ci, le plus souvent le dispositif.

En l'absence donc d'une disposition législative spécifique sur la vie privée, la jurisprudence civile héritée du droit français s'est efforcée d'assurer une protection de celle-ci en reconnaissant à toute personne un droit au respect de sa vie privée dont la violation peut donner lieu à des sanctions civiles.

Le 17 juillet 1970, par la loi n° 70-643 sur la protection de la vie privée, le législateur français a consacré cette jurisprudence. Au delà d'une simple consécration de la jurisprudence existante, la loi du 17 juillet 1970 est allée plus loin en instituant des infractions spécifiques d'atteinte à l'intimité de la vie privée. Huit années plus tard, une nouvelle loi, la loi n° 78-17 du 6 janvier 1978, protège les personnes contre les atteintes à la vie privée liées à l'informatique. Mais, compte tenu du fait que le Bénin a eu son indépendance en 1960, ces réformes

---

409 Voir jugement n° 97/B du TPI de Cotonou du 19 mars 1996, document inédit.
410 TPI de Cotonou , jugement n° 33/B, précité.
411 TPI Cotonou, Jugement N°295/B du 2 juin 1989, annexe.
412 TPI Cotonou, Jugement N° 47/E3 du 11 juin 1998, annexe.
413 TPI Cotonou, Jugement ADD N° 3291/E1 du 15 juillet 1994, annexe.

législatives ne sont pas applicables au Bénin de plein droit sauf si le législateur béninois les rend expressément applicables. Il faudra attendre la période du renouveau démocratique à partir de 1990 pour que le législateur béninois commence par intégrer dans notre droit positif cette réforme, par la mise en œuvre progressive d'une protection spécifique de la vie privée. Mais d'ores et déjà, certaines questions subsistent encore : peut on éviter le mimétisme des solutions et occidentales ? Quels peuvent être les apports de l'Afrique par rapport à la vie privée ? La vie privée permettra-t-elle de limiter la subordination de l'individu au règne du marché ? Selon quelles stratégies ? C'est à l'aune de ces interrogations que nous allons alors examiner les perspectives d'améliorations que la réforme en cours pourra apporter à la protection existante.

Deuxième partie : Les perspectives d'amélioration de la protection en droit béninois

Aujourd'hui, au Bénin, comme dans les années 1970 en Occident, le recours aux techniques audio-visuelles les plus performantes est de plus en plus répandu. Il en est de même de l'utilisation de l'informatique qui gagne les régions les plus reculées du pays. L'utilisation de ces technologies, de jour en jour plus performantes, expose l'individu à des investigations et des divulgations effectuées à son insu par des services de renseignements tant publics que privés. De nouvelles mesures de protection de la vie privée au Bénin deviennent une nécessité et, pour répondre à cette exigence, une proposition de loi - qu'il convient de saluer - tente de mettre en œuvre une protection pénale spécifique contre l'espionnage audio-visuel de la vie privée. Elle sera sans doute suivie d'une autre proposition qui aura pour objet la protection contre les atteintes à la vie privée liées à l'utilisation de l'informatique.

Titre 1 : La protection spécifique de la vie privée contre l'espionnage audio-visuel

Des appareils divers permettent de capter ou d'enregistrer les paroles ou l'image d'une personne à son insu, quand bien même elle s'imaginerait se trouver à l'abri de telles atteintes, dans les murs de son domicile. Cette forme d'espionnage, que l'on peut appeler audio-visuel, soumettrait l'homme à des inquisitions de plus en plus redoutables si le législateur ne prend pas des mesures d'ordre répressif pour les empêcher. Dans ce sens, l'Assemblée nationale examine à l'heure actuelle une proposition de loi portant sur un nouveau code pénal. Dans la section 2 consacrée aux atteintes à la vie privée, faux témoignage, calomnie, injure, révélation de secret, la protection pénale de la vie privée s'enrichit de nouveaux délits d'atteinte spécifique à la vie privée avec cinq nouveaux articles, notamment les articles 405, 406, 407, 408 et 409. Il s'agit du délit d'atteinte à l'intimité de la vie privée, d'une part par l'espionnage audio-visuel dans la vie privée, d'autre part par l'exploitation du produit issu de cet espionnage. Sans avoir la prétention de se substituer au pouvoir législatif, nous allons tenter de dégager les grandes lignes de cette réforme, à la lumière de l'expérience de pays parmi lesquels la France, qui a déjà adopté de telles réformes.

Chapitre 1 : Les atteintes à l'intimité de la vie privée par la captation de la parole et de l'image

L'article 405 du projet de nouveau code pénal punit « quiconque aura volontairement porté atteinte à l'intimité de la vie privée : 1° en écoutant, en enregistrant ou transmettant au moyen d'un appareil quelconque des paroles prononcées dans un lieu privé par une personne sans le consentement de celle-ci ;

2° en fixant ou transmettant au moyen d'un appareil quelconque l'image d'une personne se trouvant dans un lieu privé sans le consentement de celle-ci ».

Pour que le délit soit constitué, il faudrait ainsi la réunion d'éléments objectifs et d'éléments subjectifs.

Section 1 : Les éléments objectifs

La captation de l'image et du son comporte, comme éléments objectifs, l'acte répréhensible qui est confiné dans le cadre du périmètre étroit du lieu privé.

Paragraphe 1er : L'acte répréhensible

L'acte répréhensible concerne l'atteinte à l'intimité de la vie privée et la captation.

A- L'atteinte à l'intimité de la vie privée

Il convient d'abord de cerner ce que recouvre la notion pénale d'atteinte à l'intimité de la vie privée. Ensuite, il faudra déterminer quel est son statut.

1- La notion pénale d'intimité de la vie privée

Selon l'article 32 de la loi 60-12, « La vérité des faits diffamatoires doit toujours être prouvée sauf [...] lorsque l'imputation concerne la vie privée de la personne ». Dans le projet de loi précité, le législateur parle de l'intimité de la vie privée. Ces deux expressions recouvrent-elles le même contenu ?

En utilisant distinctement les expressions «vie privée» et « intimité de la vie privée », le législateur ne leur donne certainement pas le même contenu ; on est du moins porté à cette conclusion en toute logique: l'expression « intimité de la vie privée » évoque une sphère restreinte de la vie privée. Ce n'est pas toute la vie privée qui est protégée mais une partie de celle-ci. Pour des auteurs tels que R. Badinter, aussi relative s'affirme-t-elle, la vie privée comporte en tout état de cause un noyau irréductible, une zone d'intimité qui appelle une protection absolue[414]. Si l'on se réfère à la décision des juridictions civiles, on pourrait retenir que l'intimité de la vie privée a trait aux immixtions et divulgations intolérables de celle-ci. Elle concerne notamment la vie sentimentale, la vie conjugale et familiale[415]. Lorsque le but poursuivi est une activité publique, il n'y a donc pas atteinte à l'intimité de la vie privée. Ainsi celui qui capte l'image ou la parole d'un homme occupé à animer une réunion politique ne commet pas de délit. De même, les réunions syndicales, sportives, culturelles, les assemblées générales des sociétés, ne font pas partie de la vie privée, encore moins de l'intimité de la vie privée. Elles se déroulent selon un ordre du jour porté à la connaissance des participants. Les paroles prononcées, les opinions émises au cours de ces réunions sont publiques. Les organisateurs peuvent aussi décider de les filmer soit pour leurs archives, soit pour les publier selon les modes de fonctionnement connus de tous les membres.

En définitive, toute atteinte à la vie privée ne constitue pas une atteinte à l'intimité de celle-ci. C'est selon leur gravité que les atteintes à la vie privée constituent des atteintes à son intimité. Le

---

[414] BADINTER R., Le droit et l'écoute électronique en droit français. Publications de la Faculté de Droit et de Sciences Politiques et Economiques d'Amiens, n°1, 1971-1972, p. 21.

[415] Voir LOLLIES I., op. cit. p. 39 ; LEVASSEUR, La protection pénale de la vie privée, in Etudes offertes à Pierre Kayser, Tome 1, PUAM, p. 114 ; CHAVANNE : les atteintes à l'intimité de la vie privée au sens de l'article 368 du code pénal, in Les actes du 8e congrès de l'Association de droit pénal, Economica, 1985, p.24.

législateur entend donc lutter contre les atteintes particulièrement graves à la vie privée par des mesures plus énergiques. Mais la question reste posée de savoir si l'atteinte à la vie privée est une simple redondance ou une condition de réalisation de l'infraction.

2- Le statut de l'atteinte à la vie privée

La question du statut de l'atteinte à l'intimité de la vie privée n'a pas fait l'unanimité au sein des auteurs. Pour certains, il s'agit d'une simple redondance. Pour d'autres par contre, il s'agit d'une condition de réalisation de l'infraction.

Pour ceux qui pensent que l'atteinte à l'intimité de la vie privée est une condition accessoire, surprendre par des moyens non manuels mais techniques, et sans le consentement de l'intéressé, une manifestation manuelle ou orale qui s'est produite dans un lieu privé, constitue en soi une atteinte à l'intimité de la vie privée[416]. La référence à l'atteinte à l'intimité de la vie privée serait simplement une manière de nommer l'infraction nouvelle[417]. La qualification des faits est indépendante du contenu de la conversation, le délit étant parfait dès l'instant où commence l'écoute[418]. Cette approche du statut de l'atteinte à l'intimité de la vie privée n'est pas très convaincante. En effet, elle est assez large et ouvre la porte à des abus. Toutes les captations ne donnent pas lieu à une atteinte à l'intimité de la vie privée. On ne peut pas dire que, chaque fois qu'il y a captation d'images ou de son, il y ait atteinte à l'intimité de la vie privée.

Pour que l'atteinte à l'intimité de la vie privée soit réalisée, il faut que la captation de l'image ou du son produise un résultat. Il doit y avoir d'abord une atteinte à l'intimité de la vie privée[419]. Raymond Gassin affirme à ce propos qu'il est impossible de porter atteinte à l'intimité de la vie privée en employant d'autres moyens que ceux qui sont incriminés. Mais à l'inverse, le simple emploi des moyens prohibés ne suffit pas à constituer le délit : encore faut-il que l'usage

[416] Propos de BECOURT D., cité par LOLIES I., op.,cit. p. 69.
[417] DECOQ A., Rapport sur le secret de la vie privée en droit français, Travaux de l'Association Henri Capitant, Journées libanaises, 1974, Tome 15, p. 479.
[418] M. Doucet cité par LOLIES I., op.,cit. p. 69.
[419] CHAVANNE A., Les atteintes à l'intimité de la vie privée au sens de l'article 368 du code pénal, op. cit. 24.

de ces moyens ait porté atteinte à l'intimité de la vie privée[420]. Pour M. Levasseur, cette exigence ne fait pas de doute car elle contribue à limiter les domaines d'intervention répressive aux indiscrétions les moins tolérables[421].

Cette interprétation apparaît comme la plus adaptée au texte. Elle conduira le juge à examiner les circonstances dans lesquelles les captations d'images et de paroles ont été réalisées. Lorsque la captation porte sur l'image, il conviendra d'analyser en quoi la scène fixée porte atteinte à l'intimité de la vie privée. Lorsqu'il s'agit de la captation de parole, il faudra alors examiner en quoi les propos recueillis portent atteinte à l'intimité de la vie privée. Le juge sera plus précis en sanctionnant les atteintes effectives et non les atteintes éventuelles à la vie privée.

Les moyens utilisés pour la perpétuation de l'infraction sont également pris en compte.

B- La captation de l'image et du son

La captation délictueuse a pour objet la parole et l'image d'une personne. Le législateur a pour objectif de prémunir les individus contre les modes d'espionnage de la vie privée, rendus plus subtils par les développements techniques. En érigeant en infraction des captations de paroles et d'images d'une personne, réalisées au moyen d'appareils quelconques, le législateur n'a pas en vue les modes traditionnels d'espionnage de la vie privée.

1- La captation des paroles

Les éléments constitutifs de la captation des paroles énumérés par le législateur sont l'écoute, l'enregistrement et la transmission.

Par la captation, se trouve sanctionnée l'indiscrétion d'une personne qui surprend les conversations d'autrui ou qui intercepte la conversation entre deux personnes. Il y a souvent des situations dans lesquelles, au cours d'une conversation téléphonique, l'un des interlocuteurs capte les propos de l'autre à son insu. Pour la majorité

---

420 GASSIN R., Atteintes à la vie privée. Rép. Dalloz Pénal, 1974, paragraphe 63, p. 5.
421 LEVASSEUR G., La protection pénale de la vie privée, op. cit. p. 113 et svts.

de la doctrine, le fait d'être le destinataire de la parole captée est indifférent. M. Lindon soutient que le délit est consommé « dès lors qu'il s'agit de l'enregistrement d'une conversation téléphonique à l'insu de l'autre[422] ». Pour Gassin, « le doute n'est plus permis, il est interdit à quiconque, personne privée ou chef d'entreprise, sous peine de sanction pénale, d'enregistrer à son insu, les propos tenus par autrui…[423] ». De même, M. Badinter considère qu'il y a captation de parole lorsqu'une « personne plus habile que vertueuse, […] par de tels procédés entendait se prémunir contre la légèreté d'un jeune homme aussi prompt à promettre le mariage qu'enclin à s'y dérober …[424]».

A l'opposé de cette doctrine, M. Kayser soutient que l'incrimination a pour but de protéger des interlocuteurs contre la captation par un tiers, au moyen d'un appareil, d'une conversation relative à l'intimité de leur vie privée et n'incrimine par suite que l'atteinte portée à l'intimité de la vie privée d'autrui[425]. M. Lolies considère le point de vue de Kayser comme le plus juste car la personne qui capte les propos de son interlocuteur ne fait qu'enregistrer des faits qu'elle connaît déjà[426].

Nous pensons qu'être destinataire d'un message n'autorise pas de le capter à l'insu de l'autre qui n'a pas exprimé le désir de voir ses propos enregistrés. Par ailleurs, la question se pose de savoir si le policier qui se cache dans un placard, pour écouter une conversation tenue dans la même pièce, pour constater un délit et en réunir les preuves, commet une captation. Certes, il a entendu la conversation tenue dans la pièce mais il a écouté avec ses oreilles et non au moyen d'un appareil. Le fait d'écouter aux portes ne constitue pas une captation[427]. Aussi la question se pose de savoir si on peut parler de captation de parole quand son auteur procède avec l'accord d'un des interlocuteurs. Ainsi par exemple, deux bonnes amies se téléphonant, l'une d'entre elles passe l'écouteur à une troisième. On admet que l'infraction existe dans ce cas du moins si les propos ont trait à

[422] LINON R., op. cit, paragraphe 15.
[423] GASSIN R., op. cit., paragraphe 30.
[424] BADINTER R., op. cit., n° 22.
[425] KAYSER P., op. cit., p. 283.
[426] LOLIES I., op. cit., p. 87.
[427] Voir LOLIES I., op. cit. p. 88; KAYSER P., op. cit., p. 282.

l'intimité de la vie privée de l'amie écoutée[428]. Par le terme « captation », on désigne le fait de surprendre les paroles d'autrui en se servant d'un appareil.

Quant au terme « parole », il désigne les propos échangés entre les personnes. Il désigne aussi d'autres formes d'expression orale de la personne telles que les cris de douleurs, les soupirs. Ces formes d'expression orale expriment ce que la personne ressent mais ne peuvent pas être considérées comme « parole » au sens du délit. Pour Lolies, le terme « parole » doit être interprété de façon restrictive et se limiter au seuls propos échangés entre personnes. M. Becourt propose, par contre, une interprétation plus large et souligne que la notion de parole peut s'étendre aux autres formes d'expression orale de la personnalité[429]. Gassin souligne que les cris de douleur et les soupirs peuvent être considérés comme des paroles car ils expriment tout autant, sinon mieux que les propos, les émotions et les sentiments[430]. Nous pensons que ce point de vue est plus juste et que le terme de parole doit être entendu au sens large, pour prendre en compte tous les sons qui expriment les émotions et les sentiments des personnes.

2- La captation d'image

La captation d'image suppose qu'il y ait fixation ou transmission de l'image d'une personne au moyen d'un appareil quelconque.

On parle de « fixation d'image » lorsqu'une image est fixée de façon instantanée. La loi exige l'utilisation de procédés quelconques. Se trouvent donc exclus du champ d'application de la loi la filature et le simple voyeurisme. De même, est également exclue, la fixation d'image par dessin ou peinture. Il faut qu'il y ait utilisation d'appareils tels que l'appareil photo, la caméra, le téléobjectif... Cette restriction, qui ne prend pas en compte les formes traditionnelles d'espionnage visuel, est très préjudiciable à l'individu dont on cherche à protéger l'intimité. La victime d'une filature est suivie, de jour comme de nuit, pendant des jours, voire des années, pour connaître ses faits et gestes dans les moindres détails. Avec une jumelle ou une longue vue, on peut surprendre l'intimité de quelqu'un de loin. Ces situations

---

[428] KAYSER P., op. cit., p. 283.

[429] BECOURT D., Réflexions sur le projet de loi relatif à la protection de la vie privée. Gaz. Pal. 1970, doctrine, p. 203.

[430] GASSIN R., op. cit., paragraphe 31.

présentent autant sinon plus de danger pour l'intimité de la vie privée que les procédés incriminés.

La notion d'image se réfère à l'image d'une personne vivante ou morte[431]. Il faut que cela concerne l'image d'une personne. Les images des animaux ou des choses appartenant à la personne ou à son cadre de vie ne sont pas concernées. Toutes ces images renseignent quand même sur l'intimité de la personne. La présence d'un vêtement féminin dans l'appartement d'un célibataire peut révéler qu'il a soit une liaison ou qu'il vit en vagabondage. La présence d'un animal peut révéler que son propriétaire souffre de solitude et qu'il cherche dans la présence de l'animal un compagnon. Ces images, comme le souligne Mme. Lolies, dévoilent la vie intime[432]. Pour cela, il conviendrait d'étendre la protection à toute image révélatrice ou susceptible de révéler l'intimité de la vie privée.

Le lieu où se trouve la victime de la captation a, de toute manière, une importance déterminante sur le déclenchement de la poursuite.

Paragraphe 2e : Le lieu privé

La loi protège l'intimité de la vie privée d'autrui contre les captations de la parole et de l'image d'une personne se trouvant dans un lieu privé. La notion de lieu privé, assez délicate en soi, restreint considérablement la protection voulue.

A- La notion de lieu privé

La définition de la notion de lieu privé a fait l'objet de deux tendances doctrinales qui ont donné naissance à une conception objective et à une conception subjective du lieu privé.

1- La conception subjective du lieu privé

La conception subjective du lieu privé se fonde sur une définition négative de celle-ci par opposition au lieu public. Au sens de la loi 60-12 sur les délits de presse, le lieu public est un endroit ouvert à tous sans permission de quiconque. A l'inverse, le lieu privé

[431] GASSIN R., op. cit., paragraphe 35.
[432] Voir LOLIES I., op. cit., p. 105.

est celui où les tiers n'ont pas accès sans l'autorisation de l'intéressé[433]. Le lieu privé n'est pas ouvert à tous. Pour y accéder il faut une autorisation.

Tout en insistant sur le consentement comme condition d'accès au lieu privé, certains auteurs le définissent de façon très étroite. Ainsi, pour M. Becourt, le lieu privé devrait désigner tout endroit clos, inaccessible au regard de l'extérieur et où l'autorisation d'entrer peut être donnée par celui-là seul qui a la propriété, l'utilisation ou la jouissance[434] du lieu. Cette définition insiste sur le fait que l'intérieur du local ne peut être perçu de l'extérieur à l'oeil nu. Alors, les personnes indiscrètes qui pourraient prendre des photos à partir d'un lieu public d'une rue surplombant une propriété, ou d'un arbre dans un jardin public, ne seront pas punies. Une autre définition étroite du lieu privé est celle de M. Chavanne : le lieu privé est ce qui sert de cadre à la vie privée, celui où il est légitime que les tiers n'aient pas accès sans le consentement de l'intéressé[435]. Or, il existe des lieux servant de cadre à la vie professionnelle qui sont des lieux privés. C'est le cas de la section d'une pharmacie où le public n'est pas admis, ainsi que la partie de cette pharmacie où le public est admis en dehors des heures d'ouverture ; de même aussi la cantine où les ouvriers d'une usine prennent leur repas, un foyer de jeunes travailleurs, la cour d'une prison sont des lieux privés en raison de l'utilisation qui en est faite[436].

M. Ravanas propose, pour cette raison, une définition plus large. Selon lui, « il faut admettre que le lieu privé n'est pas ouvert à tous, son accès étant subordonné à l'autorisation de l'intéressé. » Cette condition nécessaire est, semble-t-il, suffisante : même si l'intérieur d'un local peut être perçu de l'extérieur, à l'œil nu, même s'il ne sert pas de cadre à la vie privé, il est un lieu privé dès lors que son accès dépend du consentement de celui qui l'occupe[437] ». Pour ces auteurs, il est nécessaire de définir le lieu privé par rapport au consentement de la personne concernée. D'autres procéderont en sens inverse.

---

[433] DECOCQ A., op. cit., p. 476.
[434] BECOURT D., op. cit. p. 202.
[435] CHAVANNE A., op. cit., p. 613.
[436] Voir KAYSER P., op. cit., p. 285.
[437] RAVANAS J., La protection des personnes contre la réalisation et la publication de leur image. JGDJ, Paris, 1978, p. 521 ; voir aussi KAYSER P., op. cit., p. 285.

2- La conception objective du lieu privé

La conception objective du lieu privé est totalement opposée à la conception subjective du lieu privé. Elle se fonde principalement sur l'énumération des lieux publics faite par la loi. Il s'agit des stades, jardins, rues, mairies… ; tout endroit autre que ces lieux publics est privé. Pour M. Badinter, les lieux privés étant par nature les seuls à abriter l'intimité de la vie privée, ils doivent seuls bénéficier de la protection légale[438].

Cette conception, fondée sur une liste limitative des endroits publics, n'est pas réaliste. Un lieu public par nature peut devenir privé du fait de son utilisation. Un lieu peut être public à un moment et devenir privé l'instant d'après. Reprenons l'exemple de la partie de la pharmacie où le public est admis. Pendant les heures d'ouverture, ces endroits sont des lieux publics. Aux heures de fermeture, ils deviennent des lieux privés. Aux heures d'ouverture comme de fermeture, les parties de la pharmacie où le public n'a pas accès sont des lieux privés. Qu'il s'agisse de la conception objective ou de la conception subjective du lieu privé, on remarque que la référence au lieu privé a un caractère restrictif.

B- Le caractère trop restrictif de la référence au lieu privé

Pour constituer le délit d'atteinte à l'intimité de la vie privé, les actes de captation doivent avoir pour objet des paroles prononcées dans un lieu privé ou l'image d'une personne se trouvant dans un lieu privé. Cette condition limite la protection, qu'il s'agisse de la captation de la parole ou de l'image.

1- Les limites en ce qui concerne la parole

La parole peut se rapporter à l'intimité de la vie privée, qu'elle soit prononcée en public ou en privé. En limitant la protection à la parole prononcée en privé, on exclut du champ d'application de la loi les paroles tenues en public qui peuvent, dès lors, être captées impunément. Beaucoup d'auteurs ont relevé cette limitation.

---

[438] BADINTER R., op. cit., n° 19.

M. Becourt note que « les propos tenus…, procèdent de la liberté d'expression, c'est-à-dire d'un comportement psychologique subjectif, indépendant du lieu où ils s'expriment : une conversation confidentielle peut parfaitement être échangée dans un lieu public[439] ». M. Pradel donne un avis similaire et affirme que « s'agissant de l'espionnage par audition, l'application du critère objectif est plus malaisé. Son adoption aboutirait en effet à ne pas réprimer la captation de propos tenus sur une place publique[440] ». M. Kayser pense que ce choix est regrettable car une atteinte à l'intimité peut être réalisée par l'écoute, l'enregistrement et la transmission, au moyen d'un appareil, de paroles prononcées en privé dans un lieu public[441]. M. Pradel propose à cet effet de s'en tenir non pas à la nature du lieu mais à la nature des paroles prononcées. Ainsi peut-on remplacer l'expression « paroles prononcées dans un lieu privé » par « paroles prononcées à titre privé ou confidentiel ». Il faut entendre par « paroles prononcées à titre privé ou confidentiel » des paroles que l'on échange à voie basse pour ne pas être entendu[442]. Lorsqu'elle est prononcée à titre privé ou confidentiel, la parole n'est pas destinée à tout le monde ; des précautions sont prises pour que seuls les destinataires l'entendent normalement.

2- Les limites en ce qui concerne l'image

Il y a des situations dans lesquelles la personne se trouvant dans un lieu public ne souhaite pas que les images des actes intimes qu'elle pose soient fixées. Tout comme la parole, une scène de la vie privée peut se dérouler dans un lieu public ; celui qui fixerait une telle scène échapperait à toute répression. Tout au plus la victime pourrait-elle intenter une action civile. Comme le souligne M. Kayser, cela est regrettable car une atteinte à la vie privée peut se réaliser par la fixation d'images d'une personne se trouvant dans un lieu public[443]. Il est nécessaire de tenir compte des circonstances dans lesquelles la captation de l'image se fait, de la personnalité de l'individu ainsi que des différentes possibilités d'atteinte à la vie privée. M. Lolies propose

---

[439] BECOURT D., op. cit., p. 202.

[440] PRADEL J., Les dispositions de la loi n° 70 643 relative à la protection de la vie privée. D.1971, Doctrine, p. 114.

[441] KAYSER P., op. cit., p. 284.

[442] LOLIES I., op. cit., p. 93 ; voir aussi LEVASSEUR G., La protection de la personne, de l'image et de la vie privée. Gaz. Pal., 1994, II, Doctrine, p. 997.

[443] KAYSER P., op. cit., p. 284.

de supprimer l'expression « lieu privé » pour la remplacer par celle « se trouvant en tout lieu[444] ». Réprimer la fixation de l'image d'une personne se trouvant en tout lieu paraît cependant excessif. Il appartiendra au juge de faire une application souple de la notion de lieu privé en recherchant, dans la psychologie de la personne victime de la captation, dans les faits matériels qui ont entouré cette captation, une appréciation ''in concreto'' de la notion de lieu privé.

Le délit de captation de la parole et de l'image d'une personne se trouvant dans un lieu privé suppose aussi l'existence d'éléments subjectifs.

Section 2 : Les éléments subjectifs

La loi punit quiconque aura volontairement porté atteinte à l'intimité de la vie privée d'autrui sans le consentement de celui-ci. Les éléments subjectifs du délit concernent donc l'intention délictueuse de l'auteur de l'acte répréhensible et l'absence du consentement de la victime.

Paragraphe 1er : L'intention délictueuse de l'auteur de l'acte répréhensible

L'intention délictueuse résulte de la captation faite volontairement. Le mobile de l'acte n'est pas pris en compte. Peut importe que son auteur ait en vue d'en tirer profit ou non. Seul compte son intention. Mais que recouvre la notion d'intention ? S'agit-il de la volonté de violer l'intimité de la vie privée ou de la seule conscience de commettre un acte illicite ? Les auteurs qui se sont penchés sur la question ont formulé des points de vues divergents.

A- L'intention délictueuse comme volonté de commettre un acte illicite

L'intention implique seulement un dol général entendu comme la conscience de commettre un acte illicite. En se référant au régime très sévère qui s'applique en matière de diffamation, certains auteurs font peser une présomption de mauvaise foi sur les personnes qui se livrent à des actes de captation de l'image et de la parole d'autrui ; il

---

444 LOLIES I., op. cit., p.106.

s'agit d'élargir le champ d'application de la loi afin de permettre de protéger efficacement la vie privée. M. Becourt soutient qu'il est préférable de s'en tenir à la simple constatation matérielle de l'atteinte d'où se déduit la violation de l'intimité de la vie privée car, en réalité, on voit mal l'intérêt d'introduire dans la définition d'un délit le but que se proposerait son auteur... Il appartiendrait à l'auteur des agissements de s'exonérer de la présomption qui pèse sur lui en apportant la preuve qu'il n'y a pas eu violation de l'intimité[445]. M. Decocq pense de la même manière et dit qu'il faut entendre par là que l'agent doit avoir conscience de commettre une indiscrétion sur le vif, même s'il n'opère pas à cette fin[446]. De même aussi, M. Levasseur écrit qu'il n'est pas nécessaire que cette atteinte ait constitué le but des agissements reprochés[447]. M. Badinter considère que l'intention délictueuse réside dans la conscience qu'a l'auteur de l'acte de commettre celui-ci, avec toutes ses conséquences éventuelles. Peu importe que l'espionnage ait une fin politique, sentimentale ou commerciale[448]. Il pense que, dans chaque enregistrement, il y a risque de violer l'intimité d'autrui. Il convient de prévenir ce risque en élargissant la répression. Celui qui capte les paroles ou l'image d'une personne sait qu'il prend un risque. Supposons que le centre national des œuvres universitaires installe, dans les cabines des étudiants résidant sur le campus, un poste de contrôle lui permettant d'enregistrer les communications reçues ou émanant de la cabine des étudiants résidents et que, grâce à ce dispositif, il surprenne les secrets de la vie privée des étudiants résidents. Si on adopte l'interprétation large de l'intention, on pourrait soutenir qu'en installant un dispositif d'écoute, le centre des oeuvres a délibérément entrepris de surprendre les secrets d'autrui et partant, ceux de la vie privée. En faisant cela, on serait dans l'excès de penser que toute écoute téléphonique, dès lors qu'elle est clandestine, est punissable.

En ce qui concerne l'image, supposons la situation suivante : une caméra de vidéosurveillance installée pour filmer les entrées et les sorties d'une maison qui débouche sur la rue, est orientée de manière à filmer les scènes qui se déroulent dans l'appartement d'une maison voisine. En recourant à l'interprétation large de l'intention, on pourrait

---

[445] BECOURT D., op. cit., p. 203.
[446] DECOCQ A., op. cit., p. 476.
[447] LEVASSEUR G., La protection pénale de la vie privée, op. cit. p. 116.
[448] BADINTER R., La protection de la vie privée contre l'écoute électronique clandestine, JCP, 1971, doctrine, n° 2435, paragraphe n° 21.

dire que la fixation de l'image d'une personne se trouvant dans un lieu privé sans son consentement est répréhensible. L'intention consisterait dans le seul fait de capter l'image d'autrui. On poursuivrait une personne qui, en voulant prendre la photographie de la maison qu'il a loué pour en garder un souvenir, surprend son bailleur dans une position intime. Le locataire n'a pas recherché à capter l'image du propriétaire ; si cela s'est fait, c'est de façon purement accidentelle. De même aussi, on peut chercher à enregistrer les conversations téléphoniques qu'on a avec quelqu'un pour en conserver des traces, sans aucune intention de surprendre les secrets de la vie privée de cette personne. Dans ces situations, le fait de surprendre les secrets de l'intimité de la vie privée serait purement accidentel.

Ainsi, comme l'écrit M. Lolies, ne concevoir l'intention que comme la seule conscience de commettre un acte illicite, a pour effet de sanctionner toute personne, quel que soit le but dans lequel l'indiscrétion a été faite[449]. Il est nécessaire qu'en plus de la volonté de commettre un acte illicite, l'intention délictueuse soit comprise comme volonté de violer l'intimité de la vie privée.

B- L'intention délictueuse comme volonté de violer l'intimité de la vie privée

La majorité de la doctrine considère l'intention délictueuse comme volonté de violer l'intimité de la vie privée. M. Dumas considère que la simple conscience de commettre une infraction ne suffit pas[450]. M. Kayser va plus loin et explique que l'infraction implique le dol général qui consiste en la conscience de porter atteinte à l'intimité de la vie privée d'autrui. Mais il ne comporte pas de conséquence particulière, l'auteur de l'atteinte pouvant s'exonérer par la preuve de son ignorance de la loi. L'infraction implique aussi le dol spécial qui consiste en la volonté de porter atteinte à l'intimité de la vie privée d'autrui[451].

Le délit d'atteinte à l'intimité de la vie privée suppose nécessairement un dol général : la conscience de commettre un acte illicite ; mais en plus de ce dol général, il faut un dol spécial, la

---

[449] LOLIES I., op. cit., p. 80.
[450] DUMAS R., Le droit à l'information. Collection Thémis, PUF, 1981, p. 571.
[451] KAYSER P., op. cit., p. 280.

volonté de violer l'intimité. Avec la combinaison du dol général et du dol spécial, on réussit à éliminer de façon considérable les situations dans lesquelles il y a répression. On ne réprime plus les captations de la parole et de l'image d'une personne faites par erreur. M. Ravanas écrit, à cet effet, que le photographe qui, par mégarde, aurait surpris le propriétaire d'une vieille demeure dans une position intime, alors qu'il voulait garder un souvenir des lignes architecturales de ce bâtiment, ne commet pas le délit car il faut plus que la simple conscience de commettre un acte illicite : au dol doit se juxtaposer un dol spécial consistant dans la volonté de porter atteinte à l'intimité de la vie privée[452]. M. Chavanne soutient aussi que la loi exige un dol spécial : l'inculpé doit avoir cherché à atteindre un certain résultat, la violation de l'intimité de la vie privée. Pour lui, l'intention de commettre un acte illicite ne signifie pas grand-chose en raison du principe selon lequel nul n'est censé ignorer la loi[453]. M. Gassin note que cette exigence permet d'exclure l'infraction lorsque deux personnes s'entretenant entre elles par téléphone entendent la conversation d'autres personnes en raison d'un mauvais branchement des lignes téléphoniques[454].

Pour déterminer cela, on peut être amené à procéder à un examen des faits matériels et de la psychologie de l'auteur de la captation. Par exemple une femme célibataire, qui reçoit régulièrement par téléphone les avances d'un homme qui garde l'anonymat, décide d'enregistrer les conversations échangées entre elle et l'inconnu pour les remettre à la police en vue d'identifier l'auteur ; va-t-on la condamner pour la captation qu'elle a faite? Manifestement, cette femme n'est en aucun cas animée du désir de porter atteinte à l'intimité de la vie privée d'autrui. Elle s'est bornée simplement à enregistrer des communications téléphoniques qui lui étaient destinées et qui perturbaient sa tranquillité et les a remises à la police afin d'identifier leur auteur. Par contre, quand un employé place dans le bureau de sa patronne un dispositif d'écoute afin d'intercepter les communications que celle-ci, mêlée à une affaire judiciaire, échange avec des tiers, il en va autrement. On pourrait être tenté de considérer qu'en installant le dispositif d'écoute, cet

---

[452] RAVANAS J., op. cit., p. 522.
[453] CHAVANNE A., La protection de la vie privée dans la loi du 17 juillet 1970. Rev. Sc. Crim., 1971, p. 614 ; les atteintes à l'intimité de la vie privée au sens de l'article 368 du code pénal, in Les actes du 8e congrès de l'Association de droit pénal. Economica, 1985, p. 28.
[454] GASSIN R., op. cit., paragraphe 86.

employeur s'expose à surprendre l'intimité de la vie privée d'autrui. On ferait alors une application large de la notion d'intention. Mais un examen psychologique peut révéler qu'en plaçant son dispositif d'écoute, cet employeur a bien la volonté de violer l'intimité de la vie privée de sa patronne. De même aussi, l'examen psychologique peut révéler qu'il n'a pas cette intention. Il est donc très important de procéder à un examen approfondi des faits aussi bien matériels que psychologiques pour établir l'intention[455].

Cela nous conduit ainsi à élaborer deux définitions opposées de l'intention. Selon la première, l'intention doit être conçue largement comme la simple conscience de commettre un acte illicite. Selon la seconde position, la conscience de commettre un acte illicite ne suffit pas pour caractériser l'intention. Il faut en plus la volonté de porter atteinte à l'intimité de la vie privée. Pour dégager cette volonté, l'examen approfondi des faits matériels et psychologiques est nécessaire. Dès que la loi serait mise en application, il conviendrait que la jurisprudence s'oriente dans la deuxième voie et consacre l'intention comme la volonté de porter atteinte à l'intimité de la vie privée. Cela éviterait de condamner systématiquement les personnes qui réalisent des captations sans intention de violer l'intimité de la vie privée. Même dans ce cas, il faudra chercher si la victime a donné ou non son consentement.

Paragraphe 2 : Le défaut de consentement de la victime

Il existe un principe du droit pénal selon lequel le consentement de la victime est indifférent à la qualification des faits. Dans le délit d'atteinte à l'intimité de la vie privée, le législateur fait exception à la règle et fait du défaut de consentement un élément constitutif du délit. Le régime du consentement dépendra alors du caractère clandestin ou non des captations. Il convient de dégager ses différentes assertions et sa portée.

A- Les différentes assertions du consentement dans le délit d'atteinte à la vie privée

Selon l'article 1118 du code civil, le consentement est l'un des éléments fondamentaux du contrat. Il est la manifestation de volonté

[455] Voir LOLIES I., op. cit., p. 84.

des parties à un contrat. M. Mazeaud le définit comme l'accord de deux ou plusieurs volontés sur un même point[456]. En plus de ce sens usuel, le consentement s'analyse comme l'autorisation, la permission donnée à un tiers pour parvenir à ses fins[457]. Il est nécessaire de relever comment se manifeste le consentement. Il faudrait auparavant cerner la notion de consentement de la victime.

1- La notion de consentement de la victime

Dans le cadre de l'article 405, le consentement peut être compris comme la permission qu'une personne donne à un tiers de perpétrer des actes portant atteinte à sa vie privée par la captation de sa parole ou de son image. Cette permission efface le caractère illicite des telles atteintes. En son absence, les captations tombent sous le coup de la sanction pénale. En quelque sorte, le consentement rend licite les captations de la parole et de l'image d'une personne dans un lieu privé. Comme le note M. Roubier, une protection reconnue par le droit constitue, pour celui qui en bénéfice, un avantage ; elle peut même lui conférer un pouvoir[458]. Le titulaire de ce pouvoir ou de cet avantage peut, par une manifestation de volonté, le décliner. Le droit reconnaît à chacun le droit au respect de la vie privée. Chaque personne est libre de décliner la prérogative que lui confère ce droit subjectif à la vie privée et autoriser certaines atteintes qui, sans son consentement, deviendraient illicites. Reconnaître que le consentement affranchit les ingérences dans la vie privée de tout caractère illicite est pratiquement accepté par tous les systèmes juridiques[459].

La question se pose toutefois de savoir si le consentement se traduit par la reconnaissance d'un droit subjectif au profit de son bénéficiaire, ou plus précisément si celui qui donne son consentement renonce à son droit au respect de la vie privée. M. Abdou note à ce propos que le consentement de la victime n'opère qu'une modification de fait et non de droit de la sphère d'action de celui à qui il profite[460].

---

456 Voir les Frères Mazeaud, Leçons de droit civil, Obligations, Théorie générale. Tome II, 5e édition, Montchrestien, Paris, 1973, p. 109 ; Baudry-Lacantinerie et Barde, Traité théorique et pratique de droit civil, des obligations. Tome I, 3e édition, Paris, 1906, p. 35.

457 FAHMY ABDOU A., Le consentement de la victime, LGDJ. Paris, 1971, p. 35.

458 ROUBIER P., Le rôle de la volonté dans la création du droit. Sirey, Paris, 1957, p.1.

459 STRÖMHOLM M., Le droit à la vie privé et ses limitations, cité par RAVANAS J., op. cit. p. 247.

460 FAHMY ABDOU A., op. cit., p. 78.

M. Ravanas est du même avis et écrit que celui qui autorise la reproduction de ses traits ne renonce point aux règles qui ont été édictées à son avantage[461]. Celui qui donne son consentement peut à tout moment le révoquer et jouir de son droit. M. Gerland dira à cet effet que le consentement s'analyse comme la permission, sérieusement pensée, spontanée, toujours révocable, manifestée avant le fait, donnée à une lésion elle-même anti-juridique et directe contre la personne consentante[462]. Quelles sont alors ses manifestations ?

2- Les manifestations du consentement

Pour être valide, le consentement doit être certain et effectif. Bien avant l'actuel projet de loi, la jurisprudence civile avait reconnu la validité du consentement exprès. Il est affirmé que « les souvenirs de la vie privée d'un individu appartiennent à son patrimoine moral. Nul n'a le droit de les publier, même sans intention malveillante, sans l'autorisation expresse et non équivoque de celui dont on raconte la vie[463] ». Les juges reconnaissent dans cet ordre d'idées que « la personne privée a seule le droit de fixer les limites de ce qui peut être publié sur sa vie intime, en même temps que les circonstances et les conditions dans lesquelles ces publications peuvent intervenir[464] ». Pour certaines personnes[465], le domaine de la vie privée se trouve restreint au profit de leur vie professionnelle. Du fait de la notoriété de ces personnes, on admet qu'il existe un consentement tacite à la publication des faits relevant de leur vie publique. La question s'est posée de savoir si cette autorisation tacite peut être admise en ce qui concerne les atteintes à leur vie privée. Très tôt, les juges ont admis cette opinion. «Attendu que le photographe ne peut profiter de son art qu'à la condition de respecter les droits d'autrui ; qu'en conséquence, il ne peut, sans le consentement du modèle, exposer ou vendre le portait d'une personne ; qu'il en est autrement lorsque la personne photographiée a expressément ou tacitement autorisé cette reproduction ; que l'autorisation tacite peut s'induire des circonstances[466] ». Dans la doctrine, cette théorie de la reconnaissance

---

[461] RAVANAS J., op. cit., p. 247.
[462] GELAND, cité par FAHMY ABDOU A., op. cit., p. 34.
[463] C.A. Paris, 16 mars 1955, JCP 1955. II.8656 ; D.,1955. J.295.
[464] C.A. Paris, 17 mars 1966, D.,1966. J.749.
[465] Voir notre paragraphe sur le domaine de la vie privée des personnages publics, première partie.
[466] Trib. de Paix de Narbonne, 4 mars 1905, D.1905. 2.390.

du consentement tacite n'a pas fait l'unanimité. Pour M. Sarraute, «l'autorisation de publier est considérée comme tacitement donnée lorsque la volonté de livrer sa personnalité au public apparaît évidente... Il en est ainsi des hommes politiques, des acteurs, des personnalités du monde des arts et des lettres qui, non seulement tolèrent, mais recherchent la publicité[467] ». MM. Lindon et Badinter font également une telle assimilation et considèrent que l'autorisation tacite rend licite les atteintes à la vie privée[468]. M. Ravanas note par contre que la théorie du consentement tacite est une pure fiction juridique[469]. Quant à M. Foulon-Piganiol, il considère que le consentement tacite ne doit être admis qu'ave une grande prudence et écrit que « ...la réalité d'une telle autorisation ne doit en tout cas être admise qu'avec prudence et seulement s'il est manifeste que le consentement, fût-il implicite, a été donnée en connaissance de cause et de manière non équivoque »[470]. Plutôt que de rejeter le consentement tacite, il convient de nuancer comme l'a fait M. Mezghani[471], car une personne peut accorder expressément son consentement à des atteintes de certains aspects de sa vie privée ou bien être seulement présumée l'avoir donné par consentement tacite ou par simple tolérance. La réforme actuelle ouvre la brèche à une telle nuance en établissant une présomption de consentement lorsque les captations d'image et de la parole auront été accomplies au cours d'une réunion au vu et au su de ses participants.

Qu'elle soit donnée expressément ou présumée, la question se pose de savoir si celui qui, à un moment donné, a autorisé des immixtions dans sa vie privée, peut y renoncer ; il convient alors de s'interroger sur la portée du consentement.

B- La portée du consentement

Les opinions sont partagées quand à la question de savoir si les personnes qui ont autorisé des immixtions dans leur vie privée ont perdu le droit de s'opposer à un moment donné à de telles immixtions.

---

[467] SARRAUTE R., Le respect de la vie privée et les servitudes de la gloire, in Gaz. Pal., 1966, doctrine, p.12.

[468] Voir leurs ouvrages précités.

[469] RAVANAS J., op. cit., p. 251.

[470] Note sous Paris 7e Ch., 27 février 1967, D.1967, p. 453.

[471] MEGZHANI N., La protection civile de la vie privée. Thèse 1976, Paris II, p. 80.

D'une part, il y a la thèse de l'abandon de la vie privée par ces derniers et, d'autre part, la thèse du droit d'opposition.

1- La thèse de l'abandon de la vie privée

Selon certains auteurs, la personne qui a atteint la notoriété en laissant publier les faits de sa vie privée, ne peut plus, une fois parvenue au comble de la publicité, se retourner contre le journaliste qui, se fiant aux précédents, a cru pouvoir reproduire une scène de sa vie secrète. M. Toulemon soutient cette thèse et écrit que « dans notre temps, la publicité est une grande faiseuse d'admiration : les artistes, les acteurs, les beautés professionnelles, en ont conscience pour sortir de l'obscurité et atteindre le piédestal de la renommée. C'est avec joie qu'ils voient leurs portraits illuminés des feux croisés de la presse et de la télévision ; ils se prêtent aux jeux de la publicité avec une complaisance qui va parfois jusqu'à l'indécence… ; la vedette qui vit de l'actualité théâtrale ou cinématographique et qui laisse sans protestation son image publiée à des milliers d'exemplaires, par un grand nombre de journaux, n'abandonne-t-elle au public le droit à cette image[472] ? » « Que reste-il de la vie privée si une héroïne de la télévision a tenu le public au courant, par parole et images, des épisodes de sa gésine et de l'enfantement, à la seule réserve de la parturition proprement dite, répandant à profusion dans les revues spécialisées les caquets de l'accouchée et les photographies de la parturiente au lit avec son poupon[473] ? » La logique qui sous-tend cette démonstration n'est pas dénuée de fondement. Les journalistes ne sont pas des échelles qui vont servir à l'ascension des personnages publics vers la gloire. M. Malherbe dit qu'il faut admettre qu'ils peuvent difficilement se défendre de la curiosité d'un public qu'ils ont eux-mêmes provoquée[474]. Au surplus, l'action en justice tendant à faire cesser les atteintes servirait à donner plus de publicité à l'affaire. La victime trouverait son compte avec l'allocation des dommages et intérêts et le périodique vendrait encore quelques exemplaires de son journal en se faisant connaître davantage du public. Il y a donc un risque d'instrumentalisation de la justice qu'il conviendrait d'éviter[475].

---

[472] TOULEMON A., Note sous Paris, 6e Ch., 27 avril 1971, JCP.1971. II.16804.
[473] MIMIN P., Note sous Cass. civ., 2e Ch., 12 juillet 1966, D.1967, p. 185.
[474] MALHERBE J., La vie privée et le droit moderne. Librairie du journal des notaires et des avocats, Paris, 1968, p. 7.
[475] Voir RAVANAS J., op. cit.,p. 255.

M. Edelman dira pour sa part que la vie privée, une fois divulguée, appartient à l'histoire du fait même de sa divulgation[476].

En marge de cette opinion, il est néanmoins nécessaire de se poser la question de savoir si un artiste qui a toléré cela dans le passé a donné son consentement une fois pour toute de toute divulgation ultérieure de sa vie privée.

2- La thèse de l'indifférence de la tolérance ou de la complaisance antérieure

La tolérance, voire la complaisance antérieure, ne constitue pas des faits justificatifs aux atteintes à la vie privée. M. Sarraute écrit à l'appui de cette idée que « la renonciation ne se présume pas. Elle ne peut résulter d'une simple attitude purement passive, de l'inaction du titulaire du droit… De même, l'autorisation donnée à une publication déterminée ne peut, de toute évidence, emporter une renonciation au droit de demander l'interdiction d'une autre publication non autorisée. L'autorisation tacite ne pouvant ainsi résulter de l'acceptation de publications ultérieures mais seulement de l'absence de protestation contre une publication actuelle, l'auteur de la publication incriminée, s'il est assigné, ne pourra donc se justifier qu'en apportant la preuve d'une autorisation expresse[477]. » La jurisprudence, restée constante sur la question, maintient que la tolérance voire la complaisance passée est indifférente. Le fait de publier les faits de la vie privée, en se fondant sur l'absence de contestation de l'artiste face à une telle publication faite par le passé, constitue une faute qui ouvre droit à une action en réparation. Comme il a été relevé, « les anecdotes et les récits de la vie privée, surtout ceux touchant la vie intime, ne peuvent être écrits qu'avec le consentement de l'intéressé… Les vedettes de l'art sont protégées par les mêmes principes et on ne saurait faire exception en ce qui les concerne sous le prétexte spécieux qu'elles recherchent une publicité indispensable à leur célébrité[478]. » De même a été aussi condamnée la prise de la photographie des scènes de la vie intime d'un artiste à l'aide d'un téléobjectif car elle « ne se livrait à aucune activité professionnelle et était dans l'intimité de son existence, que le fait qu'antérieurement, ou même postérieurement à la

[476] Me EDELMAN B., Cote sous Cass. Civ., 2e Ch., 6 janvier 1971, D.1971, p. 265.
[477] SARRAUTE R., op. cit. ,p. 14.
[478] C.A. Paris, 16 mars 1955, précité.

présente instance, elle ait laissé publier les photographies la représentant dans sa vie privée n'est pas de nature à autoriser quiconque à publier son image sans son consentement[479]. » M. Serraute qui approuve cette décision écrit que « on peut rendre grâce à madame B. d'avoir fort bien posé la question en demandant au Tribunal de condamner la publication de photographies prises clandestinement des scènes de sa vie privée, alors que, plus qu'aucune autre vedette, elle a, au cours de sa carrière, accepté et même provoqué la publicité[480] ». Même lorsque les faits ont été déjà publiés ultérieurement, les juges relèvent qu'ils « ne pouvaient alléguer à leur décharge la divulgation antérieure de même faits par d'autres journaux dont plusieurs avaient été condamnés à la requête de l'intéressé[481]. » Pour M. Ravanas, « la réponse que la jurisprudence donne doit être totalement approuvée. Elle n'est pas comme le prétend M. Toulemon contraire à la logique juridique ; elle ne heurte pas non plus le bon sens. Il ne paraît pas exact de dire, comme le fait cet auteur, que seul le premier qui publie l'image porte atteinte au droit moral que la personne a sur son visage. En réalité, une divulgation ultérieure lèse toujours le pouvoir que détient chacun d'interdire la publication, sous forme d'écrit ou d'image, d'un fait de sa vie privée, mais aussi est parfois la cause d'un dommage moral certain[482]. On ne peut rester sans rien faire en face d'une situation qui cause dommage à la victime. La solution qui permettrait de mettre fin au dommage et de réparer le préjudice causé est celle qui exige le consentement même devant la tolérance voire la complaisance antérieure.

L'exigence du consentement ne se limite pas uniquement à l'espionnage audio-visuel dans la vie privée. Elle se rapporte aussi à l'exploitation du produit de cet espionnage.

479 T.G.I. Seine, 24 novembre 1965, précité.
480 SARRAUTE R., op. cit., p. 13.
481 Cass civ., 2e Ch., 4 juillet 1973, BC 1973. II.271.
482 RAVANAS J., op. cit., p. 262.

Chapitre 2 : Les atteintes à l'intimité de la vie privée par l'exploitation du produit de l'espionnage audio-visuel

L'espionnage audio-visuel de la vie privée est réprimé par l'article 405 du projet de code pénal. En règle générale, celui qui capte l'image ou les paroles d'une personne a pour objectif soit de les utiliser directement, soit de réaliser un montage à partir du document de base. Le projet de code pénal punit chacune de ces attitudes en créant, d'une part, des atteintes à la vie privée liées à l'utilisation du produit d'espionnage audio-visuel dans la vie privée et, d'autre part, les atteintes à la vie privée liées à la dénaturalisation de la personnalité par la publication d'un montage.

Section 1 : L'utilisation du produit d'espionnage audio-visuel

L'article 406 punit quiconque aura sciemment conservé, porté ou volontairement laissé porter à la connaissance du public ou non, utilisé publiquement ou non, tout enregistrement ou document obtenu à l'aide de la captation de la parole ou de l'image. Le délit de l'article 406 comporte ainsi des éléments constitutifs propres et des éléments constitutifs qui ne lui sont pas propres.

Paragraphe 1er : Les éléments constitutifs propres du délit

Il y a d'une part l'élément matériel et d'autre part l'élément intentionnel.

A- L'élément matériel

Il consiste en des actes de conservation, de divulgation et d'utilisation. Ces éléments, qui n'ont pas fait l'objet d'une définition légale, ont suscité néanmoins un vif intérêt de la doctrine.

1- Les actes de conservation

Selon M. Badinter, la conservation est la possession exercée personnellement ou par l'intermédiaire d'autrui[483]. M. Lolies va dans le même sens et considère que les actes de conservation s'entendent de la détention du document de l'espionnage audio- visuel[484]. Une telle détention peut être faite à titre personnel ou pour le compte d'une tierce personne.

Lorsqu'elle est exercée personnellement, la détention du produit de l'espionnage audio-visuel se trouve exclusivement en possession de celui qui l'a effectuée. Dans ce cas, il est en principe le seul qui soit au courant de l'existence du document ; il en va de même pour celui qui enregistre, grâce à un dispositif qu'il a dissimulé, les relations intimes qu'il entretient avec ses concubines. S'il choisit de regarder ses enregistrements, dans ses moments de loisirs, on peut dire que la victime qui se trouve dans l'ignorance de l'existence de ces enregistrements ne pourra pas penser à l'opportunité d'une poursuite. Dans cette logique, M. Gassin écrit que cette hypothèse est peu pratique dans la mesure où on imagine mal comment la victime serait informée de ce fait. Il en va autrement lorsque la personne qui conserve ce document menace de publier. La menace de publier le document obtenu de façon illicite informerait la victime de son existence ; elle pourrait poursuivre la conservation du produit obtenu illégalement et éviter le chantage. M. Badinter note, à propos de l'écoute électronique clandestine, que le législateur a voulu sans doute prévenir les risques d'un chantage ultérieur, s'exerçant grâce aux documents sonores conservés[485]. Pour M. Ravanas, cette disposition permet de prévenir la menace de révéler une scène de manière illicite ; notamment dans les cas où cette menace ne réaliserait pas le délit de chantage[486]. La détention personnelle d'un document obtenu à la suite de l'espionnage audio-visuel n'est pas en soi punissable si la victime n'en a pas connaissance. Il n'en irait pas autrement même si la détention est faite pour le compte d'autrui.

---

[483] BADINTER R., La protection de la vie privée contre l'écoute électronique clandestine, JCP, 1971.I.2435, paragraphe 14.
[484] LOLIES I., La protection pénale de la vie privée. Ed. PUAM, 1999, p. 121.
[485] BADINTER R., op. cit., paragraphe 14.
[486] RAVANAS J., La protection des personnes contre la réalisation et la publication de leur image. JGDJ, Paris, 1978, p. 527.

La détention est exercée pour le compte d'autrui lorsque l'auteur de la captation confie le document à une tierce personne pour qu'elle le garde. Celui qui reçoit le document peut le conserver en qualité de dépositaire ou de détenteur précaire[487]. La fin pour laquelle la détention s'exerce peut être la publication du produit. Ainsi par exemple, celui qui capte les paroles ou l'image d'une personne peut les confier à un journal pour que celui-ci les publie. Le détenteur qui agit uniquement à la demande de l'auteur de la captation peut ne pas s'intéresser à la vie privée de la victime. S'il est informé de l'origine illicite de la captation, la conservation de celui-ci constitue le délit de recel. Comme s'interroge M. Lolies, la question se pose de savoir si l'incrimination de l'article 406 écarte la qualification de recel ou s'il y a concourt d'infraction[488]. Il appartiendra à la jurisprudence d'apporter une réponse précise à cette question.

Comme pour la détention à titre personnel, la victime ne pourra être informée de l'existence du document qu'en cas d'exploitation de celui-ci. Il peut arriver que des personnes, informées de la détention du document, avertissent la victime que tel organe de presse conserve dans ses archives ses paroles ou ses images. Elle peut alors, par mesure préventive, faire saisir le document et éviter leur divulgation qui est aussi passible de poursuite.

2- Les actes de divulgation

Les actes de divulgation consistent ici dans le fait de porter ou de laisser porter les informations détenues à la connaissance du public ou d'un tiers. La loi désigne la divulgation au sens large et punit aussi bien la communication faite au public que la communication à un tiers.

La communication se fait au moyen de tous les modes de communication tels que le cinéma, la presse écrite ou audio- visuelle. Pour protéger l'intimité des particuliers, on ne permet pas de publier une image ou des paroles obtenues de manière illicite. Une telle interdiction limite l'exercice du droit à l'information. L'information que l'on apporte au public ne doit pas provenir de captation illicite. Ainsi la publication de la photographie d'une personne prise de

---

[487] BADINTER R., op. cit., paragraphe 14.
[488] LOLIES I., op. cit., p. 122.

l'extérieur à travers la fenêtre fermée de son appartement, sans son consentement, est une divulgation au sens de l'article 406. De même, une station radio ne saurait, sans commettre de divulgation, faire entendre à ses auditeurs, l'enregistrement clandestin d'une conversation téléphonique tenue dans un lieu privé. M. Becourt admet cela et montre que l'atteinte qui a présidé à l'enregistrement justifie la limitation du droit de divulgation en cas de création de l'esprit[489].

La communication au public peut violer l'intimité de la vie privée et venir s'adjoindre à d'autres infractions[490]. Cela est le cas pour l'aveu d'un délit contenu dans les paroles divulguées. Ce fait porte à la fois atteinte à la vie privée et atteinte à l'honneur de la victime. Le délit de l'article 405 s'accompagne ici du délit de diffamation. Il peut aussi s'accompagner du délit de révélation de secret professionnel. C'est le cas lorsqu'un employé de la poste fait publier dans un journal une communication téléphonique enregistrée de façon illicite. Dans ces hypothèses, la question se pose de savoir si le délit de l'article 405 écarte ou vient s'ajouter à ces infractions. Lorsqu'elle sera établie, la jurisprudence va permettre de trancher cette question qui se pose également en cas de divulgation à un tiers.

Le législateur considère comme divulgation la communication à un tiers. Les auteurs se sont beaucoup interrogés sur le bien fondé de cette considération. Ils ont unanimement accepté que la communication, qu'elle soit publique ou privée, constitue un acte de divulgation. Selon M. Badinter, la divulgation recouvre une réalité plus large que la simple publication définie comme la communication au public et comprend aussi la communication à un tiers[491]. M. Gassin pense la même chose et considère que la divulgation consiste dans le fait de porter ou de laisser porter à la connaissance du public ou d'un tiers l'enregistrement ou le document[492]. M. Kayser considère que le fait de porter et même de laisser porter à la connaissance du public ou seulement d'un tiers est punissable[493]. En assimilant ainsi la communication à un tiers à une divulgation, on protège mieux

[489] BECOURT D., Réflexions sur le projet de loi relatif à la protection de la vie privée. Gaz. Pal. 1970, doctrine, p. 203.
[490] Voir GASSIN R., Vie privée. Atteintes. Répertoire Dalloz pénal, 1974, paragraphe 117.
[491] BADINTER R., op. cit., paragraphe 15.
[492] GASSIN R., op. cit., paragraphe 116.
[493] KAYSER P., La protection de la vie privée par le droit. Ed. Economica- PUAM, 1995, p. 412.

l'intimité. Une personne peut vouloir garder le secret de son intimité vis-à-vis de quelques uns, de son entourage, de ses proches. Même si la révélation du secret à une personne a des conséquences moins grandes que celle faite au public, le fait de révéler un secret à une personne vis-à-vis de laquelle la victime souhaite garder le secret, revient à violer son intimité. Il s'agit d'une indiscrétion ; d'indiscrétion en indiscrétion, le secret peut finalement parvenir à un grand nombre de personnes.

Tout comme la divulgation, l'utilisation du document lèse aussi l'intérêt de la personne.

3- Les actes d'utilisation

Au regard de l'article 406, les actes d'utilisation consistent dans le fait d'utiliser publiquement ou non tout enregistrement ou document obtenu par suite d'une captation illicite. Bien qu'ils se distinguent de la divulgation, les actes d'utilisation s'accompagnent de communication. En accrochant dans la pièce privée d'un appartement une photo obtenue illicitement, on fait voir cette photo à d'autres personnes et, ce faisant, il y a communication[494]. Comme pour ces derniers, le législateur punit l'utilisation publique tout comme l'utilisation privée. L'utilisation est publique lorsqu'elle se réalise au cours de réunions, d'entretiens ou par la presse. Elle n'est pas autant répandue que l'utilisation privée qui consiste, la plupart du temps, à produire en justice des documents obtenus par captation pour prouver un fait. Il n'est pas rare, dans une procédure de divorce, de voir une femme utiliser, pour prouver le refus de son mari de contribuer aux charges du ménage, l'enregistrement d'une conversation téléphonique qu'elle a échangé avec lui ; ou un mari produire en justice les conversations téléphoniques que sa femme a eues avec son amant pour prouver l'adultère de celle-ci. Ces situations posent le problème de savoir si les documents obtenus à l'aide d'une infraction, en l'occurrence l'atteinte à la vie privée, peuvent être admis comme preuve lors d'un procès. Si l'on adopte une position défavorable, on laisse échapper une possibilité de trouver l'auteur ou les auteurs d'une infraction ; par exemple, un mari peut avouer à sa femme dans une conversation intime qu'il est l'auteur d'un meurtre. Si la femme en

---

[494] CHAVANNE A., La protection de la vie privée dans la loi du 17 juillet 1970. Rev. Sc. Crim., 1971, p. 615.

vient à produire cette conversation en justice, il serait difficile pour les juges de ne pas la prendre comme mode de preuve. De même, en admettant un document issu d'une atteinte à la vie privée comme mode de preuve, on encouragerait les individus à commettre de telles atteintes. Dans cette situation, il conviendrait que les juges recourent à une pondération des intérêts en présence, pour décider de la validité de l'utilisation en justice de documents obtenus de manière illicite. Le principe doit être cependant de les interdire.

Outre les éléments matériels, la réalisation du délit nécessite un élément intentionnel.

B- L'élément intentionnel du délit

L'exigence d'un élément intentionnel trouve son fondement dans les expressions « sciemment » ou « volontairement » utilisées par le législateur. Pour les actes de conservation et de divulgation, le législateur a mis l'accent sur l'intention délictueuse mais a gardé le silence en ce qui concerne les actes d'utilisation. Ce silence, qui a suscité des doutes chez certains auteurs[495], ne signifie nullement que l'élément intentionnel ne s'applique pas aux actes d'utilisation[496]. Le problème fondamental réside dans le sens qu'il convient de donner à l'intention. Pour certains, l'intention doit être définie de façon étroite ; pour d'autres, elle doit se définir de façon large.

1- La conception large de l'intention

Selon la conception large, l'intention se définit comme la conscience de l'origine illicite du document[497]. La personne qui a conservé, divulgué ou utilisé, a connaissance du fait qu'il provient d'une atteinte à l'intimité de la vie privée. Nombreux sont les partisans de cette doctrine. Pour justifier cette position, M. Gassin écrit que le terme « sciemment » signifie seulement la conscience de conserver, divulguer ou utiliser un document ou un enregistrement. Celui qui procède à la captation peut être distinct de celui qui conserve, divulgue ou utilise. S'il a conscience de l'origine illicite du document, il n'est plus nécessaire d'exiger de lui la volonté de porter

495 Voir BECOURT D., op. cit., p. 203.
496 PRADEL J., Les dispositions de la loi n° 70 643 relative à la protection de la vie privée. D.1971, doctrine, p. 115.
497 LOLIES I., op. cit., p. 131.

atteinte à l'intimité de la vie privée[498]. Pour M. Ravanas, le délit est consommé dès lors que le prévenu a eu conscience de l'origine illicite du document car le texte ne se réfère pas expressément à la volonté de porter atteinte à l'intimité de la vie privée comme c'est le cas pour le délit de captation[499]. L'intention implique que l'intéressé connaissait l'origine délictueuse du document et l'a néanmoins conservé, transmis ou communiqué, soutient M. Levasseur[500]. Selon lui, l'élément intentionnel du délit de captation ne paraît pas différent de l'élément intentionnel de celui de son exploitation. Comme il soutient que l'intention dans le délit de captation est conçue comme un dol général, il en déduit qu'il en est de même pour le délit de conservation, de divulgation et d'utilisation du produit de l'espionnage audio-visuel dans la vie privée. M. Kayser soutient la même idée et affirme que l'intention délictueuse réside dans la connaissance de l'origine illicite de l'enregistrement ou du document[501].

Pour d'autres auteurs par contre, cette conscience, qui est dans tous les cas nécessaire, n'est pas pour autant suffisante.

2- La conception étroite de l'intention

Pour les partisans de la conception étroite de l'intention, celle-ci se définit comme la volonté de porter atteinte à l'intimité de la vie privée. Tout comme il a été soutenu que le délit de captation suppose, en plus du dol général de violer une norme, un dol spécial de porter atteinte à l'intimité de la vie privée, on pense de même que le délit de conservation, de divulgation et d'utilisation du fruit de cette captation exige aussi le dol spécial de vouloir porter atteinte à l'intimité de la vie privée. M. Chavanne écrit à ce propos que, en employant les mots « sciemment » et « volontairement », le texte exige qu'il y ait un dol spécial et que l'agent soit de mauvaise foi. La simple détention du document sans connaître son origine illicite ne tombe pas sous le coup de la loi même si on a laissé un tiers en prendre connaissance. Il faut la volonté de porter atteinte à l'intimité de la vie privée quel qu'en soit par ailleurs le mobile[502]. M. Pradel considère que la conservation, la

[498] GASSIN R., op. cit., paragraphe 121.
[499] RAVANAS J., op. cit., p. 529.
[500] LEVASSEUR G., La protection pénale de la vie privée, in Etudes offertes à Pierre Kayser. Tome 1, PUAM, p. 117
[501] KAYSER P., La protection de la vie privée par le droit, op. cit. p. 413.
[502] CHAVANNE A., op. cit., p. 616.

divulgation ou l'utilisation de la parole ou de l'image d'une personne doivent avoir été commises avec l'intention de porter atteinte à l'intimité personnelle[503]. De même aussi, M. Dumas pense que l'exploitation du produit de l'espionnage audio-visuel dans la vie privée doit avoir été commis avec l'intention de porter atteinte à l'intimité de la vie privée[504].

Cette tendance doctrinale sur l'intention dans le délit de conservation, de divulgation et d'utilisation du produit de l'espionnage audio-visuel dans la vie privée ne prend pas en compte des situations qui pourraient servir de prétextes pour échapper à la répression. En fait, celui qui capte les paroles ou l'image d'une personne dans un lieu privé sans son consentement, le fait généralement au profit d'une tierce personne. Un photographe amateur peut prendre de manière illicite des photos d'un artiste au profit d'une agence de presse. Indépendamment de toute volonté de porter atteinte à l'intimité de la vie privée, l'organe de presse peut publier cette photo pour la célébrité de son journal. Si on se fonde sur la doctrine de l'intention comme volonté de porter atteinte à l'intimité de la vie privée, on conclurait qu'il n'y a pas d'élément moral alors que cette publication porte atteinte à l'intimité de la vie privée. La tendance qui fonde l'intention sur la simple connaissance de l'origine illicite du document permet, à notre avis, d'éviter ce genre de situation et assure une meilleure protection de la vie privée.

La réunion de l'élément matériel et de l'élément moral ne suffit pas pour réaliser le délit de l'article 406. Il faut, en plus de ces éléments, une condition préalable.

Paragraphe 2 : La nécessité d'une condition préalable

Le délit d'atteinte à l'intimité de la vie privée par la conservation, la divulgation et l'utilisation de la parole ou l'image d'une personne suppose, au préalable, qu'il y ait captation illicite de la parole ou de l'image. L'expression « tout document ou enregistrement obtenu à l'aide des faits prévus à cet article », en l'occurrence l'article 405, montre que le délit de l'article 406 ne sera réalisé que lorsque

[503] PRADEL J., Les dispositions de la loi n° 70-643 relative à la protection de la vie privée. D.1971, doctrine, p. 115.
[504] DUMAS R., Le droit à l'information. Collection Thémis, PUF, 1981, p. 572.

celui de l'article 405 l'aura été préalablement. Il convient d'étudier le sens et la portée de cette condition préalable.

A- Le sens de la condition préalable

La doctrine a montré qu'il existe un lien de dépendance entre les deux délits mais cette dépendance a des limites.

1- L'existence d'un lien de dépendance

La captation illicite de la parole ou de l'image d'une personne ne se fait pas par simple curiosité. En général, les actes de captation ne sont que le premier stade d'une série de comportements qui violent l'intimité. A la suite de la captation illicite vient la conservation, la divulgation ou l'utilisation de l'enregistrement ou du document. La répression doit atteindre aussi ce second stade de la violation de l'intimité. Les auteurs ont unanimement reconnu, dans les actes de conservation, de divulgation ou d'utilisation, la conséquence directe de la captation illicite. Pour M. Chavanne, le texte réprime le second stade de l'agression contre l'intimité de la personne car il faut supposer que les paroles ont été captées ou que l'image a été fixée dans les conditions déterminées par l'article 405. L'article 406 nous met en présence d'un délit de conséquence qui suppose réunies toutes les conditions du délit précédent[505]. M. Gassin considère également que le législateur crée un délit de conséquence. En reprenant la même idée, M. Decocq écrit que « cette infraction [...] est dans la dépendance immédiate de la précédente. Elle constitue le prolongement direct de la violation du secret du vivant[506] ». Tous les auteurs admettent donc un lien de dépendance entre les deux infractions. Cette dépendance comporte cependant des limites.

2- Les limites du lien de dépendance

La dépendance entre l'infraction de captation illicite de la parole et du son et celle de la conservation, de la divulgation, de l'utilisation du produit de cette captation a des limites, principalement dans le cas de la dissociation des auteurs de ces infractions. Comme le relève en effet M. Kayser, il n'est pas nécessaire que l'auteur de

---

[505] CHAVANNE A., op. cit., p. 615.
[506] DECOCQ J., Le secret de la vie privée en droit français, op. cit., p. 477.

l'exploitation du produit de l'espionnage soit le même que celui qui a commis le délit de captation[507]. M. Lolies montre que cette dissociation d'auteur est source de difficulté pour la victime[508]. Le lien de dépendance est également limité par le fait qu'il n'est pas nécessaire que l'auteur de la captation illicite ait été poursuivi ou condamné pour que celui de son exploitation le soit. La poursuite peut être engagée de manière distincte et l'auteur de l'exploitation du produit de l'espionnage audio-visuel dans la vie privée ne peut pas prendre comme prétexte que l'auteur n'est pas poursuivi, pour s'opposer à la poursuite engagée contre lui. Tout ceci permet de tirer des conséquences du lien de dépendance.

B- La portée de la condition préalable

La condition préalable, si elle n'est pas réunie, empêche la victime de lancer des poursuites devant le juge pénal. Il en est ainsi lorsque la captation est légitimée soit par le consentement ou soit par un fait justificatif ou lorsque la captation a été faite dans un lieu public.

1- La non application de l'article 406 en cas de captation légitime

La captation peut être légitimée par la volonté de la victime ou par un fait justificatif. Il n'y a pas alors atteinte à l'intimité de la vie privée au sens de l'article 405. Il n'y aura pas non plus atteinte à l'intimité de la vie privée au sens de l'article 406 car le délit de l'article 405 n'est pas constitué. Cette attitude est tout le contraire de la réalité. En effet, celui qui donne son consentement pour qu'une scène de sa vie privée soit fixée n'est pas nécessairement d'accord pour que le document ou l'enregistrement soit publié. La jurisprudence civile a retenu que la publication d'un fait de la vie privée sans le consentement exprès de l'intéressé constitue une faute pouvant engager sa responsabilité civile même si la victime a donné son consentement pour la fixation des éléments publiés[509]. Malgré cela, il ne peut obtenir aucune poursuite devant le juge pénal. Cette situation a été contestée par la doctrine. M. Ravanas écrit à cet effet

---

[507] KAYSER P., La protection de la vie privée par le droit, op. cit., p. 412.
[508] LOLIES I., op. cit., p. 126.
[509] Voir première partie sur la faute.

qu'elle « conduit à penser, contrairement à ce que décident les juridictions civiles, que le consentement à la captation d'une scène intime emporte, ipso facto, consentement à l'utilisation et à la divulgation de cette scène[510]. Pour M. Levasseur, il est regrettable que le délit de l'article 406 ne soit pas retenu lorsque le document ou l'enregistrement publié n'a pas été obtenu dans les conditions de l'article 405, dans la mesure où le consentement donné à son établissement n'impliquait pas le consentement à sa publication[511]. Selon M. Gassin, on pouvait échapper à cette conséquence si on interprétait l'expression « à l'aide de faits prévus à l'article précédent » d'une manière restrictive, en comprenant les éléments constitutifs du délit de captation à l'exception du consentement de la victime[512]. Le lien de dépendance entre les deux infractions ne permet pas de procéder ainsi. Il conviendrait, pour le mieux, de changer l'expression « faits prévus à l'article précédent » par une expression qui puisse permettre de réprimer toute utilisation à des fins lucratives de l'image ou de paroles d'une personne sans son consentement. Cela permettait de mieux protéger l'intimité. Celui qui utiliserait des astuces pour obtenir le consentement à la captation en disant que l'image filmée ne servirait qu'à des fins personnelles ne pourrait plus publier cette image impunément. De même, le couturier qui filme les séances de déshabillage de mannequins, ne pourra plus mettre le film sur un site de mœurs légères sans le consentement des mannequins concernées. De tels aménagements sont aussi nécessaires pour les images ou les paroles captées dans un lieu public.

2- La non application de l'article 406 en cas de captation dans un lieu public

La conservation, la divulgation ou l'utilisation de la parole ou l'image d'une personne prise dans un lieu public n'est pas punissable car, aux termes des articles 405 et 406, la conservation, la divulgation ou l'utilisation de la parole ou l'image d'une personne n'est punissable que lorsque la parole ou l'image ont été captées dans un lieu privé. Au regard de ces dispositions, quand un touriste est photographié dans un lieu public, il n'a aucune possibilité de poursuivre au pénal une utilisation abusive de la publication de cette

[510] RAVANAS J., op. cit., p. 527.
[511] LEVASSEUR, La protection pénale de la vie privée, op. cit., p. 127.
[512] GASSIN R., op. cit., paragraphe 110.

photo par un journal. De même aussi, un couple photographié dans la rue ou toute personne dans un lieu public quelconque, ne peuvent exercer aucun recours devant le juge pénal. Comme le souligne M. Kayser, cette situation est regrettable car une atteinte à la vie privée peut se réaliser par la fixation d'image d'une personne se trouvant dans un lieu public[513]. Dans ces conditions, l'utilisation à des fins détournées de l'image captée dans un lieu public sera punissable. Il est nécessaire de tenir compte des circonstances dans lesquelles la captation de l'image se fait, de la personnalité de l'individu ainsi que des différentes possibilités d'atteinte à la vie privée.

Il en va également de l'écoute, de l'enregistrement ou de la transmission des paroles prononcées dans un lieu public. La victime, en cas d'utilisation à des fins détournées de ce document, ne peut exercer aucun recours devant le juge pénal. Par contre, le juge civil peut considérer ces actes comme une faute pouvant engager la responsabilité de son auteur. S'il y a lieu, il peut ordonner en référé les mesures d'urgence telles que saisies, suppressions. Pourtant, une conversation confidentielle peut parfaitement être échangée dans un lieu public[514] . Si, comme il a été souligné, on remplaçait l'expression « paroles prononcées dans un lieu privé » par « paroles prononcées à titre privé ou confidentiel », les victimes de ces abus auront des chances d'exercer une poursuite devant le juge pénal.

En dehors de la conservation, de la divulgation ou de l'utilisation, l'exploitation du produit de l'espionnage audio- visuel dans la vie privée peut résulter de la réalisation d'un montage qui porte atteinte à l'intimité de la vie privée, quoique de manière indirecte.

Section 2 : La dénaturalisation du document par la publication d'un montage

L'article 407 punit quiconque aura sciemment publié, par quelques voies que ce soit, le montage réalisé avec les paroles ou l'image d'une personne sans le consentement de celle-ci, s'il n'apparaît pas à l'évidence qu'il s'agit d'un montage ou s'il n'en est pas fait expressément mention. Par ces dispositions, le législateur tend

---

[513] KAYSER P., op. cit., p.284.

[514] Voir Chap. 5.

à protéger l'intimité en évitant sa déformation. Il faut que la parole ou l'image publiée soit authentique. Dans le cas contraire, il faut mentionner qu'il s'agit d'un montage et obtenir le consentement de l'intéressé. Pour que le délit soit consommé, il faut la réunion de quatre éléments dont les uns sont de nature objective et les autres de nature subjective.

Paragraphe 1er : Les éléments objectifs du délit de l'article 407

Il faut en premier un montage et, ensuite, la publication de ce montage.

A- Le montage

Le législateur n'a pas défini ce qu'il entend par montage. Selon la doctrine, le montage est une notion qu'il faut définir dans son sens large. Pour être punissable, le montage doit avoir pour résultat de dénaturer la personnalité.

1- La notion de montage

Le montage se définit au plan technique comme « le choix et l'assemblage en une bande définitive de scènes tournées en vue de leur présentation ultérieure sur l'écran[515] ». Cette définition qui limite le montage à la technique cinématographique est trop étroite. En dehors du monde du cinéma, il y a des choix et des assemblages qui dénaturent la personnalité. Pour prendre en compte cette situation, une autre définition a été proposée et considère le montage comme étant « une manipulation malveillante d'une photographie, d'un film, ou d'un enregistrement, pris ensemble ou isolément, et effectuée par son ou ses auteurs avec la volonté de nuire, sur le plan de sa vie privée, à la victime de celle-ci et de tirer un profit pécuniaire de celle-ci[516] ». Critiquant cette définition, M. Ravanas relève que, sans être nécessairement inspirés par une volonté malveillante, il peut y avoir des montages qui soient tout à fait ridicules pour les personnes qu'ils

---

[515] Définition du dictionnaire Robert.
[516] MM. CHAZELLE, DELORME, BRUGNON, cités par RAVANAS J., op. cit., p. 531.

mettent en cause, tout comme il y a aussi des montages qui, sans être ridicules pour les personnes qu'ils mettent en cause, dénaturent la façon dont elles entendent se présenter aux yeux du public[517]. Ces remarques ont suscité d'autres définitions qui, tout en évitant de mettre l'accent sur l'intention malveillante, ne sont pas moins restreintes. Pour M. Chavanne en effet, le montage consiste en une manipulation de documents sonores reproduisant les paroles de quelqu'un, ou d'images le représentant, afin d'aboutir à un document en apparence unique et qui ne correspond pas à la réalité de ce qui a été vraiment dit ou vu[518]. M. Lindon assimile le montage au trucage et le considère comme l'opération qui consiste à modifier un enregistrement soit visuel, soit sonore, pour le transformer par addition, suppression, coupure, introduisant un effet de discontinuité ou combinaison avec un autre enregistrement[519]. Dans le même ordre d'idée, M. Frémond écrit que « le montage n'est pas constitué par la simple juxtaposition d'images, chacune d'elles restant intacte [...] Il suppose une modification ou retouche de la photo initiale, soit par suppression de fractions de l'image, soit par addition d'éléments ne figurant pas sur l'image initiale, soit par cumul de ces deux activités[520] ». M. Pradel, en résumé de ces points de vue, définit le montage comme la manipulation ou le trucage d'un ou plusieurs films, photographies ou enregistrements[521]. Bien avant l'actuel projet de loi, la jurisprudence, sous des qualifications différentes, considère déjà que la falsification matérielle du support de l'image ou de la parole est punissable. En effet, un homme politique avait été photographié au moment d'un référendum tenant un bulletin « oui » dans une main et un bulletin « non » dans l'autre ; un journal, après avoir, retouché la photo en faisant disparaître l'un des deux bulletins, la publie. La chambre criminelle de la Cour de cassation estima que cette publication engage la responsabilité pénale du directeur[522]. Mais si on définissait le montage par référence exclusive à la falsification matérielle du support de l'image ou de la parole, il y aurait le risque de laisser impunies d'autres situations d'altération et d'exploitation de la personnalité d'une personne comme, par exemple, le fait d'insérer les paroles ou l'image dans un contexte d'images, de dessins, ou de

[517] RAVANAS J., op. cit., p. 533.
[518] CHAVANNE A., op. cit., p. 616.
[519] LINDON R., Les droits de la personnalité. Dalloz, Paris, 1974, p. 95 et 96.
[520] FREMOND P., Le droit de la photographie, op. cit., n° 385.
[521] PRADEL J., op. cit., p. 115.
[522] Cas. Crim., 7 décembre 1961, Bull. Crim. 512.

légendes pour en modifier le sens. Il conviendrait, comme l'a souligné M. Bécourt, chaque fois qu'il n'y a pas reproduction intégrale de paroles ou d'images, d'exiger de l'auteur de la reproduction de veiller à ce que cette reproduction donne au lecteur un reflet fidèle de la pensée de la personne intéressée, voire de la forme sous laquelle elle s'est exprimée, car ce qui doit être sanctionné, c'est non pas le montage mais son résultat.

2- Le résultat du montage

Le montage a de tous temps existé dans le monde de la presse, même si le mot est d'utilisation récente. On imagine mal la télévision, la radio ou un journal faire, chaque fois, de la reproduction intégrale, en raison du manque de place ou de temps. Dans ces conditions, il faut faire des coupures, des assemblages. Il faut prendre la précaution de ne pas altérer la personnalité. La jurisprudence a posé cette condition depuis bien longtemps. En effet, en 1899, un journal avait publié dans un supplément intitulé « les mensonges de la photographie », les photographies de plusieurs groupes imaginaires, accompagnées de légendes artistiques ; l'un de ces groupes représentait un journaliste et une duchesse connus à l'époque. Le journaliste était debout derrière la duchesse assise ; sa main droite est placée de façon quelle semblait toucher l'épaule de la duchesse d'une manière familière. Le tout était assorti d'une légende désobligeante. La duchesse réagit et saisit la justice. Les juges du fond relèvent que « si le sous-titre du numéro indique qu'il s'agit de scènes obtenues par un artifice photographique, il n'en est pas moins acquis que le fait même de la composition qui rapproche des personnes étrangères l'une à l'autre en un groupe unique, et dans une attitude de familiarité, est déjà blessant par lui seul, mais que l'outrage prend son véritable caractère et toute sa gravité dans la légende qui accompagne le dessin[523] ». La doctrine est restée dans cette même logique. Selon M. Pradel, le délit est constitué lorsque la manipulation aboutit à une dénaturation de l'image ou des propos de la personne[524]. M. Becourt pense de même que l'utilisation qui peut être faite du montage peut conduire à une dénaturation[525]. Pour Ravanas, le texte réprime la dénaturation de la personnalité de la victime et non le montage lui-même[526]. Cela est tout à fait logique car

[523] Req., 23 avril 1903, D., 1903. I.524.
[524] PRADEL J., op. cit., p. 115.
[525] BECOURT D., op. cit., p. 204.
[526] RANANAS J., op. cit., p. 531.

il ne faut pas permettre que la dignité de la personne soit bafouée par des pratiques peu orthodoxes. Mais, pour être punissable, le montage doit avoir été publié.

B- La publication du montage

La publication du montage a donné lieu à deux thèses opposées. D'un côté, certains défendent qu'elle n'est pas nécessaire. D'autres affirment au contraire qu'elle l'est.

1- La thèse de l'indifférence de la publication

Cette thèse est défendue par R. Lindon. Selon lui, il n'est pas utile que le montage soit publié pour que le délit soit constitué. Il considère que tout truquage utilisé pour tromper quelqu'un sur le plan des affaires ou sur celui des affections tombe sous le coup de la loi[527]. Cette thèse conduit à interdire la presse. Les vedettes du cinéma, des arts, des sports, les hommes politiques en début de leur carrière, utilisent le montage pour leur promotion. Le truquage est nécessairement trompeur car il n'est pas la réalité. Ce qui est à éviter, c'est l'altération de la dignité de la personne. Dès lors que le montage est préjudiciable pour la personnalité et porte atteinte à la dignité, il y a lieu de sanctionner cette altération que la personne n'a pas voulu. De plus, le texte de l'article 407 punit quiconque aura publié le montage réalisé. En soutenant que le montage non publié tombe sous le coup de la loi, on soumet le délit à une condition qui n'est pas fixée par le législateur. On violerait ainsi la règle de l'interprétation stricte de la loi pénale. Il conviendrait plutôt de mettre l'accent sur la publication dudit montage.

2- La thèse de la nécessité de la publication

Les auteurs qui soutiennent que la publication du montage est nécessaire sont plus nombreux. M. Chavanne dit clairement que l'infraction ne consiste pas effectuer le montage[528]. M. Ravanas ira plus loin en précisant que, contrairement à ce qu'a écrit M. Lindon, le montage n'est pas punissable s'il n'est pas publié[529]. La publication du

[527] LINDON R., Les droits de la personnalité, op. cit., p. 101.
[528] CHAVANNE A., op. cit., p. 616.
[529] RANANAS J., op. cit., p. 533.

montage est une condition nécessaire pour la répression. La publication se définit comme le fait de porter le montage à la connaissance du public. Le fait d'envoyer ou de faire voir à une personne un montage n'est pas une publication car une personne n'est pas le public. La loi parle de publication par quelques voies que ce soit. Ce n'est pas la diffusion par la voie de la presse qui est seule visée. Il y a publication dès lors que l'on utilise l'un des modes de communication tels que le cinéma, la radio, la télévision, la presse écrite, l'exposition dans une vitrine ou même l'internet.[530] Tout montage publié n'est pas punissable. Le texte précise que la publication n'est punissable que s'il n'apparaît à l'évidence qu'il s'agit d'un montage ou s'il n'en est pas expressément fait mention. Comme l'illustre M. Frémond, la photo d'une vedette célèbre la présentant comme descendant d'un véhicule spatial sur la lune montre à l'évidence qu'il s'agit d'un montage[531]. Quand bien même le document publié mentionne qu'il s'agit d'un montage, il n'est pas exclu que cette publication puisse être considérée comme portant atteinte à l'honneur et à la dignité de la victime, réalisant ainsi le délit de diffamation. Une telle publication peut constituer une faute de nature à engager la responsabilité civile de son auteur[532]. L'incrimination vise à renforcer les dispositions précédentes en sanctionnant au pénal des comportements qui ne l'étaient pas auparavant.

Le délit d'altération de la personnalité par la publication d'un montage exige, en plus de la réalisation d'un montage et la publication de ce montage, que la victime n'y ait pas consenti et que la publication soit faite sciemment. Il serait indispensable d'aborder à présent ces éléments subjectifs du délit.

Paragraphe 2e : Les éléments subjectifs du délit de l'article 407

Selon l'article 407, les éléments subjectifs du délit d'atteinte à la vie privée par la publication d'un montage comportent, d'une part, l'intention délictueuse et, d'autre part, l'absence du consentement de la victime.

---

530 BECOURT D., op. cit., p. 203; PRADEL J., op. cit., p. 115; RANANAS J., op. cit., p. 533.
531 FREMOND P., op. cit., p. 427.
532 GASSIN R., op. cit., paragraphes 154 et 155.

A- L'intention délictueuse

L'intention délictueuse est fondé sur le fait que le texte réprime « quiconque aura sciemment publié » ; le texte ne dit pas ce que revêt l'intention. La doctrine a essayé de cerner cette notion mais elle est partagée entre deux tendances opposées.

1- L'intention considérée comme condition superflue

L'adverbe « sciemment » qui fonde l'intention est placé juste avant le participe « publié » et laisse croire que le législateur met l'accent sur le caractère de la publication. L'auteur d'une publication, qu'elle provienne d'un montage ou non, le fait toujours sciemment dans la mesure où il sait qu'il publie un document. Dans ces conditions, il apparaît superflu de mettre « sciemment ». M. Pradel n'évoque même pas l'intention et considère que, pour que le délit soit consommé, il faut la réunion de trois éléments : un montage, une publication, l'absence du consentement de la personne qui est l'objet du montage[533]. Pour M. Becourt, on peut s'étonner de l'exigence d'une intention alors que, depuis fort longtemps, la jurisprudence considère qu'elle s'induit nécessairement de la publication elle-même. A moins qu'il ne s'agisse de l'intention préjudice, auquel cas il eut été préférable de l'indiquer expressément[534]. Cela a amené des auteurs à concevoir l'intention comme volonté de nuire.

2-L'intention comme volonté de nuire

Selon cette thèse, celui qui publie une image ou les paroles réalisées à la suite d'un montage qui altère la personnalité le fait dans l'intention de nuire. M. Becourt écrit à cet effet que « le montage-choc résultant de la juxtaposition de deux ou plusieurs images, le plus souvent assorti d'un commentaire [...] relève d'un procédé parfois discutable, mais dont la sanction doit également à notre sens précéder d'une intention de nuire[535] ». Avant l'actuel projet de loi, cette thèse fut celle de la jurisprudence civile. Dans l'arrêt du 23 avril 1903 précité, les juges disaient, dans leur motif que « le journal a cherché à jeter le discrédit et la déconsidération sur la duchesse ; que la

---

[533] PRADEL J., op. cit., p. 115.
[534] BECOURT D., op. cit., p. 203.
[535] BECOURT D., op. cit., p. 204.

publication de son portrait a été faite [...] avec une intention malveillante, dans une pensée manifeste de dénigrement[536] ».

Lorsque celui qui publie l'image est le même que celui qui réalise le montage, l'intention de nuire se déduit facilement. Mais dans le cas où celui qui publie est différent de celui qui réalise le montage, il faudrait qu'il sache qu'il s'agit d'un montage. Dans ce cas, l'intention existe et il peut être poursuivi. Dans l'hypothèse où il serait laissé dans l'ignorance du montage, on ne pourrait pas le poursuivre, faute d'intention[537]. Il vaut mieux obtenir le consentement de la personne concernée avant la publication du montage.

B- L'absence du consentement de la victime

La publication du montage est punissable si la personne intéressée n'a pas donné son consentement. Le consentement à la publication du montage présente les mêmes caractéristiques que le consentement dans le délit de l'article 405 et prive le délit de son caractère illicite. Il convient toutefois d'examiner les contours du consentement à la réalisation du montage et du consentement à sa publication.

1- Le consentement à la réalisation du montage

La réalisation d'un montage est une œuvre de l'esprit dont l'initiative doit être laissée à la discrétion de son auteur. Le réalisateur choisit son scénario selon les circonstances. Le montage peut être réalisé pour un documentaire, la publicité d'un nouveau produit, pour un événement quelconque. Le réalisateur peut, selon son objectif, choisir d'inclure dans son montage les paroles ou l'image d'une ou de plusieurs personnes. Son montage sera d'autant plus intéressant qu'il aura fait preuve de grande finesse. Dans la société de l'information qui est la notre, la célérité est de mise. Il faut tout faire bien et vite. Le réalisateur qui sera contraint d'aller requérir le consentement des personnes qu'il souhaite inclure dans son montage aura manifestement du mal à être dans les délais. Le plus difficile sera d'obtenir ce consentement à chaque fois, car il lui faudra supporter l'humeur des personnes concernées. Le droit à l'information du public serait soumis

---

536 Req., 23 avril 1903, D., 1903. I.524.

537 Voir RANANAS J., op. cit., p. 536.

à la fluctuation de l'humeur des particuliers. Cela pouvait être évité en laissant au réalisateur la liberté de faire ses montages sans requérir le consentement de ses personnages. M. Becourt pense ainsi et écrit que « le véritable montage ne choque personne. Auditeur et téléspectateur y sont rompus, conscients qu'ils sont de sa nécessité, de son utilité même, surtout le public jeune initié depuis longtemps par le cinéma. Le montage temporel par le son ou l'image animé, ou leur combinaison, apparaît donc bien comme une évidence naturelle pour tous, y compris l'intéressé, ce qui exclut de requérir de sa part un consentement superflu[538] ». Par contre, il soutient qu'en cas de réalisation de montage à partir d'images fixes comme la photographie, le consentement est requis pour éviter une atteinte patente tout au moins virtuelle. Dans tous les cas, il n'est pas nécessaire d'exiger de requérir le consentement dans l'hypothèse d'une mention expresse ou d'évidence[539]. C'est ce qui se dégage du texte de l'article 407 qui dit : « s'il n'apparaît pas à l'évidence qu'il s'agit d'un montage ou s'il n'en est pas expressément fait mention ». Ce qui est exigé, c'est plutôt le consentement à la publication du montage malveillant.

2- Le consentement à la publication du montage

Le consentement à la publication du montage est une mesure qui protège la personne contre la publication des montages réalisés dans l'intention de nuire à sa dignité. Pour M. Pradel, l'intention de nuire se manifeste par le dol et rend le montage punissable[540]. Le montage trompe le public en faisant croire qu'il s'agit de la réalité. Cette situation présente un danger pour la victime qui n'a pas donné son accord à la publication. Dès lors que cet accord est donné, la publication devient licite. M. Frémond est dans cette logique et considère que, pour que l'infraction ne soit pas réalisée, il suffit - et c'est même une condition nécessaire - que la personne représentée accepte ladite publication[541]. Cette acceptation doit être claire et non équivoque.

A travers les nouveaux délits d'atteinte à l'intimité de la vie privée, un rôle accru est reconnu à la volonté. L'importance de la volonté de la personne concernée par les atteintes se manifeste

---

[538] BECOURT D., op. cit., p. 204.
[539] PRADEL J., op. cit., p. 115.
[540] PRADEL J., op. cit., p. 116.
[541] FREMOND P., op. cit., p. 426.

d'abord par le fait de donner son consentement à une investigation dans l'intimité de la vie privée ou à une divulgation de celle-ci. Aussi, aux termes de l'article 409, l'action publique ne pourra être engagée que sur plainte de la victime. Quand bien même une atteinte à l'intimité de la vie privée aurait été constatée, le ministère public attendra de recevoir une plainte de la victime avant d'engager la répression.

Malgré son importance, cette évolution n'achève pas le processus d'ajustement qui doit aboutir à la reconnaissance à l'individu d'une maîtrise des informations le concernant. En effet, le recours à l'informatique est de plus en plus une priorité dans tous les secteurs de la vie politique et socio-économique du Bénin. L'utilisation d'ordinateurs est gage de performance, aussi bien dans les administrations de l'Etat que chez les acteurs économiques. On assiste à la naissance de fichiers de plus en plus nombreux pour des besoins eux aussi nombreux et variés. Pour s'en tenir à l'actualité, on peut relever, au niveau des organes de l'Etat, le projet d'informatisation de la liste électorale. Chez les opérateurs économiques, on est arrivé jusqu'à l'introduction des paiements par carte de crédit. Si cette évolution est, à bien des égards, salutaire, elle inquiète cependant lorsqu'on s'interroge sur les garanties qu'elle offre aux libertés, notamment à la vie privée. Comme l'a souligné le Comité des droits de l'homme dans son observation générale n° 16, le rassemblement et la conservation, par des autorités publiques, des particuliers ou des organismes privés, de renseignements concernant la vie privée d'individus sur des ordinateurs, dans des banques de données et selon d'autres procédés, doivent être réglementés par la loi. Il est alors nécessaire de poursuivre le renforcement de la protection de la vie privée par une loi sur la protection des personnes contre les dangers de violation de la vie privée liés à l'utilisation de l'informatique.

Titre 2 : La protection spécifique de la vie privée contre les atteintes liées à l'informatique

Depuis plus d'une décennie déjà, les pays occidentaux ont amorcé un mouvement qui vise à protéger les données à caractère personnel. En 1978, la France a élaboré sa première loi. Trois années plus tard en 1981, l'Europe a élaboré une convention en la matière, la convention 108, ratifiée par les Etats membres du Conseil de l'Europe. En 1995, les différentes législations européennes sur les données à caractère personnel apparaissaient inadaptées aux nouvelles réalités, surtout sur la question de l'équilibre entre le respect de la vie privée et la libre circulation des données. La communauté européenne a dû élaborer la directive 95/46/CE[542] qui fait obligation aux Etats d'adapter leur législation à la nouvelle donne. Au Bénin, c'est plutôt des textes généraux[543] qui assurent, entre autres finalités, la protection des données nominatives. L'examen de ces textes fait apparaître que la protection de la vie privée au Bénin, liée à l'utilisation de l'informatique, comporte des aspects non juridictionnels et des aspects juridictionnels. Nous allons aborder l'examen de ces différents aspects en soulignant, au besoin, les éléments sur lesquels on pourrait insister dans le cadre d'une loi spécifique de protection des données nominatives au Bénin.

---

542 JO L 281 du 23 octobre 1995, p. 31.

543 Il s'agit notamment de la loi n° 99-14 du 12 avril 2000 portant création, organisation et fonctionnement du Conseil National de la Statistique, et de la toute récente loi n° 2005-14 portant règles générales pour les élections en République du Bénin.

Chapitre 1 : Les aspects non juridictionnels de la protection des données à caractère personnel

Chaque jour, l'individu est en quête permanente de prestations. La satisfaction des prestations qui s'accroissent sans cesse le conduit à laisser des informations sur lui dans chaque lieu où il se trouve. Ces lieux, qui sont aussi nombreux que les prestations recherchées, comprennent les services de santé, le lieu de travail, la sécurité sociale, la mairie, les services de sécurité, la justice, l'armée, le service des impôts, les banques, les assurances, les agences de voyage, les compagnies de transport, les entreprises les plus diverses... . Que deviennent les informations ainsi recueillies ? Le Comité des droits de l'homme donne des directives pour une réglementation que l'on peut articuler respectivement autour de la question des champs d'application ainsi que de quelques principes directeurs[544]. Ce sont ces directives que l'on retrouve dans la loi n° 99-14 du 12 avril 2000 portant création, organisation et fonctionnement du Conseil National de la Statistique et de la toute récente loi n° 2005-14 portant règles générales pour les élections en République du Bénin.

Section 1 : Le champ d'application de la protection des données nominatives

Le champ d'application de la protection des données nominatives se définit par le domaine matériel, objet de la protection, ainsi que les différents acteurs concernés.

Paragraphe 1er : Le champ d'application matériel

La réglementation envisagée a pour objet les données à caractère personnel ou les informations nominatives ainsi que leur traitement.

---

[544] Voir observation générale N° 16, précitée.

A- Les données à caractère personnel ou informations nominatives

Dans son sens générique, l'information désigne les renseignements sur quelqu'un ou sur quelque chose[545]. La plupart des législations contemporaines utilisent la terminologie d'information nominative. Pour qu'une information soit considérée comme nominative au sens de la loi, elle doit avoir pour objet une personne physique et, ensuite, permettre de l'identifier.

1- La personne physique comme objet de l'information nominative

Selon l'article 5 de la loi 2005-14, les informations nominatives sont celles qui permettent l'identification des personnes concernées. Le Comité des droits de l'homme de l'ONU parle de renseignements concernant les individus[546]. Cette référence à l'individu montre que c'est la personne physique qui est visée. La loi française du 6 janvier 1978 sur l'informatique et les libertés utilise littéralement l'expression « personne physique ». L'information nominative au regard de cette loi est celle qui s'applique aux personnes physiques[547]. Il en est de même de la loi N° 010-2004/AN portant protection des données à caractère personnel au Burkina Fasso[548]. La loi belge du 8 décembre 1992, relative à la protection de la vie privée à l'égard des traitements de données à caractère personnel, reprenant mot pour mot la définition qu'en donne la directive 95/46/CE, définit la donnée à caractère personnel comme « toute information concernant une personne physique identifiée ou identifiable[549] ». La même définition a été adoptée par l'Organisation de Coopération et de Développement Economique.

Les textes nationaux et internationaux convergent donc vers l'idée que c'est la personne physique qui est l'objet de l'information nominative ou des données à caractère personnel. Les renseignements ou informations sur les personnes morales ne constituent donc pas des données à caractère personnel. MM. Huet et Maisl soutiennent qu'il

---

[545] Définition donnée par le Robert.
[546] Observation générale N° 16, paragraphe 10 précité.
[547] Voir Journal officiel français du 7 janvier 1978.
[548] Voir Annexe.
[549] Voir Moniteur belge, 18 mars 1993.

en est ainsi parce que les personnes morales, contrairement aux personnes physiques, n'ont pas de vie privée[550]. M. Kayser considère toutefois que, si les informations nominatives ont pour objet la personne physique, leur application n'est pas sans répercussion sur les informations relatives aux personnes morales[551]. Il en est ainsi, par exemple, des fichiers d'entreprise qui contiennent des informations sur l'entreprise personne morale et des informations sur son chef, les associés qui, eux, sont des personnes physiques, au regard desquels les informations doivent être considérées comme des données à caractère personnel. La Cour Européenne juge à ce propos que la protection offerte par l'article 8 continue à jouer en faveur d'un individu dont les activités professionnelles et non professionnelles s'imbriquent à un point tel qu'il n'est pas possible de les dissocier[552]. Donc, il ne suffit pas que l'information ait pour objet une personne pour être dite nominative ; elle doit ensuite permettre d'identifier cette personne.

2- L'identification des personnes

Selon l'article 6 de la loi 2005-14, le recensement électoral national approfondi est une opération de collecte d'informations qui identifie les électeurs. La personne physique, objet de l'information nominative, doit être identifiée ou identifiable. A ce titre, la loi 2005-14 autorise la collecte des données se rapportant au nom et prénom de la personne concernée et ceux de ses père et mère, son sexe, sa profession, la date et le lieu de sa naissance. Est également autorisée la collecte des photos numériques et empreintes digitales de la personne, de sa résidence habituelle, des documents prouvant la filiation, l'âge et la nationalité[553]. Pour la doctrine, l'identification peut se faire de manière directe ou indirecte, sous quelque forme que ce soit[554]. Tous les textes étrangers convergent également sur ce critère. L'évaluation des moyens d'identification ne tient pas compte seulement des moyens à la disposition du responsable du traitement mais se réfère à l'ensemble des moyens susceptibles d'être raisonnablement mis en œuvre, par le responsable du traitement ou par toute personne, pour

---

[550] HUET J. et MAISL H., Droit de l'informatique et de télécommunication. Ed. Litec, Paris, 1989, p. 183.
[551] KAYSER P., La protection de la vie privée par le droit, op. cit., p. 435.
[552] Cour Eur. Dr. H., arrêt Huvig, paragraphe 8.
[553] Voir article 6 de la loi 2005-14 en annexe.
[554] BOULANGER M. H., de TERWAGNE C., LEONARD Th., LOUVEAUX S., MORCEAU D., POULET Y. : La Protection des Données à Caractère Personnel en Droit Communautaire, in Journal des Tribunaux de Droit Européen, 1997, p. 124.

identifier une personne[555]. Il peut s'agir d'un numéro de téléphone, d'un numéro de plaque de voiture, de données contenues dans un répertoire de carnet d'adresses, professionnel ou non, de photos, de données invisibles transmises lors de session internet, de données bibliographiques, de l'identification des parties, des juges et des plaideurs dans les décisions de jurisprudence. Par contre, la protection n'est pas accordée aux données rendues anonymes d'une manière telle que la personne concernée n'est plus identifiable[556].

Pour bénéficier de la protection, les informations nominatives doivent être traitées.

B- Le traitement de données à caractère personnel

Le traitement visé est le traitement automatisé. La protection peut être toute fois étendue aux traitements des fichiers manuels et mécanographiques.

1- Le traitement automatisé de données à caractère personnel

La loi 2005-14 parle de traitement d'informations nominatives sans le définir. Elle mentionne seulement, à l'article 4, que la liste électorale permanente informatisée est le résultat d'un traitement automatisé d'informations nominatives. On trouve une telle définition à l'article 2 de la loi française N°78-17 selon lequel le traitement automatisé désigne « tout ensemble d'opérations réalisé par des moyens automatiques, relatif à la collecte, l'enregistrement, l'élaboration, la modification, la conservation, et la destruction d'informations nominatives ainsi que tout ensemble de même nature se rapportant à l'exploitation de fichiers ou bases de données, les interconnections ou rapprochements, consultations ou communications d'informations nominatives ». La directive 95/46/CE procède de même en son article 2-b. Au regard de cette définition, le traitement automatisé est celui qui se réalise par des moyens automatiques. Selon M. Kayser, par moyens automatiques il faut

---

[555] Mme de TERWAGNE C., La nouvelle loi belge de protection des données à caractère personnel, in La protection de la vie privée dans la société de l'information. Tomes 3, 4, 5. Ed. PUF, Paris, 2002, p. 93.

[556] BOULANGER M. H., de TERWAGNE C., LEONARD Th., LOUVEAUX S., MORCEAU D., POULET Y., op. cit., p. 125.

entendre l'utilisation d'ordinateurs car ces derniers, à partir des informations qu'ils traitent, peuvent produire de nouvelles informations[557]. A l'aide d'informations sur l'identité et le domicile de quelqu'un, l'ordinateur peut produire par exemple un profil de personnalité de cette personne. Comme le note Mme de Terwagne, les moyens automatisés englobent toutes les technologies nouvelles de l'information et de communication[558]. L'automatisation du traitement doit avoir pour objet les différentes opérations que la loi énumère. Dans la loi 99-14, on parle seulement de traitement. On peut donc en déduire que, sans s'arrêter en revanche à ces seules opérations, la protection peut être étendue à certains traitements non automatisés.

2- Le traitement des fichiers manuels et mécanographiques

Dans la version ancienne de la loi 78-17, l'extension de la protection du traitement automatisé d'informations nominatives figure à l'article 45 de la loi qui stipule, en son alinéa 1er, que « les dispositions des articles 25, 27, 29, 30, 31, 32, et 33 relatifs à la collecte, à l'enregistrement et la conservation des informations nominatives, sont applicables aux fichiers non automatisés ou mécanographes autres que ceux dont l'usage relève de l'exercice strict du droit à la vie privée ». Dès lors donc que les données sur lesquelles portent les opérations de la collecte, l'enregistrement et la conservation, figurent ou sont appelées à figurer dans un fichier, elles bénéficient de la protection, indépendamment de tous procédés automatisés. La loi belge du 8 décembre 1998 définit le fichier comme « un ensemble structuré de donnés à caractère personnel accessibles selon des critères déterminés, que cet ensemble soit centralisé, décentralisé, ou réparti de manière fonctionnelle ou géographique[559] ». Dans sa nouvelle version la loi 78-17 adopte la même définition[560], plus conforme à celle donnée par la directive N°95/46/CE. En l'absence de traitement automatisé, il faudrait que les données soient accessibles selon des critères bien déterminés. Si les données ne sont pas structurées, on est en présence de simples dossiers auxquels on ne saurait étendre la protection. La loi béninoise reste silencieuse sur

[557] KAYSER P., La protection de la vie privée par le droit, op. cit., p. 435 ; GASSIN R., vie privée (atteinte à la), Répertoire droit pénal Dalloz, n°35.
[558] de TERWAGNE C., op. cit., p. 94.
[559] Voir article 1er, paragraphe 3.
[560] Voir article 2-4.

cette question mais ce silence ne signifie certainement pas une exclusion des fichiers manuels ou mécanographes.

L'existence de ces données à caractère personnel n'est pas possible s'il n'y a pas des personnes pour les réaliser ou des personnes à qui elles s'appliquent.

Paragraphe 2 : Les acteurs du traitement

On dénombre deux catégories d'acteurs qui interviennent dans la protection des données : les personnes concernées et l'autorité de contrôle.

A- Les personnes concernées

Les personnes concernées peuvent être soit le responsable du traitement ou la personne à laquelle le traitement s'applique.

1- Le responsable du traitement

La loi française N°78-17 désignait le responsable du traitement en termes de « personne concernée », mais spécifie que le traitement peut être effectué par une personne physique ou par une personne morale[561]. La loi belge est plus explicite sur la détermination du responsable du traitement. En se basant sur celle-ci, Mme de Terwagne considère que « la notion de responsable de traitement désigne la personne physique ou morale, l'association de fait ou l'administration publique qui, seule ou conjointement avec d'autres, détermine les finalités et les moyens de traitement de données à caractère personnel[562] ». La même précision figure dans la nouvelle version de la loi 78-17 qui considère désormais que le responsable d'un traitement de données à caractère personnel est, sauf désignation expresse par les dispositions législatives ou réglementaires relatives à ce traitement, la personne, l'autorité publique, le service ou l'organisme qui détermine ses finalités et ses moyens[563]. Doit donc être considérée comme responsable du traitement, la personne qui se trouve investie d'un pouvoir de décision sur le traitement des données.

---

561 Voir articles 4 et 5.

562 de TERWAGNE C., op. cit., p. 95.

563 Voir article 3-1.

Dans les cas où les finalités et les moyens du traitement sont déterminés par une loi, une ordonnance ou un décret, la personne investie de ce pouvoir est celle que le texte en question désigne comme telle. Dans le cadre de la loi 2005-14, la liste électorale permanente informatisée est réalisée sous l'autorité de la Commission électorale nationale autonome. C'est donc l'aptitude à déterminer la finalité du traitement qui sert de critère pour la détermination du responsable du traitement. Toutefois, des exceptions sont à prévoir pour certains traitements[564]. Parmi les exceptions, certaines sont globales et d'autres partielles.

Les exceptions globales sont celles qui soustraient certains traitements de données de l'ensemble de la loi. C'est le cas de l'exception dont bénéficient les traitements de données effectuées par une personne physique pour l'exercice d'activités exclusivement personnelles ou domestiques. Quant aux exceptions partielles, elles dispensent du respect de certaines dispositions de la loi. Bénéficient de cette exception les traitements de données à caractère personnel effectués aux seuls fins de journalisme ou d'expression artistique ou littéraire, les traitements de données à caractère personnel effectués à des fins de sécurité publique. Pour M. Soyer, les exceptions au profit des organismes de presse ouvrent une brèche énorme mais inévitable pour permettre à ces organismes d'exercer la liberté d'expression qui est un droit de l'homme[565]. Les exceptions tirées des motifs d'intérêt public réalisent difficilement, par contre, la conciliation entre l'intérêt des personnes et celui de l'Etat[566]. Ces exceptions n'enlèvent pas pour autant, aux personnes fichées, le droit à la protection des éléments de la vie privée.

2- La question des données sensibles

Au sens de l'article 13 de la loi n°2005-14, les données sensibles sont les informations sur l'ethnie, la race, les opinions politiques, les convictions religieuses, philosophiques, ainsi que l'appartenance à un parti politique, à un syndicat ou à toute autre association. Elles sont considérées comme sensibles parce qu'elles

---

[564] Articles 31 et 33 de la loi française du 6 janvier 1978 ; article 3 de la loi belge du 1992.

[565] Opinion rapportée par KAYSER P., op. cit., p. 465.

[566] Voir POULEY Y. et HAVELANGE B., Secret d'Etat et vie privée ou comment concilier l'inconciliable, in Droit de technologies de l'information, regard prospectif. Cahier du CRID, n° 16, Bruxelles, Bruylant, 1999, N° 15.

peuvent engendrer des discriminations. Dans le contexte européen, les données sensibles sont les données qui font apparaître, directement ou indirectement, les origines raciales, les opinions politiques, philosophiques ou religieuses ou les appartenances syndicales des personnes[567]. Les responsables du traitement ne peuvent les mettre ou les conserver en mémoire informatisée ou dans les fichiers. Cette interdiction, observe M. Kayser, vise à protéger le secret de la vie privée et permet de prévenir les discriminations fondées sur l'origine ethnique, les opinions politiques, philosophiques ou religieuses ou les appartenances syndicales des personnes[568]. La personne concernée peut toujours faire échec à cette interdiction en donnant son consentement à l'enregistrement et la conservation de ces informations dans des mémoires informatisées ou dans des fichiers. Selon M. Ancel, cette limitation est fondée sur le principe selon lequel l'individu est maître de la protection des aspects moraux de sa personnalité[569]. S'y ajoutent trois autres : les exceptions pour des motifs d'intérêt public concernant directement les ministères de l'intérieur et de la défense, les exceptions au profit des organes de presse. Ces deux exceptions sont celles que nous avions évoquées dans le paragraphe précédent. Enfin, il y a l'exception au profit des églises et des groupements à caractère philosophique ou syndical qui ont la permission de tenir le registre de leurs membres. La loi béninoise ne mentionne pas ces exceptions.

L'interdiction générale de mettre ou de conserver en mémoire informatisée, sauf accord exprès de l'intéressé, des données nominatives qui, directement ou indirectement, font apparaître les origines raciales ou les opinions politiques, philosophiques ou religieuses, ou les appartenances syndicales des personnes, malgré sa pertinence, appelle certaines observations en ce qui concerne leur application dans les pays africains comme le Bénin. Il s'agit surtout de l'interdiction se rapportant à l'origine ethnique ou aux opinions religieuses.

En ce qui concerne les opinions religieuses, la plupart des africains en général pratiquent une religion. Cette pratique est un acte

---

[567] HUET J. et MAISL H., Droit de l'informatique et de télécommunication. Ed. Litec, Paris, 1989, p. 176-177.

[568] KAYSER P., op. cit., p. 462.

[569] ANCEL P., La protection des données personnelles. Aspects du droit privé français. Rev. Inter. Dr. Comp., 1987, p. 619.

public. Les adeptes d'une religion vont dans leur lieu de culte au vu et au su de tout le monde. Ceux qui pratiquent la même religion établissent entre eux une communauté de vie qui exclut de la vie privée les pratiques religieuses. De plus, le nom patronymique d'une personne est un indicateur de sa religion et aussi de son appartenance ethnique. A ce niveau aussi, on voit émerger, dans les pays africains en proie à l'instabilité politique, des modes de règlement de conflits qui font référence à l'appartenance ethnique. On admet, par exemple, que si le président de la république est d'une ethnie donnée, le vice-président ou le président de l'Assemblée devrait être d'une ethnie différente, pour assurer un équilibre entre les différents groupes ethniques dans la gestion du pouvoir politique. On procède de ce fait à la mise en mémoire informatisée de données touchant l'origine ethnique pour la gestion du pouvoir politique et la prévention des conflits.

Ces faits montrent qu'il est superflu de considérer l'origine ethnique et l'opinion religieuse comme données sensibles dans les sociétés africaines. Si on les maintient comme telles, il faudrait que l'autorité de contrôle fasse du texte une application assez souple.

B- L'autorité de contrôle et de surveillance

La législation béninoise place le contrôle et la surveillance du traitement des informations nominatives sous le contrôle directe des juridictions[570]. Cette solution ne paraît pas raisonnable car le juge béninois, déjà encombré, sera vite submergé. Pour éviter cela, la plupart des législations européennes sur la protection des informations nominatives ont institué, en amont, un organe spécifique de contrôle. Les pays africains qui se dotent d'une loi spécifique de protection des données nominatives en font autant. Dotés en général d'une compétence réduite aux avis, ces organes évoluent vers l'acquisition d'un véritable pouvoir de décision et d'intervention. C'est ce que l'on découvre en étudiant leur statut et leur pouvoir.

1- Le statut de l'organe de contrôle

M. de Schutter fait remarquer à juste titre qu'il est essentiel, pour une protection effective du droit au respect de la vie privée à

570 Voir les articles 14 et 22 de la loi N° 2005-14.

l'égard des traitements de données à caractère personnel, qu'une autorité de contrôle puisse assurer une mission de surveillance du respect de la législation en vigueur : la vigilance des individus concernés ne suffit pas, dans la plupart des cas, à ce que les éventuels abus soient sanctionnés[571]. A ce titre, la loi N° 78-17 en France consacre son chapitre 3 à la création d'un organe de contrôle et d'application de la loi. Cet organe est dénommé Commission nationale de l'informatique et de libertés. Il est chargé de veiller au respect des dispositions de ladite loi. La Commission nationale de l'informatique et de libertés est une autorité administrative indépendante. Comme autorité administrative, elle est dotée du pouvoir de prendre des actes administratifs de portée réglementaire ou individuelle. Comme autorité indépendante, elle n'est soumise à aucune autorité de tutelle ni à aucune autorité supérieure hiérarchique[572]. Elle est composée de 17 membres nommés pour cinq ans ou pour la durée de leurs mandats, représentés à raison de deux par les corps constitués à savoir le parlement, le conseil économique et social, le conseil d'Etat, la Cour de cassation et la Cour des comptes. Les autres membres sont constitués par deux personnes qualifiées pour leur connaissance des applications informatiques, nommées par décret sur proposition respective du président de l'Assemblée nationale et du président du Sénat, et de trois personnalités désignées en raison de leur autorité et de leur compétence, nommées par décret en Conseil des ministres. Elle établit son règlement intérieur et élit son bureau composé d'un président élu pour cinq ans et de deux vices-présidents.

Pour renforcer l'indépendance de la Commission, la loi accorde à ses membres l'inamovibilité et leur impose des incompatibilités. En effet, excepté les cas de démission, il ne peut être mis fin aux fonctions de membre de la Commission. Dans les cas d'empêchement, la Commission procède au constat d'empêchement dans les conditions qu'elle définit elle-même. Aussi, aucun membre de la Commission ne peut exercer, cumulativement à ses fonctions, les fonctions de membre du gouvernement. Ils ne peuvent non plus exercer ou détenir de participation dans les entreprises concourant à la fabrication ou à la fourniture de matériel utilisé en informatique ou en télécommunication.

---

[571] de SCHUTTER O., l'article 8. Protection des données à caractère personnel. A paraître.
[572] GASSIN R., op. cit. Répertoire Dalloz de droit pénal, N° 243 à 280 et N° 229.

Pour faciliter l'accomplissement de ses missions, la Commission est dotée d'un crédit inscrit au budget du ministère de la justice. Ce crédit est autorisé chaque année par la loi des finances. En plus des crédits budgétaires, la Commission est habilitée à percevoir des redevances dans le cadre de l'accomplissement des formalités préalables à la mise en œuvre de traitement de données.

Avec des moyens aussi importants, la Commission est à même d'exercer véritablement ses pouvoirs même si elle n'est limitée qu'à donner des avis.

2- Les pouvoirs de contrôle, de surveillance et d'information

La Commission est l'organe de mise en œuvre du régime de protection[573]. Elle n'est pas dotée d'un réel pouvoir mais participe au pouvoir de décision de l'exécutif en donnant des avis sous forme de délibération. A ce titre, elle peut faire des propositions ou donner son avis pour que la transmission vers l'étranger, sous quelque forme que ce soit, d'informations nominatives faisant l'objet de traitement automatisé soit soumise à autorisation préalable ou réglementée selon des modalités spécifiques. Pour des motifs d'intérêt public, il peut être fait exception à l'interdiction d'enregistrer des données sensibles sur proposition ou après avis de la Commission. De même aussi, elle peut faire des propositions pour l'extension des règles applicables aux données automatisées à des fichiers manuels ou mécanographes. Elle apparaît comme l'interprète de la loi[574].

Outre sa participation au pouvoir de décision, la Commission contrôle l'application de l'informatique aux traitements de données nominatives. Pour lui faciliter la tâche, il est interdit à tout détenteur ou utilisateur de fichiers nominatifs, qu'il s'agisse d'un ministre, de toute autorité publique, de dirigeants d'entreprise publique ou privée, de responsables de groupements divers et de toute personne, de s'opposer pour quelque raison que ce soit à l'action de la Commission ou de ses membres. A ce titre, ni le secret de la défense, ni le secret médical, ni le secret des affaires ne peuvent lui être opposés. La loi

---

[573] De LAUBADAIRE A., AJDA, 1978, p. 147.

[574] FRAYSSINET J., L'utilité et les fonctions d'une formulation d'objectifs : l'exemple de la loi du 6 janvier 1978, in Revue recherche juridique, 1989, 912.

fait obligation de prendre toutes mesures utiles pour lui faciliter la tâche. Elle se fait assister de techniciens mais aussi de juristes pour mener à bien ses investigations.

La Commission ne se limite pas seulement à la surveillance et au contrôle. Elle a aussi une mission d'information en informant et en s'informant[575]. La Commission s'informe en recevant les réclamations, les pétitions et les plaintes qui lui sont adressées. Cette procédure lui permet d'être tenue au courant de l'existence de fichiers mal déclarés ou pas du tout déclarés. Elle n'attend pas que les victimes lui adressent des plaintes. Elle peut, par ses propres investigations, se tenir informée des activités industrielles et des services qui concourent à la mise en œuvre de l'informatique. A la suite des informations qui lui sont fournies, soit par la procédure des plaintes, soit sur ses investigations, la Commission présente chaque année un rapport au Président de la République et au Parlement, rapport publié qui rend compte de sa mission. Elle met aussi à la disposition du public la liste des traitements. La Commission peut, dans certains cas, prononcer des sanctions pécuniaires. Lorsqu'elle constate des infractions, elle saisit les juridictions répressives compétentes. En France, la Commission, plutôt que de se lancer dans une politique répressive, a pratiqué ce que certains auteurs appellent la justice retenue[576].

Investie de ces différentes attributions, la Commission s'efforce de faire respecter les principes directeurs qui régissent le traitement des données à caractère personnel.

Section 2 : Les principes directeurs régissant le traitement des données

Lorsqu'une personne communique des informations la concernant, elle met en jeu le respect de son droit à la vie privée. Il lui faut, à cet effet, des garanties depuis l'obtention des informations jusqu'à leur utilisation, conservation et divulgation. La loi N° 2005-14 établit des garanties d'ordre substantiel et procédural qui sont identiques à celles que l'on retrouve dans la directive européenne

[575] GASSIN R., op. cit. N° 243 à 280.
[576] Voir HUET J. et MAISL H., op. cit .

N°95/46/CE et dans les législations nationales occidentales[577]. Il en résulte des obligations qui s'imposent au responsable du traitement et des droits reconnus à la personne fichée.

Paragraphe 1er : Les obligations du responsable du traitement

Le responsable du fichier, avant toute création de traitement, est tenu d'accomplir des formalités préalables. Il doit aussi, entre autres, fixer une finalité du traitement compatible avec les exigences de la loi.

A- L'accomplissement de formalités préalables

L'accomplissement des formalités préalables répond à des exigences de licéité et de loyauté du traitement. Pour être licite, le traitement doit répondre à des prescriptions légales.

1- L'exigence d'une autorisation légale

La loi 2005-14 contient des dispositions relatives à l'établissement d'une liste électorale permanente informatisée par la Commission électorale nationale autonome (CENA). Conformément à l'article 35 de la loi, la CENA est un organe administratif indépendant. On peut en déduire que le traitement de la liste électorale relève du secteur public. Selon l'article 7, elle est établie sur la base des conditions déterminées par la loi. L'exigence d'une telle autorisation légale figure également dans la loi française N° 78-17 qui fait cependant une distinction entre les traitements du secteur public et ceux du secteur privé. Pour la doctrine, la distinction des traitements du secteur public et du secteur privé répond au souci d'assurer une meilleure protection de l'individu contre les abus des pouvoirs publics[578]. Les fichiers du secteur public, perçus comme beaucoup plus attentatoires à la vie privée des individus, ont été soumis à des formalités de création plus lourdes alors que les traitements du secteur privé doivent, préalablement à leur mise en œuvre, faire l'objet d'une simple déclaration soumise à la CNIL. M. Kayser note que la protection de personnes est plus complète à l'égard de la création des

---

[577] de SCHUTTER O., l'article 8 précité.
[578] Voir KAYSER P., op. cit., p. 239.

traitements du secteur public qu'à l'égard des traitements du secteur privé[579].

Aux termes de l'ancien article 15 al. 1 de la loi française de 1978, sont considérés comme traitements du secteur public « les traitements automatisés d'informations nominatives opérés pour le compte de l'Etat, d'un établissement public ou d'une collectivité territoriale, ou d'une personne morale de droit privé gérant un service public ». Il n'est pas nécessaire que la personne publique gère elle-même le traitement[580]. Ce qui compte, c'est que le traitement soit géré pour le compte d'une personne morale de droit public, même par une personne morale de droit privé gérant un service public. En conséquence, les traitements d'informations nominatives créés par une entreprise de droit privé pour une collectivité publique sont soumis à autorisation ; il n'est donc pas possible à une collectivité publique de contourner l'autorisation légale préalable en confiant la création d'un traitement à une entreprise privée[581]. Toutefois, une distinction est faite suivant que la création émane d'une personne morale ou d'une personne physique. Selon M. Kayser, une telle distinction ne se justifie pas. Pour ces traitements, il faut une loi ou un acte réglementaire. L'autorisation légale sera soumise à l'avis obligatoire de la CNIL. L'avis de la CNIL peut être favorable ou défavorable, mais doit toujours être motivé. En cas d'avis défavorable, on ne peut passer outre que par un décret pris sur avis conforme du conseil d'Etat, ou, s'agissant d'une collectivité territoriale, en vertu d'une décision de son organe délibérant approuvé par décret pris sur avis conforme du conseil d'Etat. Le conseil d'Etat apparaît comme une instance d'appel de la Commission. S'agissant des traitements du secteur privé, les exigences sont moins rigoureuses. Aux termes de l'ancien article 16 de la loi N° 78-17, les traitements du secteur privé doivent, préalablement à leur mise en œuvre, faire l'objet d'une déclaration soumise à la CNIL. Constitue un traitement du secteur privé le traitement automatisé d'informations nominatives opéré pour le compte de personnes autres que celles soumises aux dispositions de l'article 15. Cette déclaration comporte l'engagement que le traitement satisfasse aux exigences de la loi. Dès qu'il a reçu le récépissé délivré

[579] KAYSER P., op. cit., p. 439.
[580] Voir MAISL H., op. cit., n° 11.
[581] KAYSER P. op. cit., p. 440.

sans délai par la Commission, le demandeur peut mettre en œuvre le traitement. Il n'est exonéré d'aucune de ses responsabilités.

Au Bénin, un contrôle similaire est exercé par le Conseil National de la Statistique dans le cadre du visa préalable que l'on doit solliciter de lui avant la réalisation de toute enquête, toute étude statistique ou socio-économique des services publics et des organismes internationaux.

2- Existence de règles communes aux deux secteurs

L'institution de deux régimes différents pour les traitements du secteur public et du secteur privé a fait l'objet de correctifs pour certains types de traitements[582]. La loi française a prévu des règles communes pour les catégories les plus courantes de traitements à caractère public ou privé qui ne comportent manifestement pas d'atteinte à la vie privée ou aux libertés. Aux termes de l'ancien article 17 de la loi 78-17, la CNIL établit et publie, pour ces catégories, des normes simplifiées inspirées des caractéristiques mentionnées à l'article 19. Pour les traitements répondant à ces normes, seule une déclaration simplifiée de conformité à l'une de ces normes est déposée auprès de la Commission. Sauf décision particulière de celle-ci, le récépissé de déclaration est délivré sans délai. Dès réception de ce récépissé, le demandeur peut mettre en œuvre le traitement. Il n'est exonéré d'aucune de ses responsabilités. Quel que soit le secteur, la demande d'avis ou la déclaration doit donner, aux termes de l'article 19, des précisions sur :

- la personne qui présente la demande et celle qui a pouvoir de décider la création du traitement ou, si elle réside à l'étranger, son représentant ;

- les caractéristiques, la finalité et, s'il y a lieu, la dénomination du traitement ;

- le service ou les services chargés de mettre en œuvre celle-ci ;

[582] KAYSER P., op. cit., p. 451.

- le service auprès duquel s'exerce le droit d'accès ainsi que les mesures prises pour faciliter l'exercice de ce droit ;

- les catégories de personnes qui, en raison de leur fonctions ou pour les besoins du service, ont directement accès aux informations enregistrées ;

- les informations nominatives traitées, leur origine et la durée de leur conservation ainsi que leurs destinataires ou catégories de destinataires habilités à recevoir la communication de ces informations ;

- les rapprochements, interconnections, ou toute autre forme de mise en relation de ces informations ainsi que leur cession à des tiers ;

- les dispositions prises pour assurer la sécurité des traitements et des informations et la garantie des secrets protégés par la loi ;

- si le traitement est objet d'un flux transfrontalier de données.

En cas de modification de ces mentions ou de suppression de traitement, il faut en tenir la Commission informée. Toutefois, les demandes d'avis relatives aux traitements d'informations nominatives intéressant la sûreté de l'Etat, la défense et la sécurité publique peuvent ne pas comporter certaines de ces mentions.

De nos jours, la ligne de partage entre secteur public et secteur privé a perdu de sa pertinence en raison de l'évolution de la micro-informatique et l'essor de l'internet. Depuis 1995, la directive 95/46/CE invite les Etats européens à adopter une législation qui prenne en compte non plus l'origine des fichiers mais leur degré de « dangerosité » pour les libertés. Elle prévoit, à cet effet, une procédure de notification à l'autorité de contrôle préalablement à la mise en œuvre d'un traitement, ou une notification simplifiée pour certains traitements. En revanche, les traitements « susceptibles de présenter des risques particuliers au regard des droits et libertés des personnes concernées » feront l'objet de contrôles préalables. En Belgique, la transcription de la directive a été faite par les nouveaux articles 4 et 5 de la loi du 8 décembre 1992. La France vient aussi de mettre la loi du 6 janvier en conformité avec la directive par une loi nouvelle promulguée récemment en août 2004. Mais dans le contexte béninois, où l'on note une certaine prépondérance de l'Etat, il est plus indiqué de maintenir, dans le cadre d'une loi générale de protection des données personnelles, la dualité de régime entre le secteur public et le secteur privé, pour une meilleure protection de la vie privée.

Une fois les formalités préalables accomplies, la gestion des informations nominatives doit obéir à une certaine déontologie.

B- L'exigence d'une déontologie de la gestion d'informations nominatives

La collecte, l'enregistrement et la conservation des données à caractère personnel doivent répondre à une finalité. Le respect de cette finalité oblige le responsable à suivre des règles minimales qui garantissent le respect des libertés et de la vie privée. Certaines de ces règles concernent les limitations à l'enregistrement des données et d'autres l'origine des données et leur conservation.

1- Les limitations à l'enregistrement des données

Les limitations à l'enregistrement des données ont pour but de donner à l'individu la possibilité d'exercer un contrôle sur les informations le concernant. Selon l'article 7 de la loi, aucune donnée électorale ne doit être obtenue ou traitée à l'aide de procédés illicites, ni être utilisée à des fins contraires aux lois, aux règlements ni aux bonnes mœurs. Les législations européennes sont plus explicites à cet égard et interdisent la collecte de données par des moyens frauduleux, déloyaux ou illicites. La collecte de données est ainsi soumise à un principe de loyauté car elle doit se faire dans la transparence[583]. Si tout se fait dans la transparence, toute personne physique pourra s'opposer, pour des raisons légitimes, à ce que des informations nominatives la concernant fassent l'objet d'un traitement[584]. La personne concernée exerce directement son droit d'opposition lorsque l'information est directement collectée auprès d'elle. Lorsque l'information est indirectement collectée auprès d'un tiers en vertu d'une disposition légale, la faculté d'opposition est exclue dès lors que l'acte de création

---

[583] BOULANGER M. H., de TERWAGNE C., LEONARD Th., LOUVEAUX S., MORCEAU D., POULET Y., op. cit., p. 127.
[584] Idem, p. 151.

du traitement ne l'a pas expressément exclue. Le droit d'opposition n'est donc pas absolu. La directive européenne reconnaît aux Etats européens la possibilité d'en réduire la portée ou simplement de la supprimer. Ainsi, l'administration peut écarter l'exercice de la faculté d'opposition pour ses fichiers. Pour exercer sa faculté d'opposition, la personne à laquelle le traitement s'applique doit se fonder sur des raisons légitimes. Pour la doctrine, les raisons légitimes qui peuvent fonder l'exercice de la faculté d'opposition résultent du fait que le développement de l'informatique ne doit porter atteinte ni à l'identité humaine, ni aux droits de l'homme, ni à la vie privée, ni aux libertés individuelles ou publiques[585].

Des obligations sont encore imposées au responsable du traitement et concernent l'origine des données et leur conservation.

2- Règles relatives aux origines des données et leur conservation

L'auteur de la collecte est tenu d'une obligation d'information de la personne fichée. Il est tenu d'assurer la sécurité des informations recueillies.

La loi 2005-14 prescrit, à tout responsable de traitement de données à caractère personnel, de fournir des informations précises aux personnes concernées par ces données. Les informations à fournir concernent le caractère obligatoire ou facultatif des réponses, les conséquences à leur égard d'un défaut de réponse, les personnes physiques ou morales destinataires des informations, l'existence d'un droit d'accès. La loi belge, en son article 9, va plus loin et ajoute à ces informations les précisions sur les coordonnées du responsable du traitement, l'existence d'une faculté d'opposition, ainsi que les finalités du traitement. Il s'agit d'informer la personne concernée sur les caractéristiques principales du traitement[586]. Les informations doivent être fournies au moment de l'obtention des données ou, au plus tard, au moment de la première communication des données lorsqu'elles ont été obtenues de manière indirecte. Cette mesure a pour but de développer une sensibilisation de l'opinion au problème

---

[585] Voir GASSIN R. cité par KAYSER P. op. cit., p. 476.

[586] BOULANGER M. H., de TERWAGNE C., LEONARD Th., LOUVEAUX S., MORCEAU D., POULET Y., op. cit., p. 150.

du fichage[587]. Par contre, lorsque les données à caractère personnel sont collectées en vue de procéder à la constatation d'infractions, le respect de cette formalité ne s'impose pas. Elle ne s'impose plus si la personne concernée est déjà informée.

La personne fichée bénéficie aussi d'un droit à l'oubli. Sauf dispositions législatives contraires, les informations nominatives ne doivent pas être conservées au-delà de la durée prévue à la demande d'avis ou à la déclaration. Lorsque le fichier, après ce délai, perd sa finalité mais garde encore un certain intérêt, l'on peut autoriser leur conservation.

De même encore, toute personne ordonnant ou effectuant un traitement d'informations nominatives s'engage de ce fait, vis-à-vis des personnes concernées, à prendre des précautions utiles afin de préserver la sécurité des informations et d'empêcher notamment qu'elles ne soient déformées, endommagées, ou communiquées à des tiers non autorisées. Il s'agit, pour le responsable du traitement, de prendre des mesures de sécurité physique mais aussi organisationnelle ou structurelle pour assurer un niveau de sécurité approprié au regard des risques présentés par le traitement ou par la nature du traitement[588].

La loyauté, la sécurité, le droit à l'oubli offrent des garanties sérieuses au respect des libertés et de la vie privée. Le législateur ne s'est pas contenté de les édicter ; il consacre à l'individu le pouvoir de contrôler que ces principes sont respectés par le responsable du traitement.

Paragraphe 2 : Les droits de l'individu sur les informations le concernant

La loi reconnaît à l'individu le droit d'accès aux informations nominatives le concernant. Lorsque les informations nominatives recueillies à son sujet sont fausses, il a le droit de les contester.

---

[587] HUET J. et MAISL H., op. cit., p. 175.

[588] Voir BOULANGER M. H., de TERWAGNE C., LEONARD Th., LOUVEAUX S., MORCEAU D., POULET Y., op. cit., p. 153.

A- Le droit d'accès

Le droit d'accès consiste pour la personne à avoir accès aux traitement des données le concernant. Il s'exerce en principe directement par la personne concernée. Dans certaines situations par contre, il ne peut l'exercer que de façon indirecte.

1- L'accès direct

La meilleure façon pour l'individu de s'assurer que le responsable du traitement respecte ses obligations est d'avoir accès aux fichiers contenant les informations nominatives le concernant[589]. Aux termes de l'article 12 de la loi 2005-14, les personnes auprès desquelles sont recueillies des informations nominatives ont un droit d'accès, de contestation et de rectification des informations fournies par elles. Cette prescription ne concerne que la liste électorale. Il serait nécessaire de prévoir dans une loi de protection générale que toute personne a le droit d'interroger les services ou organismes chargés de mettre en œuvre les traitements pour savoir si ces traitements portent sur des informations nominatives les concernant. Les personnes qui procèdent au traitement d'informations nominatives doivent être tenues de communiquer, aux personnes concernées qui en font la demande, l'existence ou non de données à caractère personnel les concernant. La communication, en langage clair, doit être conforme au contenu des enregistrements. La loi belge, par exemple, précise à cet effet que la communication doit comporter en outre toute information disponible sur l'origine des données. Cette exigence répond à la préoccupation des personnes de connaître l'origine des données lorsqu'elles n'ont pas été collectées directement auprès d'elles. Cela répond au souci d'éviter qu'une décision qui implique un comportement humain, qu'elle soit administrative ou privée ou qu'elle soit de justice, ne soit prise sur le seul fondement d'un traitement automatisé d'informations donnant un profil de la personnalité de l'intéressé. La loi 99-14 interdit clairement à cet effet que les renseignements individuels, portés sur les questionnaires d'enquête revêtus du visa du Conseil National de la Statistique, soient utilisés à des fins de contrôle fiscal ou de répression de quelque sorte que ce

---

[589] Voir de SCHUTTER O., article 8 , op.cit. ; BOULANGER M. H., de TERWAGNE C., LEONARD Th., LOUVEAUX S., MORCEAU D., POULET Y., op. cit., p.150.

soit[590]. En conséquence, toute personne a le droit de connaître et de contester les informations et les raisonnements utilisés dans les traitements automatisés dont les résultats lui sont opposés. Il est donc nécessaire que la communication fasse mention de l'origine des informations[591]. En clair, la personne concernée doit pouvoir obtenir la confirmation que ses données sont ou ne sont pas traitées. Elle doit connaître les finalités du traitement, les catégories de données sur lesquelles il porte, et les destinataires ou les catégories de destinataires auxquels les données sont communiquées. Elle doit aussi savoir exactement quelles données font l'objet du traitement et leur origine[592].

La loi béninoise ne fixe pas les modalités selon lesquelles s'exerce le droit d'accès. En France, par exemple, celui qui exerce son droit d'accès adresse une demande au responsable du fichier. Ce dernier est en mesure de saisir contradictoirement la CNIL qui peut lui accorder des délais de réponse ou l'autorisation de ne pas tenir compte de certaines demandes abusives, par leur nombre, leur caractère répétitif ou systématique. En cas d'urgence, le juge des référés peut prendre les mesures qui s'imposent pour éviter toute dissimulation ou dissipation d'informations nominatives. Le titulaire du droit d'accès reçoit une copie de la communication contre paiement d'une redevance forfaitaire. Comme la loi 2005-14 ne traite que du traitement de la liste électorale, elle n'a évoqué que l'accès direct. Pour certains types de traitements, il existe un droit d'accès indirect que certaines lois étrangères reconnaissent à leur sujet. A titre illustratif, nous allons examiner l'exemple du droit français, étant donné que notre système juridique s'inspire en grande partie de ce modèle.

2- L'accès indirect

Il existe en France deux situations dans lesquelles la personne concernée ne peut avoir directement elle-même accès aux informations nominatives la concernant. Il s'agit des informations nominatives touchant la sûreté de l'Etat et la sécurité publique, et les informations nominatives ayant trait aux données médicales. Dans ce

---

[590] Article 25 de la loi 99-14, annexe.

[591] de TERWAGNE C., op. cit., p. 106.

[592] BOULANGER M. H., de TERWAGNE C., LEONARD Th., LOUVEAUX S., MORCEAU D., POULET Y., op. cit., p. 150.

cas de figure, la personne concernée exerce son droit d'accès par l'intermédiaire de la CNIL[593]. En réalité, la Commission ne joue pas le rôle d'un représentant légal mais exerce un contrôle à la demande de la personne concernée[594]. En effet, lorsque les traitements intéressent la sûreté de l'Etat, la défense et la sécurité publique, la demande d'accès est adressée à la Commission qui désigne l'un de ses membres appartenant ou ayant appartenu au Conseil d'Etat, à la Cour de cassation ou à la Cour des comptes, pour mener toute investigation utile et faire procéder aux modifications nécessaires. Le requérant reçoit la notification qu'il a été procédé aux vérifications. Cette limitation du droit d'accès est aussi admise par la directive européenne mais à la condition qu'elle soit nécessaire pour sauvegarder la sûreté de l'Etat, la défense et la sécurité publique. Il est donc indispensable que cette limitation ne soit pas systématique mais que la Commission puisse exercer un contrôle plus étendu.

De même aussi, lorsque l'exercice du droit d'accès s'applique à des informations à caractère médical, celles-ci ne peuvent être communiquées à l'intéressé que par l'intermédiaire d'un médecin qu'il désigne à cet effet. Le médecin n'est pas obligé de communiquer les informations sur son état de santé. Il a la possibilité de refuser, dans l'intérêt du malade, de lui communiquer en vertu du secret professionnel certaines informations sur sa santé.

L'accès aux informations nominatives confère, au bénéficiaire, le droit de les contester.

B- Le droit de contestation des informations incorrectes

Le droit de contestation des informations incorrectes impose au maître du fichier l'obligation de corriger ou de faire corriger les informations inexactes.

---

[593] Voir MAISL H., Etat de la législation française et tendances de la jurisprudence relative à la protection des données personnelles, in Revue Internationale de Droit Comparé, 1987, p. 579.

[594] KAYSER P., op. cit., p. 492.

1- L'obligation de corriger ou de faire corriger les informations inexactes

L'obligation de corriger ou de faire corriger les informations inexactes découle du droit d'accès[595]. Aux termes de l'article 12 de la loi 2005-14, le titulaire du droit d'accès peut exiger que soient rectifiées, complétées, clarifiées, mises à jour ou effacées les informations le concernant qui sont inexactes, incomplètes, équivoques, périmées ou dont la collecte ou l'utilisation, la communication ou la conservation est interdite. Lorsque le droit d'accès s'exerce directement, la personne concernée exige directement la rectification nécessaire. Le maître du fichier est tenu de compléter ou de corriger les fichiers erronés. S'il a cédé les informations nominatives à des tiers, il est tenu de faire répercuter les rectifications auprès de ceux à qui le fichier a été transmis, sauf s'il en a été dispensé par la Commission. Un fichier nominatif doit être complété ou corrigé d'office lorsque l'organisme qui le tient acquiert connaissance du caractère inexact ou incomplet d'une information nominative contenue dans ce fichier. Lorsque la personne concernée exerce son droit d'accès par l'intermédiaire de la Commission, comme par exemple en France, il appartient à la personne désignée par la Commission à cet effet de faire procéder aux modifications nécessaires. Le droit de rectification apparaît comme particulièrement étendu[596] ; mais c'est à la personne concernée qu'il appartient de faire la preuve du manquement contacté. Par contre, le responsable du traitement doit en principe apporter la preuve des rectifications qu'il a effectuées.

2- La preuve des modifications effectuées

Le service concerné, en l'occurrence la CENA qui reçoit la demande de modification des données nominatives erronées, doit délivrer sans frais une copie de l'enregistrement modifié à la personne concernée. Il est prévu dans le contexte français qu'en cas de contestation, la charge de la preuve incombe au service auprès duquel est exercé le droit d'accès sauf lorsqu'il est établi que les informations contestées ont été communiquées par la personne concernée ou avec

---

[595] BOULANGER M. H., de TERWAGNE C., LEONARD Th., LOUVEAUX S., MORCEAU D., POULET Y., op. cit., p. 151.

[596] Idem.

son accord. Le législateur fait ainsi bénéficier le doute à la personne fichée.

Les obligations à la charge des responsables de fichiers et les droits qui en découlent pour la personne fichée sont complétés par des sanctions pénales qui garantissent leur respect effectif. Ces mesures répressives constituent les aspects juridictionnels de la protection des données nominatives.

Chapitre 2 : Les aspects juridictionnels de la protection des données à caractère personnel

La loi 99-14 ainsi que la loi 2005-14 ont établi une série d'incriminations sur le fondement desquelles les victimes des violations des dispositions prescrites peuvent poursuivre les auteurs des atteintes en justice et obtenir réparation. Les différentes infractions, que l'on pourrait distinguer en infractions intentionnelles et en infractions matérielles, permettent à toute personne d'avoir une maîtrise sur les informations la concernant. La loi réprime aussi bien l'intention frauduleuse que la faute du prévenu.

Section 1 : La répression de l'intention frauduleuse

Pour cette catégorie, le législateur fait de l'atteinte consciente une condition de réalisation de l'infraction. La référence à l'intention frauduleuse est explicite mais aussi implicite. La référence à l'intention frauduleuse est explicite dans le délit de communication à un tiers d'informations nominatives provenant de traitement automatisé. Par contre, elle est implicite pour d'autres incriminations.

Paragraphe 1er : La répression explicite de l'intention frauduleuse

La loi 99-14 interdit aux agents des services publics et des organismes participant aux enquêtes de divulguer les renseignements individuels portés sur les questionnaires. De même aussi, la loi 2005-14 fait obligation aux organes chargés de conserver les informations recueillies lors du recensement électoral, de les protéger contre les accès non autorisés. Ces données ne peuvent faire l'objet d'aucune communication aux tiers sauf dans des cas particuliers. Le délit suppose la réunion d'éléments dont certains lui sont propres alors que d'autres se rapportent aux personnes concernées.

A- Les éléments propres au délit

Il y a l'acte de divulgation et la conséquence qui en découle.

1- L'acte de divulgation

La divulgation est, comme on l'a vu précédemment, le fait de porter une quelconque information à la connaissance du public. Ce délit est également prévu et réprimé par le droit français à travers l'article 43 alinéa 1 de la loi du 6 janvier 1978. Il punit « quiconque ayant recueilli, à l'occasion de leur enregistrement, de leur classement, de leur transmission ou de toute autre forme de traitement, des informations nominatives dont la divulgation aurait pour effet de porter atteinte à la considération ou à la réputation de la personne ou à l'intimité de la vie privée, aura, sans l'autorisation de l'intéressé, sciemment porté ces informations à la connaissance d'une personne qui n'a pas qualité à les recevoir... ». Ainsi énoncé, le délit a le caractère d'une infraction intentionnelle car il faut que les informations nominatives soient sciemment portées à la connaissance d'une personne qui n'a pas compétence à les recevoir[597]. Lorsque la personne en cause divulgue les informations mentionnées sans l'avoir voulu, elle commet une imprudence fautive. Les informations dont parle le texte sont celles qui proviennent d'un traitement automatisé. Dans une décision rendue en France par le Tribunal correctionnel de Briey, il a été considéré que le numéro de téléphone constitue une information nominative dans la mesure où il permet l'identification de la personne physique[598]. L'article 43 assimile à une divulgation le fait même de porter l'information à la connaissance d'une seule personne. En effet, le législateur français utilise, dans le premier alinéa du texte, l'expression « porter à la connaissance d'une personne » et dans le second alinéa, il utilise l'expression « divulgation ». Donc, la communication de l'information à une personne suffit. La personne à qui l'information est divulguée doit être une personne qui n'a pas qualité à la recevoir. Au sens de la loi 2005-14, ont qualité pour recevoir les informations nominatives contenues dans le fichier électoral, les autorités intervenant dans le processus électoral et les représentants dûment mandatés des partis politiques légalement

---

[597] Voir CAHEN B. et BENSOUSSAN A., Le droit de l'informatique, in Gaz. Pal., 1981, doctrine, p.188 ; KAYSER P., La protection de la vie privée par le droit, op. cit. p. 486.
[598] Tribunal correctionnel de Briey, 15 septembre 1992, cité par LOLIES I., op. cit. p. 236.

constitués. En France, il s'agit des destinataires indiqués dans la demande d'avis à la Commission pour les traitements du secteur public et ceux indiqués dans la déclaration pour les traitements du secteur privé, ainsi que les personnes indiquées dans des dispositions légales particulières pour les recevoir. La Commission a d'office qualité pour recevoir toutes les informations nominatives faisant l'objet d'un traitement et peut déléguer ses pouvoirs à des personnes qu'elle choisit. En dehors de ces personnes, la divulgation des informations nominatives à toute autre personne est répréhensible, à condition qu'elle ait pour effet de porter atteinte à la vie privée.

2- L'atteinte à la vie privée comme effet de la divulgation

La mention de l'atteinte à la vie privée comme effet de la divulgation d'informations nominatives ne figure pas dans les lois béninoises mais peut être déduite de la répression que l'auteur de la divulgation encourt. En se prononçant sur la situation en France, M. Kayser écrit que la divulgation doit avoir pour effet de porter atteinte la vie privée des personnes concernées[599]. L'atteinte à la vie privée se réalise soit lorsqu'il y a atteinte à la considération ou à la réputation de la personne visée ou soit lorsqu'il y a atteinte à l'intimité même de la vie privée. Ainsi la jurisprudence considère que la divulgation du numéro de téléphone d'un abonné a nécessairement pour effet de porter atteinte à l'intimité de la vie privée de l'abonné[600]. Il en est de même pour les informations relatives à la nationalité de locataires de logements sociaux[601] ou aux opinions philosophiques d'abonnés à des périodiques de presse[602]. Par contre, se trouvent exclus de la notion d'intimité de la vie privée, les renseignements courants tels que les noms et adresses appelés à être connus d'un grand nombre de personnes[603]. Mais pour que la poursuite soit effective, il faut la réunion d'éléments qui concernent l'auteur de l'infraction et sa victime.

---

599 KAYSER P., op. cit. p. 484.

600 Tribunal correctionnel de Briey, 15 septembre 1992, précité.

601 Délibération CNIL du 8 juillet 1980, Journal officiel français, 19 août 1980.

602 Délibération CNIL du 1er décembre 1981, Journal officiel français, 27 décembre 1981.

603 Tribunal correctionnel de Paris, 6 décembre 1994, cité par LOLIES I., op. cit. p. 236.

B- Les éléments propres aux personnes concernées

Les éléments propres aux personnes concernées se rapportent à la qualité de la personne poursuivie et le consentement de la personne concernée.

1- La qualité de la personne poursuivie

Au sens de la loi, toute personne est susceptible de commettre le délit de divulgation d'informations nominatives. Mais il faudrait que les personnes visées aient recueilli l'information à l'occasion de leur enregistrement, de leur classement, de leur transmission, ou de toute autre forme de traitement. Selon M. Gassin, les seules personnes susceptibles de commettre le délit sont celles qui ont recueilli l'information à l'occasion de leur traitement c'est-à-dire des personnes qui se trouvent directement liées au traitement et aussi des personnes qui s'y rattachent indirectement[604]. M. Kayser va souligner que l'expression « à l'occasion de » que l'on trouve dans la loi française ne s'applique pas seulement aux personnes appartenant au service chargé de mettre en œuvre le traitement mais s'étend aussi à celles appartenant au service auprès duquel s'exerce le droit d'accès[605]. Si le délit vise toute personne ayant un lien direct ou indirect avec le traitement, il écarte cependant les personnes qui ont reçu des informations en dehors des diverses formes de traitement. Pour M. Kayser, les personnes étrangères au traitement qui auraient connaissance des informations par l'indiscrétion des informaticiens chargés de mettre en œuvre le traitement et qui les porteraient à la connaissance d'autres personnes ne sont pas concernées[606]. Cela montre bien l'intention de sanctionner les informaticiens qui, ayant connaissance de données à caractère personnel sur les individus, violent l'obligation de discrétion qui pèse sur eux et les divulguent sauf si la personne concernée donne son consentement.

2- Le consentement de la personne concernée

La loi béninoise ne met pas directement l'accent sur cet élément. On le trouve, par contre, dans la loi française qui punit la

---

604 GASSIN R., Informatique et liberté, op. cit. p. 40.
605 KAYSER P., op. cit. p. 485.
606 KAYSER P., op. cit. p. 485.

divulgation d'informations nominatives sans l'autorisation de l'intéressé. Comme dans les autres délits d'atteinte à l'intimité de la vie privée, la volonté de la personne concernée par ces informations fait échec à la poursuite. M. Kayser note à cet effet que la loi incrimine la communication d'informations nominatives à toutes les autres personnes, mais sous la condition qu'elle n'ait pas été autorisée par l'intéressé[607]. La loi ne précise pas si le consentement doit être écrit ou s'il peut être tacite. Il va de soi que le consentement donné doit être libre et éclairé. Il est nécessaire que la personne concernée autorise la divulgation de l'information nominative la concernant. A ce titre, une autorisation donnée pour la collecte et le traitement d'informations nominatives ne peut valoir automatiquement accord pour leur divulgation. On peut donner son accord pour la collecte et le traitement d'informations nominatives sans forcément vouloir que ces informations soient divulguées à certaines personnes. Il est donc indispensable que la divulgation d'informations nominatives soit elle aussi autorisée. Il s'agit d'une mesure qui protège la personne contre le préjudice moral qui résulterait d'une atteinte à l'intimité de sa vie privée. La personne concernée est la seule personne qui puisse dire que la divulgation d'informations nominatives recueillies sur elle ne lui cause aucun préjudice, et qui peut par conséquent l'autoriser.

Le législateur fait de l'atteinte consciente une condition de réalisation de l'infraction. Pour les autres incriminations, la référence à l'intention sera seulement explicite.

Paragraphe 2 : La répression implicite de l'intention

La répression de l'intention frauduleuse est implicite dans les incriminations relatives à l'enregistrement ou la conservation d'informations nominatives en violation des dispositions légales d'une part, et dans le délit de détournement d'informations nominatives de leur finalité, d'autre part.

A- Le délit d'enregistrement ou de conservation illicite d'informations nominatives

Selon l'article 22 de la loi 99-14, la réalisation d'enquête statistique, sans visa préalable du Conseil national de la Statistique,

---

[607] Idem, p. 486.

entraîne la responsabilité pénale de son auteur. La peine encourue est un emprisonnement de six mois à deux ans et une amende de deux cent mille à deux millions de francs ou de l'une de ces deux peines. La peine est portée au double en cas de récidive. En France, l'article 42 de la loi du 6 janvier, dispose que : «sera puni d'un emprisonnement d'un an et d'une amende de [..], ou de l'une de ces deux peines seulement, quiconque aura enregistré ou fait enregistrer, conservé ou fait conserver des informations nominatives en violations des articles 25, 26, et 28 à 31...». Par ce renvoi aux articles 25, 26, et 28 à 31, l'article 42 réprime d'une part les moyens de la collecte des informations nominatives et, d'autre part, l'objet même de cette collecte.

1- Incrimination portant sur les moyens de la collecte

L'article 25 de la loi française reprise par l'article 7 de la loi 2005-14 interdit la collecte d'informations nominatives par tout moyen frauduleux, déloyal ou illicite. Cette exigence figure également dans la convention du conseil de l'Europe sur la protection des données qui impose que les données nominatives soient obtenues et traitées loyalement et de façon licite. La Cour de cassation considère que le procédé qui consiste à collecter des informations auprès de tiers, à l'insu des intéressés, constitue une collecte par des moyens frauduleux, déloyaux ou illicites.[608] MM. Pradel et Danti-Juan en déduisent qu'on peut parler de moyens frauduleux lorsqu'il s'agit de collecte faite à l'insu des intéressés et en usant des procédés à caractère inquisitorial[609]. Commentant cette décision, M. Maisl écrit que le procédé utilisé ne sauvegarde en rien les droits conférés par la loi aux personnes concernées[610]. Aux termes de l'article 26, toute personne physique a le droit de s'opposer, pour des raisons légitimes, à ce que des informations nominatives la concernant fassent l'objet d'un traitement. Il faut, selon l'article 27, qu'il soit informé du caractère obligatoire ou facultatif des réponses, les conséquences à son égard d'un défaut de réponse, les personnes physiques ou morales destinataires des informations, l'existence d'un droit d'accès. Si on recueille à son insu des informations nominatives le concernant, il ne pourra exercer ni son droit d'opposition ni son droit de rectification

---

[608] Crim. 3 novembre 1987, D. 1988, J. p.17.
[609] PRADEL J. et DANTI – JUAN M., Droit Pénal Spécial. Cujas, Paris, 1995, p. 210.
[610] MAISL H., note sous Crim. 3 novembre 1987, D. 1988, J. p.19.

lorsque les informations recueillies sur lui seraient erronées. L'interdiction de collecter des données par des moyens frauduleux, déloyaux ou illicites permet à toute personne de savoir que des données nominatives sont recueillies sur elle et font l'objet des traitements. Etant informée de leur existence, la personne concernée pourrait exercer les droits qui lui sont reconnus, en cas de besoin.

Il est aussi interdit, sous peine de sanction, de recueillir certaines informations sur les personnes.

2- Incrimination portant sur l'objet de la collecte

L'interdiction de recueillir certaines informations sur les personnes limite la possibilité de collecte et de traitement des données nominatives. Cette limitation concerne surtout les données sensibles ; en effet, la loi interdit de mettre ou de conserver en mémoire informatisée des données nominatives qui, directement ou indirectement, font apparaître les origines raciales, les opinions politiques, philosophiques ou religieuses ou les appartenances syndicales des personnes. L'acte punissable consiste donc à mettre ou à conserver en mémoire informatisée des données sensibles sur des personnes sans leur accord. L'opération de fichage peut avoir pour objet principal la collecte de renseignements sur l'appartenance des personnes à telle ou telle catégorie, ou permettre simplement de renseigner directement ou indirectement sur cette appartenance[611]. Il ne sera pas alors possible de se dérober en invoquant que les données recueillies ne renseignent pas directement sur la personne. Il suffit qu'à l'aide de renseignements, on puisse déduire les origines raciales, ou les opinions politiques, philosophiques ou religieuses, ou les appartenances syndicales des personnes. Ainsi par exemple, un fichier sur la participation constante d'une personne aux activités d'un syndicat renseigne sur l'appartenance syndicale de cette personne. En France, la personne concernée peut faire échec à cette interdiction en donnant son accord. Dans ce cadre, pour être punissable, la collecte des données sensibles doit être effectuée sans l'accord de l'intéressé. La loi précise qu'il s'agit d'un accord exprès. Un accord tacite s'assimile à une absence d'accord et autorise la poursuite[612]. De même aussi, un accord à la collecte des données sensibles ne peut valoir

---

[611] PRADEL J. et DANTI – JUAN M., Droit Pénal Spécial. Cujas, Paris, 1995, p. 212.
[612] Idem.

accord à leur traitement. Dans un premier temps, la Commission de l'informatique et des libertés en France eut à se prononcer dans le sens contraire au sujet d'une affaire de sondage d'opinion. Elle s'est fondée sur l'accord donné, par des sondés, aux sondages d'opinion sur des informations interdites par l'article 31, pour admettre que l'accord des intéressés au traitement de ces informations peut résulter de leur comportement[613]. Le Conseil d'Etat saisi de cette affaire désapprouve la Commission et décide que l'information donnée à des personnes ayant fourni des données nominatives, de l'enregistrement de ces données dans un fichier informatisé, ne peut tenir lieu de l'accord exprès exigé par l'article 31[614]. La Commission revient sur son interprétation et adopte celle des tribunaux[615]. Toutefois, les fichiers tenus par les églises ou les groupements à caractère religieux, philosophique, politique ou syndical sur leurs membres, de même que les fichiers institués par décret pour des motifs d'intérêt public, dérogent à cette interdiction de l'article 31 de la loi française.

Cependant, même si l'on a obtenu l'accord de l'intéressé, il ne faudra pas détourner le traitement de sa finalité.

B- Le délit de détournement d'informations nominatives de leur finalité

Le délit de détournement d'informations nominatives de leur finalité est prévu par l'article 44 de la loi du 6 janvier qui punit quiconque étant détenteur d'informations nominatives à l'occasion de leur enregistrement, de leur classement, de leur transmission, ou de toute autre forme de traitement, les aura détournées de leur finalité telle qu'elle est définie dans l'acte réglementaire prévu qui l'a autorisée ou dans la déclaration qui en a été faite ou dans une disposition légale. Le délit consiste dans le détournement des informations de la finalité du traitement et il est commis par des personnes données.

---

613 7ème Rapport d'activité, cité par P. Kayser, op. cit., p. 464.
614 Conseil d'Etat, 5 juin 1987, cité par P. Kayser, op. cit., p. 464.
615 8ème Rapport d'activité, p. 17 et 28, cité par P. Kayser, op. cit., p. 464.

1- Le détournement de finalité

La loi 2005-14 interdit l'utilisation détournée des informations recueillies[616]. Les auteurs reconnaissent, pour la plupart, que le détournement de finalité consiste à utiliser des informations nominatives à des fins autres que celles visées dans la déclaration ou dans l'acte réglementaire ayant autorisé la constitution du fichier[617]. M. Kayser, plus explicite sur la notion, précise que le détournement de finalité ne consiste pas dans une modification quelconque du traitement, par exemple dans l'adjonction à cette finalité d'une finalité complémentaire ou accessoire.[618]. Elle consiste dans la substitution à la finalité initiale d'une autre finalité, ou dans l'adjonction à cette finalité d'une finalité différente[619]. Ainsi, le membre du directoire d'une caisse d'épargne qui utilise les fichiers des clients de la caisse pour la prospection commerciale de produits sans lien avec l'activité de la caisse, commet un détournement de finalité[620]. Le terme de détournement implique l'idée de fraude qui montre le caractère intentionnel du délit. Pour ce qui est du détournement, M. Kayser souligne que la finalité des traitements n'a pas seulement pour conséquence qu'elle ne doit pas être détournée. Elle implique aussi que le traitement soit utilisé conformément à sa finalité[621]. Il en déduit que la non utilisation d'un traitement conformément à sa finalité peut constituer une faute lourde engageant la responsabilité de l'Etat[622]. Le conseil d'Etat en France s'est prononcé dans ce sens en affirmant que la sortie du territoire français des personnes en situation irrégulière ne suffit pas, en elle-même, à établir l'existence d'une faute lourde, seule de nature à engager la responsabilité de l'Etat en raison de l'activité de surveillance des frontières. Mais l'absence de vérification sérieuse, par la police de l'air d'un aéroport, des fichiers d'opposition à la sortie du territoire constitue, en l'absence de circonstances particulières, susceptibles de justifier un allègement de la surveillance, une faute lourde de nature à engager la responsabilité de l'Etat[623]. Toute

---

[616] Voir article 22, loi 2005-14.
[617] PRADEL J. et DANTI – JUAN M., op. cit., p. 219.
[618] KAYSER P., op. cit. p. 489.
[619] GASSIN R. op. cit., Répertoire de droit pénal, Dalloz, n° 352.
[620] Tribunal correctionnel de Rennes, 8 décembre 1988, 9ème rapport de la CNIL, pp. 23 et 402.
[621] KAYSER P., op. cit. p. 490.
[622] Idem.
[623] Conseil d'Etat, 26 juin 1985, D. 1987, S. 379 ; Recueil 209.

personne qui traite des données nominatives doit donc, sous peine de sanction, se conformer à la finalité du traitement.

2- Les personnes incriminées

Les personnes susceptibles de commettre le délit de détournement d'informations nominatives de leur finalité sont les détenteurs d'informations nominatives à l'occasion de leur traitement[624]. Le détenteur est celui qui a effectivement une chose entre les mains[625]. Il s'agit donc de celui qui a effectivement entre les mains des informations nominatives. La loi est plus précise et parle de tout détenteur d'informations nominatives à l'occasion de leur traitement. Les personnes incriminées sont non seulement les personnes détenant les informations pour les traiter mais aussi toutes les personnes faisant partie du service chargé de mettre en œuvre le traitement[626]. Par contre, les personnes qui ont eu l'information en dehors du traitement ne sont pas concernées[627]. Celui qui obtient des données nominatives par suite d'une indiscrétion ne peut donc pas être poursuivi pour détournement d'informations nominatives de leur finalité.

Le législateur, comme nous le voyons dans ces incriminations, réprime l'intention délictueuse soit directement, soit implicitement. Mais il existe aussi d'autres incriminations où c'est la faute qui fonde la poursuite.

Section 2: La répression de la faute

La loi réprime la faute à travers deux délits : il s'agit, d'une part, du délit de divulgation par imprudence d'informations nominatives à des personnes non qualifiées à les recevoir et, d'autre part, du délit d'enregistrement et de traitement d'informations nominatives en violation des dispositions légales[628]. Pour ces deux délits, il convient de savoir l'acte constitutif de la faute. Mais au préalable, il faudrait s'appęsantir sur l'élément intentionnel.

---

[624] KAYSER P., op. cit. p. 488.
[625] Association Henri Capitant, Vocabulaire juridique. PUF, Paris, 1987, p. 263.
[626] KAYSER P., op. cit., p. 489.
[627] GASSIN R. op. cit., Répertoire de droit pénal, Dalloz, n° 342.
[628] Voir articles 6 et 22 de la loi 2005-14.

Paragraphe 1er : La place de l'élément intentionnel

L'élément intentionnel dans le délit de divulgation par imprudence d'informations nominatives à des personnes non qualifiées à les recevoir consiste dans l'imprudence de l'auteur du délit. C'est à propos du délit d'enregistrement et de traitement d'informations nominatives, en violation des dispositions légales, que l'élément intentionnel a fait en France l'objet d'une controverse doctrinale que la jurisprudence a essayé de régler.

A- La controverse doctrinale

Les auteurs n'ont pas pu s'accorder sur l'élément intentionnel du délit d'enregistrement et de traitement d'informations nominatives en violation des dispositions légales. Pour certains, le délit commande l'intention frauduleuse. Pour d'autres, par contre, le délit est une infraction purement matérielle.

1- La nécessité de l'intention frauduleuse

Les auteurs ne sont pas nombreux à soutenir que le délit d'enregistrement et de traitement d'informations nominatives, en violation des dispositions légales, nécessite l'intention frauduleuse. Parmi eux, M. Lamy soutient que «le délit de création de fichiers clandestins ne doit pas être tenu pour un délit matériel [...] Malgré cela, d'un point de vue pratique, le simple fait d'avoir créé de tels fichiers déclencherait normalement la répression[629]». De même aussi, MM. Cahen et Bensoussan, avocats à la Cour de Paris, écrivent que sur, un plan général, ce délit devrait exiger la mauvaise foi du contrevenant. Mais certains auteurs estiment que, eu égard à l'importance des peines et au risque de commettre de bonne foi les atteintes matérielles retenues, il semble anormal de déclarer que ces infractions soient de nature purement matérielle[630]. Pour eux, le délit de création de fichiers clandestins suppose la conscience, chez l'agent, de commettre un acte illicite. En conséquence, aucune poursuite ne doit être engagée en l'absence d'une telle conscience. Telle ne fut pas

---

[629] LAMY, Droit de l'informatique, cité par Mails H. Note sous Crim., 3 novembre 1987, D. 1988, J. p.18.

[630] CAHEN B. et BENSOUSSAN A., Le droit de l'informatique, in Gaz. Pal., 1981, doctrine, p.188.

cependant la position d'autres qui mettent l'accent sur le caractère matériel du délit.

2- Le caractère matériel du délit

Pour les auteurs qui soutiennent que le délit d'enregistrement et de traitement d'informations nominatives, en violation des dispositions légales, est une infraction matérielle, l'élément intentionnel n'est pas un élément constitutif du délit. Pour M. Gassin, « l'article 41 de la loi française ne contient aucun terme ou expression qui indique que le délit suppose l'intention coupable[631] ». En général, lorsque le législateur veut mettre l'accent sur l'intention délictueuse, il utilise à cet effet des expressions telles que « préméditation, frauduleusement, sciemment, à dessein, ou même volontairement[632] ». Dans le cas de l'article 41, on ne trouve aucune de ces expressions. Cela conduit M. Kayser à écrire que « la lettre de l'article 41 paraît en faire un délit matériel car elle ne comporte aucune mention correspondant à l'intention de l'auteur de l'infraction[633] ». Comme le relève chacun de ces auteurs, l'article 41 passe complètement sous silence l'existence de l'intention. La jurisprudence fut alors amenée à préciser s'il s'agit d'une intention délictueuse ou d'une faute.

B- La position de la jurisprudence

La jurisprudence fut amenée à préciser le caractère du délit d'enregistrement et de traitement clandestin de fichiers avec l'affaire dite Riou. Le contexte de l'affaire permet de mieux comprendre la position de la Cour de cassation.

1- Le contexte de l'affaire

M. Riou est gérant d'une société de recouvrement de créances. Sur les indications qui lui étaient données par ses clients, il met en oeuvre un traitement automatisé d'informations nominatives comportant la mise en mémoire des noms, prénoms et adresses de chacun de ses débiteurs à poursuivre, ainsi que le montant de sa dette et le numéro de son dossier. Il a, en outre, recueilli des renseignements

---

[631] GASSIN R. op. cit., Répertoire de droit pénal, Dalloz, n° 325.
[632] Voir STEFANI G. et LEVASSEUR G., Droit pénal Général, Dalloz, Paris, 1978, p.208.
[633] KAYSER P., op. cit. p. 456.

sur les facultés de chacune des personnes concernées en adressant au propriétaire, syndic, gérant ou concierge de l'immeuble qu'elle habitait une lettre sollicitant des indications de son employeur, des parents ou amis et son degré de solvabilité. M. Riou fut dénoncé par la CNIL et poursuivi, entre autres, pour avoir mis en œuvre un traitement de données nominatives sans en avoir fait la déclaration préalable à la Commission. Les juges de la Cour d'Appel font état de ce que M. Riou n'a rien d'un professionnel du traitement automatisé d'informations nominatives effectué pour le compte d'autrui, que les informations traitées par lui ne permettent pas de donner une définition du profil ou de la personnalité des débiteurs concernés et qu'il a agi sans intention coupable. Pour cela, la Cour relaxe M. Riou.

De l'opinion des juges de la Cour d'appel, le délit de mise en œuvre illégale de traitement des données nominatives suppose l'existence d'une intention coupable. Une telle interprétation de l'article 41 inquiéta la Commission qui demanda au procureur général près la Cour de cassation de former un pourvoi dans l'intérêt de la loi.

2- L'affirmation du caractère du délit

La Cour de cassation s'oriente dans le même sens que la doctrine qui soutient que l'intention délictueuse n'est pas un élément constitutif du délit. Selon la Cour, «le délit de mise en œuvre d'un traitement automatisé d'informations nominatives, sans déclaration préalable, a le caractère d'une infraction matérielle, le fait incriminé impliquant une faute dont le prévenu ne peut se disculper que par la force majeure[634] ». L'élément moral du délit est donc constitué par la faute du prévenu. Selon les articles 319 et 320 du code pénal, la faute consiste en une maladresse, inattention, imprudence, négligence, inobservation des règlements, défaut d'adresse ou de précaution. Dans le cas d'espèce, la faute de M. Riou consiste en une inobservation de la loi. Comme le note M. Kayser, le parti pris de la Cour de cassation n'est pas d'une rigueur excessive[635]. Cette décision suscite néanmoins certaines interrogations quant à la nature de l'infraction. S'agit-il d'une faute d'imprudence ou d'une faute contraventionnelle ? En principe, la faute d'imprudence doit être prouvée par l'accusation[636].

---

[634] Crim. 3 novembre 1987, D. 1988, J. p.18.

[635] KAYSER P., op. cit. p. 456.

[636] Voir STEFANI G. et LEVASSEUR G., op. cit., p. 228.

Or, la Cour de cassation affirme que le fait incriminé implique une faute sans la prouver. De plus la faute d'imprudence cause un dommage, soit l'homicide ou la blessure. Mais dans le cas d'espèce, il n'y a eu ni homicide, ni blessure. La qualification de l'infraction reste ambiguë d'autant plus que la Cour de cassation affirme que l'infraction de l'article 41 est un délit de caractère matériel. Selon M. Légal, «l'infraction matérielle se reconnaît à l'application cumulative de trois critères: 1° infraction établie dans un but de police et tendant à assurer l'observation d'une discipline collective ; 2° n'exposant pas à un blâme moral accentué ; 3° dotée de sanction bénigne[637]...». On peut soutenir la qualification d'infraction matérielle au regard des deux premiers critères; mais, s'agissant du troisième critère, on voit que la peine prévue, soit un emprisonnement de six mois à trois ans et une amende de 2 000 à 200 000 francs français, n'est pas une peine bénigne. Par rapport à ces critères, il est donc difficile de soutenir, avec la Cour de cassation, que le délit de l'article 41 est une infraction matérielle. Dans son commentaire de cet arrêt de la chambre criminelle, M. Gassin constate qu'il s'agit «d'une dérive jurisprudentielle de droit pénal technique[638]». Selon M. Pradel Danti-Juan, le nouveau code pénal français, avec l'article 226-16, met fin à cette dérive en supprimant les délits matériels[639]; au contraire, M. Kayser pense que le nouveau code pénal français confirme le caractère matériel du délit[640]. L'on attend de savoir quelle interprétation la jurisprudence fera de cette nouvelle disposition. L'élément matériel reste le même.

Paragraphe 2e : L'importance de l'élément matériel

Nous étudierons, d'une part, l'élément matériel du délit d'enregistrement et de traitement d'informations nominatives en violation des dispositions légales et, d'autre part, l'élément matériel du délit de divulgation par imprudence d'informations nominatives à des personnes non qualifiées à les recevoir.

---

[637] LEGAL M., La responsabilité sans faute, cité par Michèle-Laure RASSAT, note sous Crim. 28 avril 1977, D.1978. J. p. 150.

[638] GASSIN R., Un cas exemplaire de dérive jurisprudentielle de droit pénal technique : l'arrêt de la chambre criminelle du 3 novembre 1987, Lamy, Droit de l'informatique, avril 1988, Cahier du droit de l'informatique, Etude commentaire B, n° 50 et s.

[639] PRADEL J. et DANTI - JUAN M., op. cit., p. 216.

[640] KAYSER P., op. cit., p. 457.

A- L'élément matériel du délit d'enregistrement et de traitement d'informations nominatives en violation des dispositions légales

Matériellement, le délit d'enregistrement et de traitement d'informations nominatives en violation des dispositions légales consiste dans la constitution illégale de fichiers. Le délit, qualifié par la jurisprudence d'infraction matérielle, n'en est pas un au sens propre du terme. En effet, comme le souligne MM. Pradel et Danti-Juan, «dans l'infraction matérielle, le résultat est un élément même de l'infraction. Celle-ci n'est consommée que par la réalisation du dommage[641] ». Pour M. Vitus, ce dommage engendre un préjudice au détriment de la victime[642]. Dans le cas de l'article 41, il apparaît que la jurisprudence a utilisé l'expression «infraction matérielle» pour dire qu'il s'agit d'une infraction non intentionnelle dans laquelle l'élément moral consiste en une faute qui n'a pas besoin d'être prouvée par le ministère public. Ainsi, le texte incrimine le fait de procéder ou de faire procéder au traitement sans l'accomplissement des formalités légales. Avec le nouvel article 22 de la loi 78-17, il s'agit du fait de procéder ou de faire procéder au traitement sans qu'il ait été déclaré. Seront ainsi poursuivis, non seulement celui qui procède au traitement mais aussi celui qui y fait procéder. M. Kayser précise que celui qui a pris la décision de créer le traitement est susceptible d'être poursuivi[643]. Lorsque celui-ci fait procéder au traitement par une société, il n'est pas pour autant exonéré de sa responsabilité. La question se pose de savoir à quel moment commence à courir le délai de prescription. Pour la chambre criminelle de la Cour de cassation, le délit est commis aussi longtemps que la formalité légale prescrite n'a pas été accomplie[644]. Les conséquences de la non observation des formalités prescrites se perpétuent donc dans le temps; il s'agit alors d'une infraction continue[645].

Le délit est également commis lorsqu'il y a eu conservation des informations sous une forme nominative au-delà de la date prévue à la demande d'avis ou à la déclaration préalable de mise en œuvre du

---

[641] PRADEL J. et DANTI – JUAN M., op. cit. p. 250.

[642] MERLE R. et VITU A., Traité de droit criminel, droit pénal général. Cujas, Paris, 1997, p. 653.

[643] KAYSER P., op. cit. p. 455.

[644] Crim. 23 mai 1991, D. 1991, I.R. 198.

[645] Voir MERLE R. et VITU A., op. cit. p. 623.

traitement. Le respect initial des formalités préalables n'autorise pas le demandeur ou le déclarant à procéder au traitement de données en dehors du cadre ni au-delà de la date prévue par la demande d'avis ou de déclaration[646]. Ces mesures, comme nous l'avons souligné, permettent d'informer le public des traitements qui s'effectuent et de permettre à toutes les personnes concernées par ces traitements d'exercer les droits de rectification ou d'opposition qui leur sont reconnus. Il en va autrement du délit de divulgation par imprudence d'informations nominatives à des personnes non qualifiées à les recevoir.

B- L'élément matériel du délit de divulgation par imprudence d'informations nominatives à des personnes non qualifiées à les recevoir

L'article 43 alinéa 2 de la loi française punit le fait de divulguer ou de laisser divulguer, par imprudence ou négligence, des informations nominatives dont la divulgation aurait pour effet de porter atteinte à la réputation ou à la considération de la personne ou à l'intimité de la vie privée. A ce titre, le Tribunal correctionnel de Briey en France a jugé qu'un numéro de téléphone constitue une information nominative au sens de l'article 4 de la loi 78-17 du 6 janvier 1978, puisqu'il permet l'identification de la personne physique ou de l'abonné qui en est titulaire ; la divulgation d'une telle information nominative a nécessairement pour effet de porter atteinte à l'intimité de la vie privée de son titulaire. En sa qualité de propriétaire et d'exploitant du matériel informatique, un gérant d'un service télématique à caractère pornographique est pénalement responsable de l'imprudence ou de la négligence qui a permis la divulgation de cette information, même à son insu, cette infraction étant un délit non intentionnel[647]. L'acte répréhensible est le fait de divulguer ou de laisser divulguer les informations nominatives mentionnées. Le terme divulgation montre que l'information doit être portée à la connaissance d'un nombre indéterminé de personnes ; mais il peut porter sur une seule information et peu importe la manière dont elle a été obtenue[648]. Le responsable du traitement doit donc prendre

[646] Voir PRADEL J. et DANTI – JUAN M., op. cit. p. 217.
[647] Trib. Corr. Briey, 15 septembre 1992, D. 1994, somm. 229.
[648] KAYSER P., op. cit. p. 485.

les mesures qui s'imposent pour assurer la confidentialité des traitements.

Cependant, les données ne sont pas souvent utilisées uniquement à l'intérieur des seules frontières de l'Etat. Elles font l'objet de flux transfrontaliers qui les amènent même au-delà des continents. C'est pourquoi il est nécessaire que, dans le cadre de l'Union africaine, il y ait une convention qui assure, par des mesures particulières, une protection équivalente des données à l'intérieur des Etats membres de l'Union Africaine.

Il convient de souligner que le cadre de l'UEMOA, un effort d'harmonisation de la protection des données se fait par le biais d'un certain nombre de directives et règlements. On peut citer la directive N°7/2002/CM/UEMOA relative à la lutte contre le blanchiment de capitaux dans les Etats membres de l'Union Economique et Monétaire Ouest Africaine, la directive N°8/2002/CM/UEMOA portant sur les mesures de promotion de la bancarisation et l'utilisation des moyens de paiement scripturaux, le règlement N°15/2002/CM/UEMOA relatif aux systèmes de paiement dans les Etats membres de l'Union Economique et Monétaire Ouest Africaine. Il existe également dans le domaine des télécommunications six projets de directives à l'endroit des Etats membres de l'Union Economique et Monétaire Ouest Africaine. Il est évident que ces directives et recommendations qui portent, entre autres, sur des manipulations de données, vont accélérer le processus de protection des données dans l'espace UEMOA.

A cela on ajouterait aussi les activités de l'African Information Society Initiative qui aide les Etats africains à se doter des outils nécessaires pour être acteurs à part entière de la société de l'information[649]. C'est ainsi qu'en prenant en compte cette nouvelle donne, certains Etats africains ont commencé par se doter d'une loi sur la protection des données à caractère personnel. C'est le cas du Burkina Fasso notamment. Au Niger et au Sénégal, il existe des projets de loi dans ce sens. Dans le projet de loi du Sénégal, l'article 1 précise que « La présente loi a pour objet de mettre en place un dispositif permettant de lutter contre les atteintes à la vie privée susceptibles d'être engendrées par la collecte, le traitement, la transmission, le stockage et l'usage des données à caractère personnel.

---

[649] Voir www.uneca.org/aisi

Elle garantit que la collecte, le traitement, la transmission, le stockage et l'usage des données à caractère personnel respectent les libertés et droits fondamentaux des personnes physiques ; elle prend également en compte les prérogatives de l'Etat, les droits des collectivités locales, des entreprises et de la société civile. Elle veille à ce que les technologies de l'information et de la communication ne portent pas atteinte aux libertés publiques, notamment à la vie privée ». Ce projet de loi met l'accent sur la prise en compte des intérêts de l'Etat, des particuliers et de la société civile. Cela constitue une avancée sur lequel le Professeur Abdoullah CISSE[650] de l'Université Saint Louis du Sénégal insiste en encourageant tous les Etats à s'engager dans des cyberaudits associant l'Etat, la société civile et le secteur privé pour aboutir à des cyberstratégies nationales, régionales et internationales.

[650] Voir TIC et Développement, Le Droit du Cyberespace au Sud, http://www.tic.ird.fr

Conclusion générale

La notion de vie privée au Bénin, telle qu'elle se dégage de notre étude, présente une diversité d'approches. Au plan international, le Comité des droits de l'homme relève que le respect de droits de la vie privée impose à tous l'obligation de s'abstenir d'y porter atteinte. Au-delà de cette obligation négative, le Comité procède à une interprétation dynamique de l'article 17 du pacte international relatif aux droits civils et politiques et met à la charge de l'Etat une obligation positive de tout mettre en œuvre pour assurer le respect effectif du droit. Sur la base de ces présupposés, le Comité va élaborer une jurisprudence à travers laquelle la vie privée apparaît comme la condition d'exercice des libertés individuelles. La vie privée protège non seulement l'individu mais aussi la collectivité. Afin de ne pas limiter son champ, le Comité s'abstient de donner une définition de la vie privée et se borne à y inclure de nouveaux aspects selon les exigences de chaque époque et de chaque société et souligne que la notion de vie privée, telle qu'elle ressort du Pacte, est nécessairement relative. C'est ainsi qu'en Afrique, on ne trouve dans la charte africaine qu'une reconnaissance par ricochet du droit au respect de la vie privée, lequel droit est encore insuffisamment protégé par la Commission africaine. La création récente de la Cour africaine des droits de l'homme constitue une avancée. Lorsqu'elle en sera saisie, la Cour pourra apporter des clarifications sur les particularismes africains concernant différents aspects de la vie privée tels que l'opinion religieuse, l'origine ethnique, le droit de changer son nom patronymique... Dans les sociétés africaines de type communautaire, ces aspects n'ont rien de privé et concernent la communauté toute entière. Il est sans doute nécessaire de faire un amendement qui introduise expressément, dans la Charte africaine, le droit de l'homme au respect de la vie privée, à l'instar des autres instruments régionaux tels que la Convention européenne des droits de l'homme et la Convention interaméricaine de protection des droits de l'homme.

A l'opposé du droit international, le droit positif béninois a plutôt adopté une approche indirecte de la vie privée. La protection existante, qui est celle héritée du droit français au moment des indépendances, s'articule autour de deux idées forces. Les atteintes générales au droit au respect de la vie privée, indépendamment des poursuites pénales éventuelles, donnent lieu à l'allocation de dommages et intérêts à la victime de telles atteintes. Si l'atteinte revêt le caractère d'immixtions intolérables dans la vie privée, le juge des référés est habilité à prendre les mesures particulières qu'impose l'urgence. Cette protection, malgré ses mérites, présente bien des insuffisances. Alors que les immixtions intolérables dans la vie privée font l'objet d'un régime spécial de protection devant le juge civil, elles ne bénéficient pas d'une protection pénale. Parallèlement, le recours aux techniques et instruments dont l'utilisation met en péril le respect de la vie privée est de plus en plus répandu. Cela conduit à envisager le renforcement de la vie privée par une protection pénale spécifique. A l'instar du droit civil, les atteintes à l'intimité de la vie privée devront aussi être pénalement réprimées. Le projet de nouveau code pénal contient à cet effet des incriminations d'atteinte à l'intimité de la vie privée par l'espionnage audio-visuel ainsi que par l'utilisation du produit de cet espionnage. Mais les nouvelles mesures envisagées ne prennent en compte que les espionnages de l'intimité de la vie privée réalisés par des moyens modernes. Les actes d'espionnage dans l'intimité de la vie privée par des moyens traditionnels échappent à la répression pénale. Aussi, il est parfois difficile de comprendre le sens précis de certaines expressions du texte. Il conviendrait qu'à l'occasion des débats parlementaires, les incertitudes soient levées sur ces imprécisions et que la protection soit étendue à tous les actes d'intrusion indésirable réalisés par des appareils modernes ou traditionnels. Une autre menace à la vie privée réside dans l'utilisation de l'informatique. Pour l'heure, il n'y a pas de loi de protection générale qui s'appliquerait à tous les traitements de données nominatives. On trouve de façon éparse, dans certains textes, les principes généraux reconnus et garantis dans les pays occidentaux où les menaces sont apparues un peu plus tôt. La protection qui se met en place concerne seulement certaines informations nominatives et s'articule autour du champ d'application matériel et des acteurs du traitement, ainsi que des principes directeurs qui les régissent. Du point de vue du champ d'application matériel, on note, comme le souligne M. de Schutter, que les données à caractère personnel ne s'entendent pas uniquement des données relatives à la vie privée mais comprennent toutes les données relatives à des personnes que ces données identifient, ou qui sont identifiables à partir de ces données[651]. Le responsable du traitement doit alors se conformer à une

[651] Publication à paraître sur l'article 8 de la Charte des droits fondamentaux de l'Union

déontologie particulière qui confère à la personne dont les données font l'objet d'un traitement un certain nombre de prérogatives, notamment le droit d'opposition, le droit d'accès et de rectification. Malgré ces garanties substantielles et procédurales, la protection resterait lettre morte si des mesures particulières ne réalisaient pas une harmonie des législations nationales de protection des données à caractère personnel.

Certes, il convient de remarquer que la protection de la vie privée qui se construit au Bénin consacre la promotion de l'individu. MM. Frydman et Haarscher ont fait ce constat et ont écrit que « sans droit à la vie privée, la société interviendra en permanence dans la sphère de l'intimité, livrant les orientations les plus personnelles de l'individu aux regards du public[652] ». Mais, si l'on se réfère à la pensée de Hobbes qui tient l'homme pour essentiellement égoïste et calculateur essentiellement préoccupé avant tout de sa sécurité, on est en droit de s'inquiéter que cette montée de la personne transforme la cellule communautaire béninoise en un agrégat d'individus vivant côte à côte s'ignorant presque parfois. Elle peut conduire à l'égoïsme individuel et à la suprématie des plus forts sur les plus faibles. C'est pourquoi M. Bergel attire l'attention sur cet état de chose en écrivant que « ...il ne parait guère plus possible d'abandonner les relations sociales à la totale liberté des particuliers, ce qui conduit à ignorer les devoirs des hommes envers la société et à permettre d'insupportables abus et de tragiques sacrifices[653]. ». Le système idéal de protection de la vie privée, serait celui qui assure l'épanouissement de chaque personne et protège son identité tout en assurant son intégration au sein de la collectivité qui a droit au respect de ses valeurs.

---

européenne.

652 FRYDMAN B. et HAASCHER G., Philosophie du droit, Dalloz, Paris, 2002, p. 107.

653 BERGEL J.L. : Théorie générale du droit, Dalloz, Paris 1999, p. 35.

Bibliographie

I - Ouvrages généraux

AUBERT J. L., *Introduction au Droit et thèmes fondamentaux du Droit Civil*, Armand Colin, 8e éd., Paris, 2000.

ARIES P. ET DUBY G., *Histoire de la vie privée*, Seuil, Paris, 1985.

AUBRY ET RAU, *Cours de droit civil*, librairie technique, tome 9, 7e éd., Paris, 1961.

BERGEL J.L. : *Théorie Générale du Droit*, Dalloz, Paris, 1999.

BERGER V., *Jurisprudence de la Cour européenne des droits de l'homme,* Sirey, Paris, 1991.

CAMARA S., *Gens de la Parole*, éd. Karthala, Paris, 1992.

CARBONNIER J., *Droit Civil*, Introduction, P.U.F. Thémis, 24e éd., Paris, 2000.

CARBONNIER J., *Sociologie juridique,* Thémis, Paris, 1978.

CHEIKH ANTA DIOP, *Nations Nègres et cultures Africaines*, éditions Présence africaine, Paris, 1979.

COHEN-JONATHAN G., *La Convention européenne des droits de l'homme,* Economica, Paris, 1989.

CONAC G., *La Vie du Droit en Afrique, Dynamiques et Finalités des Droits Africains*, éd. Economica, Paris, 1980.

CORNU G., *Introduction au droit, les personnes et les biens*, Monchréstien, 10e éd., Paris, 2001.

DABIN J., *Le droit subjectif*, Dalloz, Paris, 1959.

DEGNI-SEGUI R., *Les droits de l'homme en Afrique noire francophone*, Abidjan, 1998.

DELMAS-MARTY M., *Le flou du droit*, PUF, Les voies du droit, Paris, 1986.

DELMAS-MARTY M., *Les grands systèmes de politiqus criminelle*, PUF, Thémis, Paris, 1992.

DELMAS-MARTY M. et M. de LEYSSAC C.L. : *Libertés et droits fondamentaux*, éditions du Seuil, Paris, 1996.

DELMAS-MARTY M. (sous la direction de), *Crititique de l'intégration*, PUF, les voies du droit, Paris, 2004.

FREMON P., *Le droit de la photographie, Manuel de droit usuel,* Dalloz, Paris, 1973.

FRYDMAN B. et HASCHER G., *Philosophie du droit*, D. Paris, 2002.

GBAGUIDI A.N. : *Introduction à l'étude du droit, première année sciences juridiques*, FADESP/UAC, année universitaire 2003-2004, document inédit.

GLENN H.P., *La protection des droits de la personnalité,* rapport général, p. 33, Travaux de l'Association Henri capitant, Tome 37, Journées néérlandaise.

GRILLET D., *Les droits de la personnalité,* guide juridique Dalloz, V, Personnalité, Paris.

GUIHO P., *Cours de Droit Civil*, 2 « Les Personnes », 2è éd., l'Hermès, Lyon, 1980.

HAMON F., TROPER M., BURDEAU G., *Droit Constitutionnel*, L.G.D.J., Paris, 2001.

HARRIS D. and **JOSEPH S.**, *The International Convenant on Civil and Political Rights and United Kingdom Law*, Oxford University Press, New-York, 1995.

HENKIN L., *The International Bill of Rights, the Convenant on Civil and Political Rights*, Colombia University Press, New-York, 1981.

INHERING (von) R., *L'esprit du droit romain dans les diverses phases de son développement*, traduit par De MEULENAERE O., T4, éd. Marescq, Paris 1878.

IONESCU O., *La notion de droit subjectif dans le droit privé*, thèse 1931, remise à jour 1978, Bruylant, Bruxelles.

JOSEPH S., SCHULTZ J., CASTAN M., *The International Convenant on Civil and Political Rights: cases, material and commentary*, Oxford University Press, New-York, 2000.

JUVIGNY P., *Les réalisations scientifiques et techniques modernes et leur conséquences sur la protection du droit au respect de la vie privée et familiale,* Rapport in Actes du 3e colloque international sur la Convention européenne des droits de l'homme, Bruylant, Bruxelles, 1973, p. 171.

KOUASSIGAN G.A., *Quelle est ma Loi ? Tradition et Modernisme dans le Droit Privé en Afrique noire Francophone*, éd. Pédone, Paris, 1974.

LINDON R., *La création prétorienne en matière de droits de la personnalité et son incidence sur la notion de famille*, Dalloz, Paris, 1974

MATHIEU-IZORCHE M.-L., *Le raisonnement juridique*, PUF, 2001.

M'BAYE K., *Les droits de l'homme en Afrique*, Pédone, 2e éd., Paris, 2002.

MAZEAUD Henri, Léon et **Jean**, *Leçons de Droit Civil*, tome premier deuxième volume, « les Personnes », Montchrestien, Paris, 1972.

MICHAUD L., *La théorie de la personnalité morale et son application au droit français*, L.G.D.J., Paris, 1906, p. 73.

MORSINK J., *The universal Declaration of Human Righs, Origins, Drafting, and Intents*, University of Pennsylvania Press, Philadelphia, 1999.

NERSON R., *Les droits extrapatrimoniaux*, éd. Bosc et Riou, thèse Lyon, 1939.

NGUYEN QUOC DINH, *Droit International public*, L.G.D.J., Paris, 1999.

OUGUERGOUZ F., *La Charte africaine de droits de l'homme et des peuples*, P.U.F., Paris, 1993.

OST F. et VAN de KERKOVE M., *De la pyramide au réseau* ? Pour une théorie dialiectique du droit, Facultés universitaire Saint Louis, Bruxelle, 2002.

PEDROT P., *Etique, Droit et Dignité de la Personne*, Mélange Christian Bolze, éd. Economica, Paris, 1999.

PRADEL J., *Manuel de droit pénal général*, Cujas, 10e éd. Paris, 2001.

PRELOT M. et **BOULOUIS J.**, *Institutions Politiques et Droit constitutionnel*, Précis Dalloz, Paris, 1987.

RAU E., *Le Président du Tribunal de Grande Instance*, Tome 2, LGDJ, Paris, 1965.

ROUBIER P., *Droits subjectifs et situations juridiques,* Dalloz, Paris, 1963.

SAVIGNY (von) F. K., *Traité de droit romain*, traduit de l'allemand par Ch. GUENOUX, 8 vol. éd. Firmin Didot, Tome 1, 1840, Paris.

SOSSA D. C., *Introduction à l'étude du droit, première année sciences juridiques*, FASJEP/UNB, année universitaire 2000-2001, document inédit.

SUDRE F., *Droit International et Européen des Droits de l'homme*, P.U.F., 5èm éd., Paris, 1989.

TERRE F. et **FENOUILLET D.**, *Droit Civil, les Personnes, la Famille, les Incapacités*, Dalloz, Paris, 1996.

TERRE F., *Droit Civil : les personnes la famille, les incapacités*, Dalloz, 6e éd, Paris, 1996.

TERRE F., *Introduction générale au Droit*, Dalloz, 4e éd, Paris, 1998.

VINEY G., *Traité de droit Civil, les Obligations, la Responsabilité*, L.G.D.J. Paris, 1982.

VOUIN R., *Droit Pénal Spécial*, Précis Dalloz, Paris, 1983.

II - Ouvrages spécifiques

BADINTER R., *Le droit et l'écoute électronique en droit français*, publications de la Faculté de Droit et de Sciences Politiques et Economiques d'Amiens, n°1, 1971-1972.

BENYEKHLET H., *La protection de la vie privée dans les échanges internationaux d'informations,* Thémis, Montréal, 1992.

COTTERER J. ET EMERI C., *Vie privée des hommes politiques*, Mélange offert à Jacques Hellul, 1983, p. 675.

DECOQ A., *Rapport sur le secret de la vie privée en droit français*, Travaux de l'Association Henri Capitant, Journées libanaises, 1974, Tome 15, p. 479.

DUMAS R., *Droit de l'information,* Thémis, PUF, Paris.

GALLOUEDEC-GENUYS F. et **MAISL H.**, *Le secret des fichiers*, Cujas, Paris, 1976.

GASSIN R., *Les atteintes à la vie privée,* Encyclopédie Dalloz pénal, Tome 5, Paris, 1974.

GENY F., *Des droits sur les lettres missives,* Recueil Sirey Tome 1, Paris, 1911.

Groupe d'études Société d'information et vie privée : *Protection de la vie privée dans la Société de l'information : l'impact des Systèmes Electroniques d'information*, P.U.F., Paris, 2002.

GUTWIRTH S.: *Privacy and the Information Age*, Rowman and Littlefied Publishers, Inc, SAA, 2002.

HABARRE J.L., *Protection de la vie privée et déontologie des journalistes,* Institut international de presse, Zurich, 1970.

KAYSER P., *La Protection de la vie privée par le droit*, Economica, 3e éd., Paris, 1995.

LOLIES I., *La Protection Pénale de la Vie Privée*, éd. PUAM, Aix-en-Provence, 1999.

MAISL H., *Le Droit des données publiques*, LGDJ, Paris, 1996.

MALHERBE J., *La vie privée et le droit moderne,* librairie du journal des notaires et des avocats, Paris, 1968.

MESSADIE G., *La fin de la vie privée,* collection questions d'actualité, Calman-Lévy, Bruxelle.

MEZGHANI N., *La protection civile de la vie privée,* thèse Paris II, 1976.

MICHAUD M., *Le droit au respect de la vie privée dans le conteste médiatique – De Warren et Brandeis à l'inforoute,* Wilsonet Lafleur, Montréal, 1996.

NADEAU A.R., *Vie privée et droits fondamentaux,* Carswell, Québec, 2000.

RAVANAS J., *La protection des personnes contre la réalisation et la publication de leur image,* LGDJ, Paris, 1978.

RIGAUX F., *La protection de la vie privée et des autres biens de la personnalité*, thèse Louvain, 1990.

RIGAUX F., *La vie privée, une liberté parmi tant d'autres*, travaux de la faculté de droit de Namur, N° 17, Larcier, Bruxelles, 1992.

ROUX A., *La protection de la vie privée dans les rapports entre l'Etat et les particuliers*, Economica, Paris, 1983.

VELU J., *Le droit au respect de la vie privée*, travaux de la Faculté de droit de Namur N° 10, Presses universitaires de Namur, Namur, 1974.

VENNE M., *Vie privée et Démocratie à l'ère de l'informatique,* Institut Québécois de la culture, Québec, 1994.

VITALIS A., *Informatique, Pouvoirs et Libertés,* Economica, Paris. 1996.

WESTIN A.F., *Privacy and freedoms,* Atheneum, New-York, 1967.

III - Articles et Publications

AGONDJO-OKAWE P-L., *Domaine d'Application des Droits Traditionnels*, in Encyclopédie juridique de l'Afrique, vol.1, p.393.

AHADZI K., *Droits de l'homme et développement : Théories et réalités*, in La voix de l'intégration juridique et judiciaire africaine, N° 3 et 4, année 2003, pp 9-58.

ALLIOT M., *L'Etat et la société en Afrique noire : greffe et rejets*, communication au colloque Etat et société en Afrique noire, Paris, septembre 1980, p. 9.

ALLOTT A., *L'influence du droit anglais sur les systèmes juridique africains*. In CONAC G., La Vie du Droit en Afrique, Dynamiques et Finalités des Droits Africains. Ed. Economica, Paris, 1980, p. 3.

BADINTER R., *Le droit au respect de la vie privée*, J.C.P., 1968. I.2136.

BECOURT D., *Réflexions sur le projet de loi relatif à la protection de la vie privée*, Gaz. Pal. 1970, doctrine, p.203.

BECOURT D., *Le droit de la personne sur son image,* LGDJ, Paris, 1969.

BEER-GABEL J. : *Le contrôle de l'administration par la Commission Nationale de l'Informatique et des Libertés,* RDP, 1980, p. 1043.

BURDEAU G., *Les libertés publiques*, L.G.D.J., 5e éd, Paris, 1978.

CHAVANNE J. : *Les atteintes à l'intimité de la vie privée au sens de l'article 368 du code pénal*, in Les actes du 8e congrès de l'Association de droit pénal, Economica, 1985.

De SCHUTTER O., *La Protection du Travailleur vis-à-vis des Nouvelles Technologies dans l'Emploi*, RTDH, 2003, p. 627.

De SCHUTTER O., *Les examens médicaux à l'embauche de la Commission européenne*, RTDH, 1995, p. 101-122.

De SCHUTTER O., *La vie privée entre droit de la personnalité et liberté*, RTDH, 1999, p. 827.

De SCHUTTER O., *Vie privée et protection de l'individu vis-à-vis des traitements de données à caractère personnel*, RTDH, 2001, p. 148.

DEGNI-SEGUI R., *Codification et Uniformisation du Droit*, Encyclopédie juridique de l'Afrique, vol.1, p. 453.

FRAYSSINET J. et **KAYSER P.**, *La loi du 6 janvier 1978*, RDP, 1979, p. 629.

GASSIN R., *Atteintes à la vie privée*, Rép. Dalloz Pénal, 1974, paragraphe 63, p. 5.

GAUDET C., *Le droit de réponse à la radio et à la télévision,* D. 1975, Chronique XXXIII, p. 197.

GAVALDA C., *Le secret des affaires,* Mélanges Savatier, D. Paris, 1965, p. 291.

GBAGUIDI A. N., *Droit applicable et application du droit en République du Bénin,* Bulletin d'information de la Cour Suprême, N° 1 et 2, Cotonou, 1997, p 12.

GEOFROY C., *le secret privé dans la vie et dans la mort,* Chronique JCP, 1974. I.Doctrine, 2604.

GEORGIN P., *La liberté de choix du nom de famille de deux époux,* RTDH., 1995, p. 57-67.

GNANVO YEDEDJI E., *La maxime « nul n'est censé ignorer la loi » dans le système juridique béninois,* Bulletin d'information de la Cour suprême, n° 15, mai 2001.

GUILLOT H., *Diffamation,* Encyclopédie Dalloz pénal T 2, 1981.

KAYSER P., - *Aspect théoriques et pratiques des droits de la personnalité,* RIDC, 1971, p. 446.

KAYSER P., *Diffamation et respect au droit à la vie privée,* Mélange Alfred Jaufret, PUAM, 1974, p. 409.

KAYSER P., *Le conseil constitutionnel protecteur du secret de la vie privée,* Mélange Pierre Raymond, D. 1985, p. 329.

KAYSER P., *Le droit dit à l'image,* Mélanges Paul Roubier, D.1961, p.73.

KAYSER P., *Le secret de la vie privée et la jurisprudence civile,* Mélanges René Savatier, Dalloz 1965, p. 405.

KAYSER P., *Le secret des lettres confidentielles,* Mélanges René Voirin, LGDJ, 1966, p. 437.

KAYSER P., *Les pouvoirs du juge des référés civil à l'égard de la liberté de communication et d'expression,* chronique Dalloz, 1989, p.11.

KELSEN H., *positivisme juridique et doctrine du droit naturel,* Mélanges Jean Dabin, Vol.1 Sirey 1963, p. 141.

LAMPUE P., *Droit Ecrit et Droit Coutumier en Afrique Francophone,* Penant 1979, p. 245.

Le ROY E. et **WANE M.**, *La Formation des Droits non Etatiques*, Encyclopédie juridique de l'Afrique, vol.1, p.353.

LEVASSEUR G., *La protection de la personnalité en droit pénal français,* Travaux de l'Association Henri Capitant, 1963, T 13, D. p. 186.

LEVASSEUR G., *La protection des droits de la personne devant les juridictions répressive, françaises,* Revue juridique politique indépendante et coopération 1982, T. 36, p. 567.

LEVASSEUR G., *La protection pénale de la vie privée,* Mélanges René Kayser T2, PUAM, 1979, p. 107.

LEVASSEUR G., *La protection de la personne, de l'image et de la vie privée*, Gaz. Pal., 1994, II, Doctrine, p. 997.

LINDON R., *Deux innovations en matière de procédure civile,* chronique JCP, 1973.I.2527.

LINDON R., *La loi du 17 juillet relative à la protection de la vie privée,* chronique JCP, 1970.I.2357.

LINDON R.,- *La presse et la vie privée,* Chronique JCP, 1965.I.1887.

LINDON R., *La vie privée : un triple dérapage,* chronique JCP, 1970.I.2336.

LINDON R., *Le juge des référés et la presse,* chronique D. 1985, chronique, p. 61.

MALINVERNI G., *Les fonctions des droits fondamentaux dans la jurisprudence de la Commission et de la Cour européenne des droits de l'homme,* in Im Dienst an der Gemeinsschaft, Helbing et Lichetenhahn, 1989, p. 539.

MARTY G. et **RAYMOND P.**, *Les Personnes*, Sirey, Paris, 1976.

MOCK H., *Le Droit au respect de la Vie Privée et Familiale, du Domicile et de la Correspondance à l'aube du XXIème siècle,* Revue Universelle des Droit de l'Homme, 15 Décembre 1998, Vol 10, N° 7-10, p. 237.

NERSON R., *La protection de l'intimité,* Journal des tribunaux, 1959, p. 713.

NERSON R., *La protection de la personnalité en droit français,* Rapports, in Travaux de l'Association Henri Capitant, T 13, 1963, Dalloz, p. 60.

NERSON R., *La protection de la vie privée en droit positif français,* RIDC, 1971, p. 787k.

NERSON R., *Le respect par l'historien de la vie privée de ses personnages,* Mélanges Louis Falleti, T 2, Dalloz 1971, p. 449.

PRADEL J., *La loi du 17 juillet 1970 sur la protection de la vie privée,* chronique D.1971, p. 112.

PRADEL J., *Les dispositions de la loi n° 70 643 relative à la protection de la vie privée*, D.1971, doctrine, p. 114.

RIGAUX F., *La loi applicable à la protection des individus à l'égard du traitement automatique des données à caractère personnel*, Rev. Crit. Dr. Inter. Privé, 1980, p. 441.

RIGAUX F., *La vie privée face à la liberté de la presse,* revue vie judiciaire n° 2348, 14 avril 1991, p. 1.

RIGAUX F., *Le concept de vie privée*, revue trimestrielle de droit belge, Annale de droit de Louvain, T. XLIV 1-2, 1984, p. 1.

RIGAUX F., *Protection de la vie privée,* rapport introductif, revue trimestrielle de droit belge, Annale de droit de Louvain, T. XLIV 1-2, 1984, p. 1.

SERRAUTE R., *Le respect de la vie privée et les servitudes de la gloire,* chronique Gaz. Pal., 1959 I.12

VANDEENBERGHE F., *Le droit au respect de la vie privée est il menacé par les réalisations scientifiques et technologiques modernes ?,* revue des droits de l'homme 1970, Vol. 3-1, chronique, p. 7.

VELU J., *La convention européenne des droits de l'homme et le droit au respect de la vie privée des communications et du domicile,* rapport Actes du troisième colloque international sur la Commission européenne des droits de l'homme, Bruylant, Bruxelles, 1973, p. 35.

VERHOEVEN J., MERENI P., *La protection de la vie privée et familiale dans trois conventions relatives aux droits de l'homme,* rapport acte du troisième colloque international sur la Commission européenne des droits de l'homme, Bruyant, Bruxelles, 1973, p.149.

WEIL P. A., *La protection des données personnelles en droit pénal français,* RIDC (3), 1987, p. 655.

WINANDY C. G., *La vie privée et le patrimoine,* Revue trimestrielle de droit belge, 1984, T 44, p. 99.

WODIE F., *La Législation*, Encyclopédie juridique de l'Afrique, vol.1, p.307.

IV- Lois, codes et textes divers

Lois 60-12 du 30 juin 1960 sur la liberté de presse

Ordonnance N° 69-22 PR/MJL du 4 juillet 1969 tendant à réprimer crtains actes de nature à troubler la paix publique, la propagation, la publication, la diffusion et la reproduction de fausses nouvelles.

Loi 97-10 du 20 avril 1997 porant libéralisation de l'espace audiovisuel et dispositions pénales spéciales relatives aux délits en matière de presse et de comminication en rpublique de Bénin.

Loi 99-14 du 29 janvier 1999 portant création, organisation et fonctionnement du Conseil National de la statistique.

Loi 2005-14 du 24 mai 2005 portant règles générales pour les élections en république de Bénin.

Loi française N° 78-17 du 6 janvier 1978 portant informatique et libertés, modifiée par la loi relative à la protection des personnes physiques à l'égard du traitement des données à carractère personnel du 6 août 2004.

Code pénal de la république du Bénin.

Code civil en vigueur au Bénin.

Code de procédure pénale en république de bénin.

Pojet de loi portant nouveau code pénal en république du bénin.

Recueil des décisions de justice relatives à la vie privée

1- Jugements du Tribunal de Première Instance de Cotonou (inédits)

- TPI Cotonou, jugement n° 295/B du 2 juin 1989.
- TPI Cotonou, jugement ADD n°946/B du 28 juillet 1992.
- TPI Cotonou, jugement n°957/B/93 du 25 juin 1993.
- TPI Cotonou, jugement n°105/B du 22 janvier 1993.
- TPI Cotonou, jugement n°325/B du 24 septembre 1993.
- TPI Cotonou, jugement ADD n°3291/E1 du 15 juillet 1994.
- TPI Cotonou, jugement ADD n°285/B du 21 juin 1994.
- TPI Cotonou, jugement n°ADD n°481/B du 15 novembre 1994.
- TPI Cotonou, jugement n°394/E1 du 26 août 1994.
- TPI Cotonou, jugement ADD n°311/E1 du 27 octobre 1995.
- TPI Cotonou, jugement ADD n°259/E1 du 4 août 1995.
- TPI Cotonou, jugement ADD n°370/E2 du 15 décembre 1995.
- TPI Cotonou, jugement ADD n°185/B du 13 juin 1995.
- TPI Cotonou, jugement ADD n°057/B du 14 mars 1995.
- TPI Cotonou, jugement ADD n°157/B du 23 mai 1995.
- TPI Cotonou, jugement ADD n°158/B du 23 mai 1995
- TPI Cotonou, jugement ADD n°014/B du 24 janvier 1995.
- TPI Cotonou, jugement n°196/B du 20 juin 1995.
- TPI Cotonou, jugement n°196/B du 20 juin 1995.
- TPI Cotonou, jugement n°250/B du 25 juillet 1995.
- TPI Cotonou, jugement ADD n°206/B du 27 juin 1995.
- TPI Cotonou, jugement ADD n°183/B du 6 juin 1995.
- TPI Cotonou, jugement n°419/E3 du 13 décembre 1996.

- TPI Cotonou, jugement ADD n°338/B du 29 octobre 1996.
- TPI Cotonou, jugement ADD n°340/B du 29 octobre 1996.
- TPI Cotonou, jugement ADD n°170/B du 7 mai 1996.
- TPI Cotonou, jugement ADD n°171 du 7 mai 1996.
- TPI Cotonou, jugement n°417/E3 du 13 décembre 1996.
- TPI Cotonou, jugement n°123/B du 2 avril 1996.
- TPI Cotonou, jugement n°421 du 17 décembre 1996.
- TPI Cotonou, jugement n°97/B du 19 mars 1996.
- TPI Cotonou, jugement n°235/B du 22 avril 1997.
- TPI Cotonou, jugement n°069/B du 29 avril 1997.
- TPI Cotonou, jugement n°042/B du 28 janvier 1997.
- TPI Cotonou, jugement n°1319/B du 2 décembre 1997.
- TPI Cotonou, jugement n°528/B du 17 juin 1997.
- TPI Cotonou, jugement n°1139 du 4 novembre 1997.
- TPI Cotonou, jugement n°346 du 16 mai 1997.
- TPI Cotonou, jugement n°302/E3 du 9 mai 1997.
- TPI Cotonou, jugement n°570/E3 du 20 juin 1997.
- TPI Cotonou, jugement n°205/E3 du 11 avril 1997.
- TPI Cotonou, jugement n°162/E3 du 28 mars 1997.
- TPI Cotonou, jugement n°125/B du 18 mars 1997.
- TPI Cotonou, jugement n°999/B du 28 octobre 1997.
- TPI Cotonou, jugement n°126/E3 du 14 juillet 1998.
- TPI Cotonou, jugement n°45/E3 du 28 mai 1998.
- TPI Cotonou, jugement n°35/E3 du 23 juillet 1998.
- TPI Cotonou, jugement n°18/E3 du 12 février 1998.
- TPI Cotonou, jugement n°44/E3 du 28 mai 1998.
- TPI Cotonou, jugement n°47/E3 du 11 juin 1998.
- TPI Cotonou, jugement n°237/B du 18 novembre 2003.

- TPI Cotonou, jugement n°235/B du 11 novembre 2003.
- TPI Cotonou, jugement n°11/1CD du 23 mars 2004.

2- Arrêts de la Cour d'Appel de Cotonou (inédits)

- C.A Cotonou, Arrêt n°142/99/A du 10 août 1999.
- C.A Cotonou, Arrêt n°016/99/A du 6/04/1999.
- C.A Cotonou, Arrêt n°166/97 du 28/10/ 1997.
- C.A Cotonou, Arrêt n°89/98/B1 du 20/05/1998.
- C.A Cotonou, Arrêt n°120/98/A1 du 28/04/1998.
- C.A Cotonou, Arrêt n°60/98/B1 du 03/04/1998.
- C.A Cotonou, Arrêt n°84/98/A1 du 31/03/1998.
- C.A Cotonou, Arrêt n°66/98/A1 du 03/03/1998.
- C.A Cotonou, Arrêt n°71/98/A1 du 17/03/1998.
- C.A Cotonou, Arrêt n°37/98/B1 du 28/02/1998.
- C.A Cotonou, Arrêt n°64/98/A1 du 10/02/1998.
- C.A Cotonou, Arrêt n°23/98/B1/ du 06/02/1998.
- C.A Cotonou, Arrêt n°45/98/A1 du 27/01/1998.
- C.A Cotonou, Arrêt n°165/97 du 28/01/1997.
- C.A Cotonou, Arrêt n°43/97 du 30/05/1997.
- C.A Cotonou, Arrêt n°36/95 du 23/05/1997.
- C.A Cotonou, Arrêt n°45/97 du 30/05/1997.
- C.A Cotonou, Arrêt n°34/97 du 23/05/1997.

3- Décisions de la Cour Constitutionnelle

- DCC 01-024 du 13/10/2001,
- DCC 04-040 du 20/04/04, J.O.R.B.1er avril 2005, p. 326.
- DCC 05-020 du 3 mars 2005, J.O.R.B. 15 mai 2005, p. 455.

Index alphabétique des matières : les chiffres renvoient aux pages

A

accès aux informations nominatives, 198, 200, 201
allégation, 79, 80, 81, 82
altération de la personnalité, 108, 173
atteinte à l'intimité de la vie privée, 107, 111, 128, 132, 134, 135, 136, 137, 144, 146, 147, 148, 161, 162, 163, 164, 165, 168, 176, 206, 208, 219, 223
autorisation préalable, 119, 190

B

bonne foi, 85, 214

C

captation de l'image et du son, 101, 134, 137
consentement, 43, 53, 56, 58, 59, 62, 91, 108, 109, 113, 118, 119, 122, 124, 134, 136, 141, 144, 146, 148, 149, 150, 152, 153, 154, 159, 163, 165, 166, 168, 173, 174, 175, 176, 187, 207, 208
conservation, 47, 96, 97, 98, 156, 157, 158, 161, 162, 163, 164, 165, 167, 177, 183, 184, 187, 191, 194, 195, 196, 197, 201, 208, 209, 218
correspondance, 19, 20, 23, 25, 32, 33, 37, 42, 45, 53, 65, 92, 97, 98, 113

D

diffamation, 25, 78, 79, 80, 81, 82, 83, 84, 85, 86, 127, 144, 159, 172
divulgation, 16, 59, 78, 106, 108, 110, 112, 113, 118, 124, 126, 153, 154, 156, 158, 159, 160, 161, 162, 163, 164, 165, 166, 167, 176, 191, 205, 206, 207, 208, 213, 214, 217, 219
divulgations, 26, 78, 79, 100, 101, 106, 107, 110, 112, 130, 135
dol général, 144, 146, 147, 162
dol spécial, 146, 147, 162
domicile, 19, 20, 23, 25, 32, 33, 37, 42, 43, 49, 53, 65, 68, 69, 78, 92, 93, 94, 95, 96, 101, 104, 106, 113, 124, 132, 184, 237
droit de la personnalité, 18, 233

E

écoute téléphonique, 145
espionnage, 130, 132, 137, 139, 143, 145, 154, 156, 157, 162, 163, 165, 168, 223
exception de vérité, 85, 86
exploitation du, 132, 155, 156, 163, 165, 168

F

faute, 41, 71, 117, 123, 124, 125, 153, 166, 167, 172, 174, 204, 212, 213, 215, 216, 217, 218
fixation, 139, 143, 146, 166, 167
franc symbolique, 127

H

histoire, 111, 153
honneur, 19, 24, 32, 37, 42, 46, 53, 65, 79, 80, 82, 86, 95, 104, 123, 159, 172

I

immixtion intolérable, 122
information nominative, 181, 182, 201, 205, 208, 219
interception, 45, 96
intimité, 16, 24, 25, 42, 44, 59, 87, 103, 104, 106, 107, 108, 109, 111, 112, 125, 128, 132, 134, 135, 136, 137, 138, 139, 140, 142, 143, 144, 145, 146, 147, 148, 154, 156, 158, 159, 160, 161, 162, 163, 164, 165, 168, 176, 205, 206, 208, 219, 223, 233, 236

J

juge des référés, 121, 122, 123, 200, 223, 234, 235

L

lieu privé, 134, 136, 140, 141, 142, 143, 144, 146, 149, 159, 163, 167 lieu public, 83, 109, 120, 140, 141, 142, 143, 165, 166, 167

M

mauvaise foi, 84, 145, 163, 214
montage, 156, 168, 170, 171, 172, 173, 174, 175, 176

P

perquisition, 78, 94
presse, 24, 25, 63, 78, 79, 81, 85, 101, 102, 104, 105, 106, 107, 108, 109, 110, 123, 125, 140, 152, 158, 160, 163, 170, 171, 172, 186, 187, 206, 231, 235, 236, 237
profanation, 99
publication, 17, 18, 24, 57, 78, 80, 81, 87, 106, 108, 109, 111, 112, 119, 126, 128, 141, 151, 153, 156, 157, 158, 159, 163, 166, 167, 168, 170, 171, 172, 173, 174, 175, 176, 231, 237

S

secret de la correspondance, 38
secret professionnel, 25, 78, 79, 87, 88, 89, 90, 101, 159, 201
sécurité des informations, 197

T

traitement automatisé, 183, 184, 190, 193, 199, 204, 205, 215, 216

U

urgence, 121, 122, 167, 200, 223
utilisation, 26, 45, 96, 125, 130, 139, 141, 142, 156, 160, 161, 162, 163, 164, 165, 166, 167, 170, 176, 178, 184, 191, 201, 212, 223

V

vie publique, 43, 51, 52, 56, 57, 58, 59, 84, 86, 102, 103, 105, 109, 151
voyeurisme, 139

Table des matières

INTRODUCTION GENERALE **15**

I- L'émergence du droit au respect de la vie privée 16

II- L'insertion de la vie privée dans les instruments internationaux 19

III- La consécration de l'existence constitutionnelle du droit au respect de la vie privée 23

PREMIERE PARTIE : L'ETAT ACTUEL DE LA PROTECTION DE LA VIE PRIVEE EN DROIT INTERNATIONAL ET EN DROIT INTERNE **29**

TITRE 1 : L'APPROCHE DIRECTE DE LA VIE PRIVEE AU PLAN INTERNATIONAL **31**

CHAPITRE 1 : LA VIE PRIVEE COMME CONDITION D'EXERCICE DES LIBERTES INDIVIDUELLES **33**

Section 1 : L'interprétation de la vie privée à la lumière des conditions de vie actuelles **33**

Paragraphe 1er : Prémunir l'individu contre les ingérences illégales et arbitraires par des obligations négatives 34

A- Les ingérences illégales 34

B- Les ingérences arbitraires 36

Paragraphe 2e : Garantir une jouissance effective par des obligations positives 38

A- Le fondement des obligations positives 38

B- Portée des obligations positives 41

Section 2 : La recherche du contenu universel de la notion de vie privée **43**

Paragraphe 1er : Les aspects particuliers de la vie privée 43

A- La vie privée comme droit subjectif individuel 44

1- L'intimité de la vie privée 44

2- Le droit au respect des relations familiales 44

3- Le droit au respect du domicile 45

4- La correspondance 46

5- L'honneur et la réputation 48

6- Les données nominatives 49
B- La vie privée comme droit, pour un groupe minoritaire, au respect de son mode de vie propre 50
Paragraphe 2e : La recherche d'une définition universelle de la vie privée 51
A- Les nouveaux aspects de la vie privée : le droit au nom 52
B- L'évolution de la notion de vie privée 54

CHAPITRE 2 : LA VIE PRIVEE DANS L'ENVIRONNEMENT COMMUNAUTAIRE AFRICAIN 57

Section 1 : La vie privée et l'héritage colonial 57
Paragraphe 1er : La vie privée dans l'Afrique précoloniale 57
A- La vie publique opposée à la vie privée 57
B- La reconnaissance de la vie privée par des interdits au profit de l'individu 60
Paragraphe 2e : La vie privée en Afrique pendant la colonisation et au moment des indépendances 61
A- La greffe d'une nouvelle approche de la vie privée 62
B- L'option des Etats africains en faveur du droit européen au respect de la vie privée 64

Section 2: La vie privée dans la Charte Africaine des Droits de l'Homme et des Peuples 66
Paragraphe 1er : La reconnaissance indirecte de la vie privée 67
A- La reconnaissance indirecte de la vie privée à partir des instruments internationaux 67
1- La reconnaissance indirecte de la vie privée à partir de certains droits civils et politiques 67
2- La reconnaissance indirecte de la vie privée à partir de certains droits économiques sociaux et culturels 68
B- La reconnaissance indirecte de la vie privée à partir des droits de solidarité 69
Paragraphe 2e : L'inadéquation de la garantie offerte par la Commission africaine des droits de l'homme et des peuples 71
A- La Commission africaine des droits de l'homme et des peuples, un simple organe spécialisé 71
B- La Commission africaine des droits de l'homme et des peuples, un simple organe aux compétences réduites 73
1- La compétence personnelle 73
2- La compétence matérielle 75

TITRE 2 : L'APPROCHE INDIRECTE DE LA VIE PRIVEE AU PLAN INTERNE 77

CHAPITRE 1 : LA PROTECTION DE LA VIE PRIVEE PAR DES INFRACTIONS PENALES 79

Section 1 : La protection pénale de la vie privée contre les divulgations 79

Paragraphe 1er : le délit de diffamation 80
A- Les composantes de la diffamation 80
1- L'allégation ou imputation répréhensible 80
2- Les faits objets de l'allégation ou de l'imputation 81
3- Le préjudice subi par la victime 82
4- La publicité des faits diffamatoires 83
5- Les personnes protégées 84
5- L'intention coupable 85
B- La preuve de la vérité des faits diffamatoires 86
1- Domaine d'application 86
2- La distinction vie publique / vie privée 87
Paragraphe 2e : Le délit de violation de secret professionnel 88
A- Les personnes tenues au secret 88
B- Les faits à garder secrets 90
C- L'acte de révélation de secret 91

Section 2 : La protection pénale de la vie privée contre les investigations 92

Paragraphe 1er : Le délit de violation du domicile 93
A- La notion de domicile 93
B- L'acte de violation 95
1- L'acte de violation commis par un fonctionnaire 95
2- L'acte de violation commis par un particulier 96
Paragraphe 2e : le délit de violation du secret des correspondances 97
A- Eléments constitutifs 97
1- Objet 97
2- L'acte de violation 98
B- Les auteurs du délit 99
Paragraphe 3 : la violation de sépulture 99
A- L'objet du délit de la violation de sépulture 100
B- L'acte de la violation de sépulture 100

CHAPITRE 2 : LA PROTECTION DE LA VIE PRIVEE PAR LA JURISPRUDENCE CIVILE 103

Section 1 : La recherche d'une définition civile de la vie privée 103
Paragraphe 1er : Les tentatives doctrinales de définition 103
A- La définition de la vie privée par opposition à la vie publique 104
B- La définition de la vie privée par énumération 105
Paragraphe 2 : Les constructions jurisprudentielles 106
A- La vie privée des personnages publics 106
1- Les hommes politiques 106
2- Les personnages célèbres 108
3- Les personnes impliquées dans une procédure judiciaire 111
B- La vie privée des particuliers 113

Section 2 : L'élaboration des techniques de protection 114
Paragraphe 1er : La reconnaissance d'un droit subjectif à la vie privée 114
A- La notion de droit subjectif 115
1- L'approche classique de la notion de droit subjectif 115
2- L'approche moderne de la notion de droit subjectif 116
B- La question de la reconnaissance d'un droit subjectif à la vie privée 118
1- La reconnaissance d'un droit subjectif à la vie privée 118
2- Les composantes du droit au respect de la vie privée 119
Paragraphe 2 : Les sanctions des atteintes à la vie privée 122
A- La prise de mesures conservatoires d'urgence 122
1- Le juge des référés face aux atteintes intolérables à la vie privée 122
2- Les mesures visant à faire empêcher ou à faire cesser les atteintes à la vie privée 123
B- Le droit à réparation des atteintes à la vie privée 125
1- La faute 125
2- Le préjudice 127

DEUXIEME PARTIE : LES PERSPECTIVES D'AMELIORATION DE LA PROTECTION EN DROIT BENINOIS 131

TITRE 1 : LA PROTECTION SPECIFIQUE DE LA VIE PRIVEE CONTRE L'ESPIONNAGE AUDIO-VISUEL 133

CHAPITRE 1 : LES ATTEINTES A L'INTIMITE DE LA VIE PRIVEE PAR LA CAPTATION DE LA PAROLE ET DE L'IMAGE 135

Section 1 : Les éléments objectifs 135
Paragraphe 1er : L'acte répréhensible 135
A- L'atteinte à l'intimité de la vie privée 135
1- La notion pénale d'intimité de la vie privée 136
2- Le statut de l'atteinte à la vie privée 137
B- La captation de l'image et du son 138
1- La captation des paroles 138
2- La captation d'image 140
Paragraphe 2e : Le lieu privé 141
A- La notion de lieu privé 141
1- La conception subjective du lieu privé 141
2- La conception objective du lieu privé 143
B- Le caractère trop restrictif de la référence au lieu privé 143
1- Les limites en ce qui concerne la parole 143
2- Les limites en ce qui concerne l'image 144

Section 2 : Les éléments subjectifs 145
Paragraphe 1er : L'intention délictueuse de l'auteur de l'acte répréhensible 145
A- L'intention délictueuse comme volonté de commettre un acte illicite 145
B- L'intention délictueuse comme volonté de violer l'intimité de la vie privée 147
Paragraphe 2 : Le défaut de consentement de la victime 149
A- Les différentes assertions du consentement dans le délit d'atteinte à la vie privée 149
1- La notion de consentement de la victime 150
2- Les manifestations du consentement 151
B- La portée du consentement 152
1- La thèse de l'abandon de la vie privée 153
2- La thèse de l'indifférence de la tolérance ou de la complaisance antérieure 154

CHAPITRE 2 : LES ATTEINTES A L'INTIMITE DE LA VIE PRIVEE PAR L'EXPLOITATION DU PRODUIT DE L'ESPIONNAGE AUDIO-VISUEL 157

Section 1 : L'utilisation du produit d'espionnage audio-visuel 157

Paragraphe 1er : Les éléments constitutifs propres du délit 157
A- L'élément matériel 157
1- Les actes de conservation 158
2- Les actes de divulgation 159
3- Les actes d'utilisation 161
B- L'élément intentionnel du délit 162
1- La conception large de l'intention 162
2- La conception étroite de l'intention 163
Paragraphe 2 : La nécessité d'une condition préalable 164
A- Le sens de la condition préalable 165
1- L'existence d'un lien de dépendance 165
2- Les limites du lien de dépendance 165
B- La portée de la condition préalable 166
1- La non application de l'article 406 en cas de captation légitime 166
2- La non application de l'article 406 en cas de captation dans un lieu public 167

Section 2 : La dénaturalisation du document par la publication d'un montage 168

Paragraphe 1er : Les éléments objectifs du délit de l'article 407 169
A- Le montage 169
1- La notion de montage 169
2- Le résultat du montage 171
B- La publication du montage 172
1- La thèse de l'indifférence de la publication 172
2- La thèse de la nécessité de la publication 172
Paragraphe 2e : Les éléments subjectifs du délit de l'article 407 173
A- L'intention délictueuse 174
1- L'intention considérée comme condition superflue 174
2-L'intention comme volonté de nuire 174
B- L'absence du consentement de la victime 175
1- Le consentement à la réalisation du montage 175
2- Le consentement à la publication du montage 176

TITRE 2 : LA PROTECTION SPECIFIQUE DE LA VIE PRIVEE CONTRE LES ATTEINTES LIEES A L'INFORMATIQUE 179

CHAPITRE 1 : LES ASPECTS NON JURIDICTIONNELS DE LA PROTECTION DES DONNEES A CARACTERE PERSONNEL 181

Section 1 : Le champ d'application de la protection des données nominatives 181

Paragraphe 1er : Le champ d'application matériel 181

A- Les données à caractère personnel ou informations nominatives 182

1- La personne physique comme objet de l'information nominative 182

2- L'identification des personnes 183

B- Le traitement de données à caractère personnel 184

1- Le traitement automatisé de données à caractère personnel 184

2- Le traitement des fichiers manuels et mécanographiques 185

Paragraphe 2 : Les acteurs du traitement 186

A- Les personnes concernées 186

1- Le responsable du traitement 186

2- La question des données sensibles 187

B- L'autorité de contrôle et de surveillance 189

1- Le statut de l'organe de contrôle 189

2- Les pouvoirs de contrôle, de surveillance et d'information 191

Section 2 : Les principes directeurs régissant le traitement des données 192

Paragraphe 1er : Les obligations du responsable du traitement 193

A- L'accomplissement de formalités préalables 193

1- L'exigence d'une autorisation légale 193

2- Existence de règles communes aux deux secteurs 195

B- L'exigence d'une déontologie de la gestion d'informations nominatives 197

1- Les limitations à l'enregistrement des données 197

2- Règles relatives aux origines des données et leur conservation 198

Paragraphe 2 : Les droits de l'individu sur les informations le concernant 199
A- Le droit d'accès 200
1- L'accès direct 200
2- L'accès indirect 201
B- Le droit de contestation des informations incorrectes 202
1- L'obligation de corriger ou de faire corriger les informations inexactes 203
2- La preuve des modifications effectuées 203

CHAPITRE 2 : LES ASPECTS JURIDICTIONNELS DE LA PROTECTION DES DONNEES A CARACTERE PERSONNEL 205

Section 1 : La répression de l'intention frauduleuse 205
Paragraphe 1er : La répression explicite de l'intention frauduleuse 205
A- Les éléments propres au délit 206
1- L'acte de divulgation 206
2- L'atteinte à la vie privée comme effet de la divulgation 207
B- Les éléments propres aux personnes concernées 208
1- La qualité de la personne poursuivie 208
2- Le consentement de la personne concernée 208
Paragraphe 2 : La répression implicite de l'intention 209
A- Le délit d'enregistrement ou de conservation illicite d'informations nominatives 209
1- Incrimination portant sur les moyens de la collecte 210
2- Incrimination portant sur l'objet de la collecte 211
B- Le délit de détournement d'informations nominatives de leur finalité 212
1- Le détournement de finalité 213
2- Les personnes incriminées 214

Section 2: La répression de la faute 214
Paragraphe 1er : La place de l'élément intentionnel 215
A- La controverse doctrinale 215
1- La nécessité de l'intention frauduleuse 215
2- Le caractère matériel du délit 216
B- La position de la jurisprudence 216
1- Le contexte de l'affaire 216

2- L'affirmation du caractère du délit 217
Paragraphe 2e : L'importance de l'élément matériel 218
A- L'élément matériel du délit d'enregistrement et de traitement d'informations nominatives en violation des dispositions légales 219
B- L'élément matériel du délit de divulgation par imprudence d'informations nominatives à des personnes non qualifiées à les recevoir 220

CONCLUSION GENERALE **223**
Bibliographie 227
I - Ouvrages généraux 227
II - Ouvrages spécifiques 231
III - Articles et Publications 233
IV- Lois, codes et textes divers 238
Recueil des décisions de justice relatives à la vie privée 240
1- Jugements du Tribunal de Première Instance de Cotonou (inédits) 240
2- Arrêts de la Cour d'Appel de Cotonou (inédits) 242
3- Décisions de la Cour Constitutionnelle 242
Index alphabétique des matières 243

647982 - Avril 2016
Achevé d'imprimer par

1livre.com
du rêve à la réalité !